Libros de Marcelo Gobello
disponible en BoyJah Publishing

Los Ramones: Demasiado Duros Para Morir

Astor Piazzolla - A Retrospective Of The Future

Astor Piazzolla - Una Retrospectiva Del Futuro

Necromancers, Lighthouse Keepers And Forsaken
Gardens: An Introduction To Peter Hammill And Van
Der Graaf Generator

Nigromantes, Fareros Y Jardines Abandonados: Una
Introducción a Peter Hammill y Van Der Graaf Generator

boyjah-publishing.com

Nigromantes, Fareros Y Jardines Abandonados:
Una Introducción a Peter Hammill y Van Der Graaf Generator

Marcelo Gobello

Diseño de tapa: Alejandro César Villarreal

Este libro está dedicado a Randal Irwin, mi hermano del alma y mi mejor amigo, que siempre confió en mí y en mi trabajo.

Publicado por BoyJah Publishing LLC, 2025
Portland, Oregon USA

Nigromantes, Fareros Y Jardines Abandonados: Una Introducción a Peter Hammill y Van Der Graaf Generator

Primera edición: 1 Mayo 2025

Copyright © 2025 Marcelo Gobello

ISBN: 979-8-224-21774-8

Escrito por Marcelo Gobello

Diseño de tapa: Alejandro César Villarreal

Traducción por Randal Irwin

Índice General

Prólogo de Peter Hammill

Para bien o para mal, el español no es uno de los idiomas en los cuales puedo pretender fluidez alguna. Sin embargo, puedo comprender algo de la caliente naturaleza de la pasión hispánica, la cual se conecta de una manera inmediata y directa con la cuestión a tratar del momento, sea ésta sobre comida o música, vino o amor, arte o exploración.

En inglés, uno puede hablar sobre un gusto por la vida español; en español, sospecho que sin ese gusto o entusiasmo uno no podría tan siquiera considerarse vivo.

De Sudamérica la Argentina es el país que me ha resultado más entrañable; siempre me recordó a la vieja Europa que había dejado de ser. De Argentina recuerdo las brillantes noches de Buenos Aires, los amplios espacios de las Pampas, el claro aire de los Andes y muchos shows, muchas comidas, de fiestas citadinas a pescados a la parrilla en la costa de Mar del Plata. Muchos buenos vinos, queridos amigos y música, música por supuesto! Y siempre gente culta y entusiasta…

Muchas aventuras, demasiado para contar. En Argentina siempre me sentí como si estuviera en mi propia casa, ocupa un lugar y muy grande y especial en mi corazón.

Realmente anhelo volver algún día…

Los idiomas pueden dividirnos, y a menudo lo hacen. Me considero muy afortunado por el hecho de que algunas de mis palabras y música, Nor-Europeas y Anglo-Sajonas, hayan conectado con parte de ese animado espíritu Sureño. ¡Lo ideal sería una mezcla de pasión y prudencia!

Pero, en última instancia, todos hablamos el común idioma de la humanidad.

Peter Hammill

Peter Hammill con el autor

La portada, autografiadla por
Hammill, de la primera edición del
presente trabajo (1996) diseñada
por Mario Gemin sobre un retrato
de Antón Corbijn

Tarjetón promocional del recital en la sala
Astor Piazzolla del teatro Auditórium, Mar del
Plata, en agosto de 1994

Palabras preliminares y agradecimientos

En 1996 se editó en Latinoamérica -en castellano, obviamente- el primer libro escrito sobre la obra y la vida del músico británico Peter Hammill. Se tituló "Los Trabajos y Los Días de Peter Hammill" y vió la luz gracias a una beca del Sindicato de Prensa de la ciudad de Mar Del Plata, Argentina. Se imprimieron tres mil copias en una primera y única edición, muy poco cuidada y llena de erratas tipográficas. Aún así, su aparición me hizo uno de los hombres más felices del mundo ya que debo confesar haber sido yo el responsable de semejante temeridad. A pesar de sus limitaciones, de su pobre material gráfico y varios errores y omisiones, había cumplido mi sueño de difundir la obra de uno de los artistas que más me habían marcado en la vida. Además, el propio Hammill había colaborado amablemente conmigo, algo que, a pesar de tener catorce libros publicados por entonces, era la primera vez que me ocurría. La idea de escribir un libro sobre Peter Hammill había rondado por mi cabeza durante varios años, chocando siempre con la osadía adicional de no existir un trabajo serio en la lengua materna del artista. Es más, el único libro relacionado a la figura de Hammill hasta comienzos de los noventa era un cancionero bilingüe aparecido en España en 1989.

El caso es que en el año 1992 Peter Hammill (convertido ya en una figura cuasi legendaria y de culto) se presentó por primera vez en Argentina y además de asistir finalmente a uno de sus shows, tuve la oportunidad de conocerlo personalmente la tarde previa a su primer recital en Buenos Aires. Recuerdo haberle regalado con mucha vergüenza mi tercer libro (que trataba sobre la música punk y donde Hammill es citado como importante influencia) y haber temblado como una hoja cuando estreché su mano. Es que para mí Peter Hammill no era un simple músico de rock, era una especie de ser mítico, de personaje enigmático y misterioso que conocía cosas y lugares extraños al resto de los mortales. Se que hoy puede parecer disparatado, pero para alguien que creció escuchando obras como Pawn Hearts, The Silent Corner And The Empty Stage, In Camera o Vital entre los trece y los dieciocho años (mientras descubría a Poe, Lovecraft, Borges, Sartre y Ciorán) Peter Hammill no era una estrella de rock más, era el 'amo de la noche', 'el señor de los alaridos', el 'Vampiro de Bath'. Hammill fue durante años ese personaje enfundado en una capa negra que aparecía en la portada de In Camera, o el sicótico de la media barba cortada de The Future Now, alguien cuya música y letras no se parecían a nada ni nadie (salvo a quienes luego le imitaron o fueron influenciados por él).

Podría decir que fue en esa informal charla en un bar de hotel del centro de Buenos Aires, donde se fortaleció mi decisión interior de realizar un trabajo sobre la obra de tan fundamental artista. Esa misma noche, después de asistir por primera vez a un (años esperado y soñado) recital de Hammill, la idea se transformó en una obsesión. Más allá de dudas y prejuicios.

Un año después de haberlo conocido personalmente, Hammill regresó a la Argentina y mis ganas de no perderme detalles de su presencia me llevaron a colaborar con la producción de sus recitales. En una cena que compartimos después de su recital en el teatro Lido de Mar del Plata, en 1993, y después de unas cuantas copas de vino tinto, me animé a contarle mi intención de escribir un libro sobre él. Con esa modestia borgesiana que le caracteriza, trató de disuadirme ante la 'falta de interés' que su figura podría suscitar, pero finalmente me dio su aprobación.

Durante tres años tuve la inigualable oportunidad de conocer un poco más al Hammill artista y persona, después de casi dos décadas de ser una voz en un equipo de música o una foto en la portada de un disco. (Eso sí, voz y foto, como señalé antes, de una gran importancia para mi vida). Así es como a través de llamadas telefónicas, idas y vueltas de faxes, tres viajes más de Hammill a la Argentina (donde incluso gestioné dos visitas a mi ciudad de residencia, Mar del Plata) y un viaje propio a Inglaterra, se fue cristalizando lo que parecía una idea descabellada. -

Profesionalmente tuve la tarea de ser el encargado de prensa de los cuatro recitales que Peter Hammill celebró en la ciudad de Mar Del Plata desde 1993 hasta 1999. El 19 de junio de 1993 en el Teatro Lido (coordinando y haciendo de intérprete en una conferencia de prensa que se filmó, en una discoteca llamada Sunset). El 30 de julio de 1994 en la Sala Astor Piazzolla del Teatro Auditorium, el 11 de julio de 1997 en el Teatro del Centro Médico y el 21 de agosto de 1999 en la Sala Roberto J. Payró.

Tuve además el inmenso honor de escribir el texto para cinco programas de sus conciertos; tres fueron para los recitales de Mar del Plata en el 93, el 94 y el 97, y dos para tres recitales brindados en la ciudad de Buenos Aires: la impresionante presentación de The Noise (junto a Nic Potter, Stuart Gordon y Manny Elias) los días 11 y 12 de junio de 1993 en el Auditorium de Belgrano y el del 6 de agosto de 1994, en el mismo recinto porteño.

Unos cuantos años después el destino me encontró trabajando en España, donde continué mi carrera como periodista y crítico de rock en varios medios, principalmente en Ruta 66, una de mis revistas preferidas. Es justamente en España donde tuvo lugar uno de los acontecimientos profesionales más entrañables que me han ligado a Peter Hammill, cuando tuve la gran responsabilidad y privilegio de presentar al músico en escena (con una breve introducción) durante su actuación en el Festival Luna Lunera, en Sos del Rey Católico, Zaragoza, el 12 de agosto de 2004. Además de la importancia del hecho en sí, este fue un show muy especial, ya que se trató de su primer recital en directo después de su ataque al corazón en diciembre de 2003.

Otro gran orgullo fue escribir el primer artículo gráfico sobre la reunión de Van Der Graaf Generator, publicado el 6 de diciembre de 2004 en el periódico La Capital, de la ciudad de Mar del Plata.

En el 2003 ya le había comentado a Hammill de mis ganas de reeditar, actualizado y revisado, el ya viejo libro anterior. Más de diez nuevos trabajos y unas cuantas entrevistas más, ameritaban una puesta al día del mismo, sin olvidar de que hacía varios años se encontraba agotada su existencia. Su ataque al corazón, la reunión de Van Der Graaf Generator y el hecho de haber conocido personalmente (justamente en la mágica localidad de Sos del Rey Católico) al legendario fotógrafo suizo Willi Rupp (quien sigue a Hammill con su cámara fotográfica desde el 74), hicieron que el proyecto se pusiera en marcha con nuevos bríos, tantos que finalmente terminó siendo otro libro, sin dejar de lado, obviamente, elementos del primero. Terminé de escribirlo en Mayo del 2006 en Londres y fue editado en el 2007 por la prestigiosa Editorial Lenoir de Barcelona, España. El libro nunca se editó en Argentina o Latinoamérica, sólo en España y con otro título, razón por la cual aprovecho esta nueva edición para reestablecer su título original ("NIGROMANTES, FAREROS Y JARDINES OLVIDADOS: Una Introducción a Peter Hammill y Van Der Graaf Generator") y agregarle algunos datos discográficos nuevos.

Para este trabajo he contado con la generosa colaboración de varios amigos y profesionales que, de una manera u otra, han brindado su aporte al mismo. Quiero agradecer a Randal Irwin, Gustavo De Cesare, Rómulo Pianacci, Pablo Baldini, Rafael Lentino, el Sindicato de Prensa de Mar del Plata, Sépher Ebrahimi, Oscar Lopez, Mauro Rizzi, José Ramón San José, Juan Pablo Neyret, Carlos Solero, Claude Wacker, Alberto Terrile, Paolo Soriani, Serge Llorente, Pablo M. Beleña, Alfredo Rosso, el grupo italiano para el estudio de las obras de Peter Hammill y Van Der Graaf Generator Peter Hammill & VDGG Study Group (www.phVDGGstudygroup.it), la Web canadiense dedicado a la carrera de Hammill como solista Couch Noise (www.couchnoise.com) y a Phil Smart, del sitio británico dedicado a Van Der Graaf Generator (www.vandergraafgenerator.co.uk).

Dejo para el final a quienes han sido parte esencial de este libro. Primero a la periodista Evelyn Marzoa, quien además de colega es el amor de mi vida y permanente inspiracion, luego al Lic Gabriel Cabrejas, por su colaboración profesional en el capítulo dedicado a la poética de Hammill; Chris Judge Smith, uno de los fundadores de Van Der Graaf Generator (www.judge-smith.com) y muy especialmente al fotógrafo suizo Willi Rupp, cuyas maravillosas fotos sin duda jerarquizan este trabajo. Mi eterna gratitud a Peter Hammill (quien inclusive aceptó escribir unas líneas introductorias en exclusiva para el libro, algo que nunca olvidaré) por su deferencia, comprensión y paciencia conmigo y por brindarme el enorme tesoro de las charlas y momentos compartidos. Este humilde esfuerzo no es una biografía, algo que dejo para mucho más adelante. Sólo tiene como objetivo introducir y acercar al lector a su maravillosa e ingente obra.

Espero haberlo conseguido.

Marcelo Gobello

Página 28 — LA CAPITAL — Mar del Plata, lunes 6 de diciembre de 2004

Espectáculos

Anticipo exclusivo de los regresos musicales de 2005

Van Der Graaf Generator y Zappa, otra vez al ruedo

No, no es una versión rockera de "El regreso de los muertos vivos" ni broma anticipada del "Día de los Santos Inocentes" o un regreso al túnel del tiempo transportándonos a 1975, sino una estupenda realidad para el año que viene con el regreso a las tablas de la música de dos de los iconos fundamentales del mejor rock de todos los tiempos.

Por Marcelo Gobello
LONDRES / PARA LA CAPITAL

Dado el panorama desolador del rock actual, uno no puede menos que alegrarse sinceramente del regreso de semejantes monstruos, tal vez justamente dos de los menos masivamente populares pero más esenciales y profundamente importantes exponentes del "Classic Rock" o "Rock Clásico", como se le ha dado en llamar a la obra de esos patriarcas fundacionales de la cultura rock de fines de los sesenta y primeros años setenta, y que tanto han marcado la evolución de su historia.

Aclaremos cuanto antes lo de Frank Zappa (de quien se cumple en este mes el 11° aniversario de su desaparición física): hace unas semanas tuve el placer de conversar con su viuda, Gail Zappa, la encargada además (siempre lo fue en realidad) de manejar todo lo referente al legado musical de Frank, quien me diera la primicia exclusiva (ya lo habían resuelto ¡precisamente ese día!) de la prepara-

Van Der Graaf Generator, retorna de la mano de Peter Hammill.

pa (primogénito guitarrista del bigotudo) haciendo la música del padre.

La idea es celebrar, difundir y mantener viva en directo la vasta obra del genial compositor desaparecido de forma oficial y lo más cercanamente posible al espíritu original de la misma. Según Gail Zappa: "La decisión ya está tomada, mientras tanto iremos viendo cómo, con quiénes y dónde, pero creo que lo más probable será comenzar un tour por Europa el próximo verano (julio, agosto del 2005, NDA)".

Extraoficialmente se barajan nombres de impresionantes ex músicos de Zappa para conformar la banda que volverá a llevar a los escenarios (si bien existen varias no oficiales que se dedican a realizar versiones por todo el mundo) la

Con respecto a la seminal banda inglesa liderada por Peter Hammill, el anuncio de su regreso será sin dudas uno de los hechos sobresalientes del año y una especie de sueño hecho realidad para miles de fans que anhelaban desde hace décadas (no olvidemos que la banda se desintegraría en 1978, hace ya 25 años) el regreso de la misma.

El tema es que Hammill se opuso durante años a una eventual reunión, su particular forma de ser y gran integridad artística le hacía desechar cualquier intento que tuviera como fundamento el dinero o la nostalgia. Justamente el legado de Van Der Graaf Generator era tan importante y fuerte para él que solo alguna valedera razón artística o una nueva aventura musical podrían materializar

diferencias (que en realidad no eran muchas) ya para el año 2001 (cuando el sello Virgin decidió que se editara una caja recopilatoria de su obra en la cual se vieron envueltos los cuatro).

Las buenas vibraciones y camaradería recuperadas hicieron que en febrero de 2003 la formación al completo se materializara en el bis de un recital de Hammill en Londres para realizar un antiguo tema de su repertorio, "Still Life", en el cual la vieja magia de la extinta banda volvió a llenar el recinto. A partir de ahí, sin presiones mediáticas ni publicidad alguna, comenzó a pensarse formalmente en una eventual reunión, si es que aún tenían algo nuevo para dar musicalmente, según la exigencia de Hammill.

La cosa es que se reunieron en secreto para tocar y crear varias veces durante los primeros meses de 2004 y, según me contara el propio Hammill la semana pasada cuando me dio la primicia, con resultados tan positivos que es muy probable que deriven en un nuevo trabajo discográfico para 2005.

Finalmente se puso una fecha fija para el esperado regreso: el 6 de mayo para el 2005, en el Royal Festival Hall de Londres volverán a juntarse Hugh Banton, Guy Evans, David Jackson y Peter Hammill para darle vida nuevamente a una de las bandas más originales e importantes del rock Inglés: Van Der Graaf Generator. Realmente un sueño hecho realidad y una verdadera alegría que nos da la música dentro del triste panorama mundial que nos toca vivir.

Ya habrá más novedades al respecto a medida que se vayan desarrollando los acontecimientos, por ahora a disfrutar del hecho de que el viejo "generador" vuelve a

Recorte de prensa del primer documento gráfico, publicado en el diario La Capital de Mar del Plata, con la primicia mundial de la reunión de Van Der Graaf Generator para el 2005

Carátula del Programa para el recital del Teatro Lido, en la ciudad de Mar del Plata en junio de 1993, con texto del autor

Peter Hammill en Mar del Plata

"¿Qué hay que entender o aclarar?
¿Qué hay que saber cuando la voz está aquí?
¿Qué hay que prometer o jurar?
¿Qué hay que creer cuando el momento es ahora?"
"Traintime" (P. H. 1983)

Según el heideggeriano Jorge Romero Brest lo estético "es el ámbito donde el Ser auténtico existe".

La obra de Peter Hammill alcanza esa calidad, producto de un verdadero artista.

En estos tiempos de amplia bastardización del lenguaje, nombrar la palabra "artista" puede sonar increíblemente hueca y banal, ¡ se denomina así a cada monigote !

Pero esta vez estamos frente a uno DE LOS MAS GRANDES, a un creador que conjuga en sí mismo la representación de ideas como pasión, riesgo, belleza, intensidad, verdad, dolor, esperanza y profundidad.

¿Poeta? ¿Cantante? ¿Compositor? ¿Instrumentista? Todo en un uno indisoluble, con la canción como medio y su voz como arma secreta. Una voz imposible y mágica, una voz que no se escucha por los oídos.

Y como si las cualidades del Hammill/artista fueran pocas está el Hammill/hombre, la valentía de enfrentar (sin aspavientos, desdeñándola) una maquinaria perversa y voraz que prostituye y sepulta tras kilos de maquillaje farandulesco a un género musical que nació para humillar a la muerte.

"Ah! Pero ¿entonces es rock lo que hace Mr. Hammill?"

No lo sé. No interesa. Hace muy poco otro reciente visitante ilustre a nuestra ciudad, Egberto Gismonti, dijo que para él existían dos clases de música: una, para escuchar, otra para evitar a la muerte.

Parafraseando a Gismonti podríamos decir que la de Hammill es el tipo de música que uno necesita para vivir. El tipo de música que no sirve para vender autos o zapatillas.

La visita de Hammill a Mar del Plata es un hecho trascendente para todos nosotros, algo que va más allá del simple espectáculo musical.

Puede haber grupos que vendan cien millones de discos y llenen estadios, pueden venir exquisitas orquestas sinfónicas o ultravirtuosos instrumentistas de jazz, pero hay un solo PETER HAMMILL (como hay un solo Rimbaud, un solo Morrison o un solo Picasso).

Y el Hammill que nos visita es (si se me permite) el Hammill más puro, aquel que está solitario sobre el escenario. Teclado, guitarra y voz para dar forma a un enjambre de las más turbadoramente bellas canciones jamás creadas.

Peter Hammill en Mar del Plata.

Su Arte y nuestros fantasmas.

MARCELO L. GOBELLO

EN ESCENA:
Peter Hammill. Voz, piano, guitarra.

8

Gobello y Hammill durante una conferencia de prensa en Argentina, en 1993
(Foto de Mario Gemín)

Carátula del Programa para el recital del
Centro Médico, en la ciudad de Mar del
Plata, en 1997

Programa The Noise 1994

"Mi viaje termina con cuatro o cinco preguntas, nada de respuestas. Cuando pretendes dar respuestas te vuelves pretensioso. Lo que hace que mi trabajo siga siendo vital es que no poseo certezas. Y no le doy a la gente más de lo que ellos mismos pueden hallar."

¡Cuidado! El Pionero, el Errante, el Peregrino está de vuelta... Aquel que muta en los senderos más oscuros de tu alma regresa para culminar una tarea comenzada hace poco más de un año, solamente con sus voces, en estas mismas playas. Pero ahora no estará solo: se cerrará el círculo eléctrico con la ayuda de tres discípulos igualmente peligrosos.

No es fácil reconocerle: puede ser Viking, un escita, el rey Gog, un rocker llamado Rikki Nadir o el enigmático señor K; la mayoría de las veces se hace pasar por un amable gentilhombre inglés que responde al nombre de Peter Joseph Andrew, personaje al cual algunos libros dan como nacido el 5 de Noviembre de 1948, aunque él mismo se ha encargado en varias ocasiones de aclarar que nunca nació.

"Unos me dicen SATANAS, otros me consideran DIOS, algunos me llaman NEMO... yo no he nacido."

La Nave de los Locos ya ha atracado en algún puerto de nuestro inconsciente. El errante Capitán dejó de estar en coma y vuelve a comandar su alma (y las nuestras, por mucho más tiempo que la hora y media que suponemos). Porque no es fácil entrar, lo sabe-mos, pero... ¿Quién puede zafarse? ¿Quién pudo escapar alguna vez de la trampa sónica de aquel Generador maldito, su primera encarnación?

"Amé el Ruido, respiro eléctrico; el Ruido llenó el vacío, rugió en la nada. (...)
Amé el Ruido, aunque ahora se haya ido algunos gloriosos ecos del Ruido aún permanecen."

Aquí estamos todos, otra vez. De nada sirvieron las advertencias ¿Una patada para matar el beso? Seguro.
Me pregunto si esta será la definitiva. "Ahora falta Jackson", susurran entre las tinieblas los más antiguos conversos. Claro...
Aquí estamos todos... como en misa. Se apagan las luces y recuerdo algo muy viejo que leí cuando era niño: "...y serás la piedra en la que se fundará mi Iglesia, y te llamarás PEDRO."

"Soy el Errante. Soy ese al que tú temes. Soy el Errante. Soy el que cruzó el Espacio, o se quedó donde estaba. O ni siquiera existió, en primer lugar."

Marcelo L. Gobello.

EN ESCENA

Peter Hammill
Voces y Guitarra
Nic Potter
Bajo
Stuart Gordon
Violín y Coros
Manny Elias
Batería

Programa The Noise 1994 interior

11

Introducción

Ubicada al oeste de Inglaterra sobre el valle del río Avon que la cruza y a tan sólo una hora y veinte de tren desde Londres, la ciudad de Bath es una de las más bellas (y caras) de la isla, ofreciendo al visitante una mágica mezcla de elegante arquitectura georgiana e imperial pasado romano. Sus orígenes se remontan al año 43 después de Cristo, cuando los romanos repararon en ese bello lugar donde existía una milagrosa fuente termal de aguas minerales (famosa desde las añosas leyendas celtas del príncipe Bladud, el leproso hijo del Rey Lud que hallara cura a su mal al tomar un baño en sus aguas termales). Los romanos le pusieron el nombre de Aquae Sulis y erigieron un templo dedicado a la diosa Sulis Minerva, su diosa de la curación, junto a una compleja instalación de baños donde poder utilizar las aguas curativas de una temperatura constante de 46,5° que, aún en la actualidad, brotan de su tierra. Obviamente el nombre de Bath (baño) deviene de estos baños termales, cuya fama mermó durante el medioevo hasta gozar de un renacimiento en el siglo XVII, al comenzar a recibir visitas de la realeza en búsqueda de salud.

Si bien tres personajes transformaron la ciudad a través del tiempo -el jugador Richard 'Beau' Nash, el empresario Ralph Allen y el genio de la arquitectura del siglo XVIII John Wood- es la figura de un particular artista, surgido a finales del siglo XX, quien nos despierta especial interés sobre su existencia. Bath es, desde hace más de tres décadas, el lugar de residencia y creación artística de Peter Joseph Andrew Hammill, quien vive en una casa en las afueras de la ciudad (camino a Bathwick Hill) junto a su esposa (Hilary) y sus tres hijas (Holly, Beatrice y Phoebe). Durante más de trece años tuvo su estudio de grabación (llamado Terra Incognita) al norte de la misma, en un cottage de más de 150 años (donde anteriormente funcionaran los Crescent Studios) apartado unos metros de la Walcot Street (Walcot Gate), muy cerca del centro de Bath. (A comienzos de 2003 muda su estudio de la ciudad al campo, en Somerset, y lo rebautiza Terra Firma).

Peter Hammill es una rara avis dentro de la historia de la música rock, no sólo por la singularidad de su obra, sino por su integridad como artista y su postura frente a lo que se ha transformado en una gigantesca industria, deshumanizada e idiotizante.

Su historia como músico ha transitado por casi cuatro décadas de labor ininterrumpida y fecunda donde ha ido ciñéndose a su propio derrotero, marcando caminos en lugar de sumarse a las modas del momento. Pertenece al selecto grupo de los 'originales', aquellos artistas paradigmáticos y necesarios a los cuales no necesariamente se los premia con esa falacia llamada éxito.

Su carrera comprende dos distintas fases (aunque en algunos momentos se hayan cruzado temporalmente), su desempeño como líder del grupo Van Der Graaf Generator y su trabajo como solista. Ha influido a una vasta cantidad de músicos de las más variadas tendencias, como Peter Gabriel, Robert Fripp, David Bowie, Johnny Rotten/Lydon, Howard Devoto, Peter Murphy, Ian Curtis, Fish, Marc Almond, Jello Biafra, Miguel Bosé, Bruce Dickinson, Steve Wilson, Mark Smith o Luca Prodan -por citar a algunos de los más conocidos- sentando las bases de corrientes como el rock sinfónico, el punk o el dark, manteniéndose siempre fiel a sí mismo y teniendo a la canción como centro de su trabajo.

"Cuando comencé en la música, el tema era decidir que cosas uno quería hacer y como sonar, y luego salir a buscar una audiencia, ya que ésta no existía previamente. En la actualidad, por regla general, se busca el camino contrario: los músicos tocan lo que la audiencia quiere oír. Todo el tiempo nos están diciendo quiénes y qué somos, qué debemos ver, oír y comprar. Algunas veces valdría la pena comprar otras cosas, aunque sólo sea para chequear si aquellos que saben todo sobre nosotros están en lo cierto..."

Si bien ya se ha transformado en un lugar común dentro de las declaraciones hechas por músicos, la experiencia única e irrepetible atribuible a los conciertos en vivo encarna en Hammill una certeza absoluta. Hammill siempre ha mantenido -desde sus comienzos con Van Der Graaf Generator- y durante toda su carrera, que el acto de grabar y el de tocar en vivo eran dos mundos totalmente diferentes, con distintos desafíos y reglas. Es justamente en escena donde el compromiso con su obra y su público se manifiesta en toda su plenitud; su generosa entrega conmueve hasta a aquellos que no están familiarizados con sus temas, y constituye una de las principales características de su grandeza y originalidad como artista.

Sus presentaciones en directo han abordado las más variadas configuraciones: el formato de banda (Van Der Graaf Generator, The K Group, The Noise o el phQuartet), tríos o dúos más experimentales (ha hecho giras y presentaciones con el violinista Graham Smith, con el saxofonista y flautista David Jackson, con Stuart Gordon [violín eléctrico] y Nic Potter [bajo], o con el guitarrista eléctrico John Ellis, por dar algunos ejemplos de acompañamientos alternativos) o completamente solo. En este arriesgado y difícil formato, al cual muy pocos se atreven, se nos presenta el Hammill más puro y profundo, exponiendo sus canciones hasta el hueso y dando rienda suelta a la expresividad de su incomparable voz, que adquiere un protagonismo absoluto.

"Me siento muy cómodo presentándome en solitario, es el formato más exigente pero es un mundo que conozco bien, por haberlo hecho cantidad de veces. Siento que las cosas están más bajo mi control, durante lo que dura la interpretación, y me gusta también -en particular- a causa de la relación con la canción, por el hecho de que puedo improvisar hasta cierto punto dentro de ella. Es una improvisación que tiene que ver más con el fraseo de la parte vocal que con lo musical."

Si hay algo que distingue a Peter Hammill, que lo hace sobresalir, algo por lo cual sería un artista destacado aunque éste fuera su único atributo, es precisamente su voz. Su incomparable voz -y obviamente el manejo que de ella hace- posee una expresividad, hondura y, al mismo tiempo teatralidad, que la llevan a trascender la barrera del idioma.

"Es una paradoja. Por un lado he tenido más éxito en aquellos países donde no se habla inglés, que en los de habla inglesa. Tal vez se deba a que si comparamos el resto del rock o de la música pop, es muy normal que la primera reacción sea: 'Oh, esto es muy difícil', o 'No tengo nada que ver con esto', o bien 'No me motiva'. Esto me lleva a pensar que lo que a menudo ocurre cuando el inglés no es tu idioma, se explica en la primera impresión; la primera impresión es lo que importa. Si esa impresión es 'me motiva', es por el sonido de las palabras, y para quien escribe música eso es muy importante. Eso que me atrae y es un encanto por lo extraño, no lo es por el significado de las canciones. Es el sonido de la melodía, pero también el sonido de las palabras, el que ha logrado un mensaje. Más que por el significado que pueda tener con él como contrapunto, algo anda por ahí que no es un idioma y le atrae. Algo extraño los atrapa, les interesa. A posteriori se inicia un trabajo de búsqueda con amigos que hablan más inglés, consultando el diccionario... O sea que se produce un movimiento para buscar las palabras, la canción de esa música. Lo que yo estoy diciendo los lleva a la música de las palabras."

Lo que le falta agregar a Hammill en este comentario, es la importancia del cómo llega al oyente el sonido de esas palabras que lo atraen, ya que éste llega a través de una voz y manera de cantar poco comunes.

Una voz capaz de los más variados e increíbles matices, que puede saltar del grito a la sutileza, del alarido de la angustia al susurro del amor, una voz que nos puede llevar al cielo o al infierno, a veces a ambos dentro de un mismo tema. De amenazadores graves a delicados falsetes, cool o sicótica, la voz de Hammill es el ariete para los sentidos de su audiencia, sobre todo en vivo, y es el sustento que da peso, valor y verdad a sus textos. Como contrapartida, la particularidad de su voz hace que sus temas sean muy difíciles de versionar por otros intérpretes, restándole la oportunidad, a pesar de lo prolífico de su obra y su ascendiente sobre otros artistas, de una mayor popularidad como compositor.

Su estilo combina recursos de cantantes líricos como de artistas de blues y soul, más algunos ocasionales toques vanguardistas que en conjunto hacen de su canto algo único y original. Curiosamente el propio Hammill confesaba (obviamente antes de su infarto del 2003) no cuidar su garganta (fumaba casi permanentemente cigarrillos de tabaco Virginia liados por él mismo con una singular maquinita), manteniéndola en forma sólo con la actividad constante, aunque conoce muy bien sus límites y alcances. (Es muy interesante observar como la va soltando y exigiendo en las pruebas de sonido previas a los shows, donde no canta temas en particular sino que va lanzando notas con distintos timbres y modulaciones).

Según el crítico de arte Jorge Romero Brest lo estético "es el ámbito donde el Ser auténtico existe". La obra de Peter Hammill alcanza esa cualidad, producto de un verdadero artista. En estos tiempos de amplia banalización del lenguaje nombrar la palabra artista puede sonar increíblemente hueca y sin sentido, ¡se denomina así a tantos productos! Pero en esta ocasión estamos frente a uno verdadero, un creador que conjuga en sí mismo la representación de ideas como pasión, riesgo, belleza, intensidad, verdad, dolor, esperanza y profundidad. ¿Poeta? ¿Cantante? ¿Compositor? ¿Instrumentista? Todo en una unidad indisoluble, con la canción como medio y su voz como arma secreta. Una voz imposible y mágica, que no se escucha sólo con los oídos.

Y como si las características del Hammill/artista fueran pocas, existe el Hammill/hombre que desdeña, sin aspavientos, una maquinaria perversa y voraz que prostituye y sepulta bajo kilos de maquillaje farandulesco y facilidad hedonista a un género musical que nació para humillar a la muerte. Para el músico brasileño Egberto Gismonti existen dos clases de música: una, para escuchar, otra para evitar a la muerte. Podríamos decir que la de Hammill es el tipo de música que uno necesita para vivir, aquella que no sirve para vender refrescos, coches o deportivos. Su poesía escudriña tanto los recónditos lugares del alma humana como desnuda las miserias e hipocresías enquistadas en nuestra sociedad, encargándose también de la recurrente temática amorosa, a la cual ha revigorizado y resarcido elevándola a un plano existencial desconocido. Según el periodista argentino Juan Pablo Neyret: "Peter Hammill deslumbra por su inteligencia y su corazón. Una mezcla rara que muy pocos pueden sacar a la luz y que, más allá del culto por determinado artista, es un motivo insoslayable para asomarse a su propuesta."

Lo paradójico de Hammill es que sea el arquetipo del artista de culto y uno de los músicos más influyentes y trascendentales de los últimos 40 años, artífice de una obra monumental permanentemente ignorada por los mass-media y a la vez un automarginado de la industria. Por hablar de cosas que por lo general se niegan y tocar temas que los demás (por desconocimiento, conveniencia o falta de capacidad) evitan, se lo ha etiquetado como pesimista, hermético, complejo o intelectual; sin embargo si bien no podemos decir que su obra sea de fácil acceso, contiene decenas de temas que con un mínimo de difusión lo habrían convertido en un personaje mucho más conocido. De todas maneras Hammill es un músico en permanente cambio y búsqueda, atento a lo que le dicta su inagotable creatividad, conscientemente orgulloso de su carrera y ajeno a las obsesiones por el éxito o la fama.

Pero es también, fuera del escenario o del estudio de grabación, donde se revela como un personaje fuera de lo común, sin necesidad de poses o máscaras, un tipo auténtico. Cálido interlocutor, inmensamente culto, abierto y dispuesto a los más variados temas (de literatura a fútbol, de política internacional al tango), educado y respetuoso como buen gentleman inglés, profundo pero no solemne, capaz de adornar la conversación con divertidas anécdotas o serias reflexiones, amante del buen vino tinto y el tequila, Hammill es tan relevante en su vida cotidiana como en la artística.

Así es como este británico agnóstico de temprana formación católica y gran aficionado al ajedrez y al rugby (que practicó en su juventud), no depende de ninguna imagen prefabricada para sostenerse. Pertenece, tal cual uno se lo imagina antes de conocerle personalmente, a esa valiosa clase de personas que marcan y siguen sus propias reglas.

En las páginas que siguen intentaremos acercarnos a su pensamiento a través de su propia palabra y de trazar un sendero sobre su vasta obra.

Lo verdaderamente importante, por supuesto, es escucharlo.

Hammill con sombrero en Offenburg, en 1976
(Foto de Willi Rupp)

Cabecera de un artículo
aparecido en la revista inglesa
Sounds, en 1976

Al piano en Polonia, 1995
(Foto de Willi Rupp)

Coblence 1997
(Foto de Willi Rupp)

Un divertido Hammill antes de
entrar a su estudio de Bath, en
1997
(Foto de Willi Rupp)

Hammill, emocionado y
agradecido, tras los bises de
su presentación en el Teatro
del Centro Médico de Mar
del Plata, en 1997
(Foto de Rafael Lentino)

Liando un cigarrillo durante una
entrevista en Paris en el 2002
(Foto de Serge Llorente)

Flyer Prix D'Ami

Capítulo I: El Barco de Los Locos – Cronología del Caos

Peter Hammill inicia su carrera como músico en un año clave de una década fundamental: 1967. A partir de ese año el rock será tomado por primera vez seriamente como Arte a raíz de la aparición del disco Sgt. Pepper's Lonely Hearts Club Band de los Beatles; pero los de Liverpool no eran lo único interesante que sucedía en la escena inglesa. El trío Cream (Eric Clapton, Ginger Baker y Jack Bruce) sentaría las bases del power-trío (que luego se extendería al Hard-Rock) agregando la noción de virtuosismo instrumental que hasta entonces parecía privativa del jazz. Jimi Hendrix aterriza con sus blues cósmicos sobre el 'swinging London' para formar su Experience y revolucionar al rock y la guitarra eléctrica, mientras que del corazón de la psicodelia inglesa, el Club UFO, saldrían dos grupos pioneros del incipiente movimiento underground, The Pink Floyd y Soft Machine.

Mientras todo esto ocurría, dos alumnos de la Universidad de Manchester, Chris Judge Smith y Peter Hammill, formaban un nuevo grupo. Smith bautizará a la banda inspirado en el generador electroestático inventado por el americano Robert Jamison Van de Graaff en 1931. En realidad el prefería el nombre "Zeiss Manifold And The Shrieking Plasma", pero de un listado de 15 nombres que trajo de una reciente e iniciática visita al sicodélico San Francisco del 67, se eligió el del generador, aunque cambiando un par de letras para no tener problemas con la familia del prestigioso físico.

La primera formación constaba de Peter Hammill en guitarra y voz, Judge Smith en batería y voz, Nick Pearne (un compañero de Hammill en el curso de Estudios Liberales en Ciencia) en teclados, Colin Wilkinson en armónica, un tal Bob en guitarra, Gordian Troeller en piano (ocasionalmente), una bajista mujer de la que nadie se acuerda ni el nombre y dos estudiantes del Departamento de Drama, Keren Wilson y Maggie Hunt (novias de Pearne y Hammill respectivamente), como 'bailarinas'. Judge Smith recordaría la gran cantidad de excelentes recitales que tuvieron la suerte de disfrutar por entonces: Pink Floyd (con Syd Barrett), Cream, Hendrix, y uno de los artistas que más impactaron e influenciaron a los jóvenes músicos: Arthur Brown. Ver en directo al impresionante Crazy World of Arthur Brown, cuya música estaba basada en el sonido del órgano, no en las guitarras, fue una experiencia increíble y enriquecedora para la banda.

Durante el 67 tocaron unas seis veces en el bar del Centro de Estudiantes de la Universidad, destacándose la vez que lo hicieron antes de un show del Jimi Hendrix Experience, en el mes de Noviembre. Este show fue la despedida de la primera encarnación de la banda, una actuación de treinta minutos que constaba de un par de versiones de blues, temas originales de Hammill (como por ejemplo 'Sunshine') y a Judge Smith enfundado en una capa con los palillos de la batería envueltos en llamas y luciendo una máscara de hombre-lobo de látex (lo cual, según Hammill, motivó la huida de la bajista durante la prueba de sonido). Al acabar el show en el bar fueron corriendo al salón principal a disfrutar del Experience.

La tercera formación de la banda: Judge Smith, Peter Hammill y Hugh Banton
(Foto de Dunstan Pereira)

Chris Judge Smith en 1968
(Foto de Dunstan Pereira)

Foto promocional para el sello Mercury de VDGG como trío: Pearne,
Hammill y Smith
(Foto de Dunstan Pereira)

VDGG como efímero quinteto, 1968
Revista Oor

La formación que grabó Aerosol Grey Machine. De
izquierda a derecha: Guy Evans, Hugh Banton, Keith
Ellis y Peter Hammill
(Foto de Barrie Wentzell)

Portada de la edición inglesa de Aerosol Grey
Machine

La Electroestática de la Psicodelia

A principios de 1968 Hammill, Smith y Pearne deciden alejarse del grupo original y reformar la banda, manteniendo el nombre de Van Der Graaf Generator. Brindan un solo concierto como trío y logran que otro estudiante, Caleb Bradley, se convierta en su manager. Bradley, gran aficionado a la electrónica, se las ingenia para grabar la primera maqueta de la banda en la casa de sus padres, con los temas 'Firebrand' y 'Sunshine', y la ofrece en Londres.

Hammill y Smith comienzan a componer material juntos en esa época. Enclaustrados en la habitación de Hammill hasta la madrugada, firman temas como 'Viking', 'People You Were Going To', 'Imperial Zeppelín' y 'The Institute of Mental Health', por nombrar los que después fueran grabados. Realizan algunos shows como dúo (Pearne estaba más interesado en terminar sus estudios) y hasta llegan a tocar de teloneros de Tyrannosaurus Rex en el Magic Village de Manchester. Por entonces Judge incorpora una máquina de escribir como instrumento de percusión a su equipamiento. Luego de un desastroso y único show como trío en un fallido happening en la Universidad -los amplificadores prestados fallaron masivamente y estudiantes de medicina borrachos lanzaron botellas a las 'bailarinas' y a los músicos- y Nick Pearne piensa seriamente en desvincularse de la banda.

Pero estamos a principios de 1968 y, como siempre dice Hammill, el mundo no sólo era diferente: era otro planeta. Así fue como el productor americano Lou Reizner, cabeza de la subsidiaria británica del sello Mercury, se muestra interesado en ofrecerles un contrato de grabación. ¡Todo gracias a una demo grabado de forma artesanal, con dos televisores como amplificadores y Hammill grabando la guitarra en el jardín para que no se acople!

El trío pasa totalmente de Bradley y se desplaza a Londres para una audición con el viejo lobo Reizner, y después de una demostración en directo de varios temas en las mismas oficinas, se deja todo estipulado para la firma de un contrato de grabación. Si hay algo que no puede criticársele a Lou Reizner es la falta de olfato y audacia para fichar músicos desconocidos: ese año contrató para Mercury a Van Der Graaf Generator, David Bowie (Jones hasta ese momento) y Rod Stewart, tres propuestas bien diferentes. (Adivinen con quién se llenó de pasta).

Finalmente firman el contrato y se mudan a Londres pero, sin haber llegado más que a participar en unas fotos promocionales, Pearne emigra de la banda. A instancias de otro compañero de la universidad de Peter y Judge, Alastair Banton, ingresa en el grupo su hermano, Hugh Robert Banton, un organista de formación clásica. Mientras, Reizner contrata al músico Graham Bond como director musical del grupo, que es otra vez un trío. Bond era un genio pero, por esa época, estaba completamente desquiciado por su adicción a la heroína y su afición al satanismo y lo oculto. Vestido con un mini-vestido verde (era un tipo corpulento y gordo), el pelo teñido con pintura roja y rodeado de todas sus posesiones en bolsas de papel que llevaban la bandera del vietcong pintada, la figura de Graham causó una gran impresión en Peter Hammill.

En el verano del 68 Hammill y Smith graban varios demos en Old Kent Road, más de treinta temas, pero siguen sin encontrarle el punto al sonido de la banda. Finalmente deciden realizar varios cambios: Smith dejará la batería, quedando solo como cantante y coros. Conseguir una base rítmica sólida -y un buen manager- se hace imperioso para su subsistencia. Hugh Banton se encarga de buscar, mediante avisos clasificados, bajo y batería, para intentar amalgamar el sonido de la banda. En respuesta a un anuncio aparecido en el International Times (el periódico underground por excelencia de la época) consiguen a un nuevo manager, Tony Stratton Smith (que llevaba al grupo The Nice, con Keith Emerson) y, por medio de éste al experimentado bajista Keith Ellis (ex integrante del grupo de Liverpool, The Koobas). El nuevo baterista será un amante del jazz nacido en Birmingham, Guy Randolph Evans, que consigue una audición a instancias del periodista del Internacional Times, Keith Gordon, quien le había pasado el número de teléfono de Tony Stratton Smith. Después de una audición donde ni baterista ni banda lograron convencerse mutuamente (a la banda el batería no les impresionó demasiado, por su estilo poco ortodoxo para la época, y al baterista el grupo le pareció un conjunto bastante extraño de personalidades). Sin embargo hubo gran afinidad a nivel personal y Guy Evans ingresa en Van Der Graaf Generator. (Hoy no nos podríamos imaginar a la banda con ningún otro baterista.)

Finalmente graban, como quinteto, su primer sencillo con 'People You Were Going To'y 'Firebrand', para el sello Tetragrammatron, la única grabación del grupo con Judge Smith (en voz y flauta). Al enterarse Mercury de la existencia del sencillo, obligó a la banda a retirarlo del mercado por razones contractuales.

Pero pronto se hizo evidente que tanto las composiciones como la forma de cantar de Hammill eran superiores a la de Smith, y su presencia se vuelve redundante, razón por la que saldría del grupo -de manera amistosa- en otoño de 1968. (De todas maneras Hammill no romperá nunca su vínculo amistoso y profesional con Smith, grabando varios temas de éste en el transcurso de su carrera como solista y emprendiendo juntos la ópera The Fall of The House Of Usher.)

Ya como cuarteto Van Der Graaf Generator realizó un par de giras por Inglaterra y Alemania, pero estaba imposibilitada de grabar un álbum debido al contrato que el joven e inexperto Hammill había firmado casi un año antes con Mercury. El sello quería obligar a los demás músicos a firmar ese contrato como condición para grabar, y a la vez se negaba a rescindir el de Hammill, por lo cual se hallaron en un callejón sin salida. La suerte (mala) ayudó a definir las cosas, ya que les fueron robados todos los equipos. No sólo no podían grabar, sino que -además- no podían tocar en directo.

Virtualmente se disuelven y Hammill comienza a brindar recitales como solista en distintos clubes y teatros de Londres, hasta que decide finiquitar de una vez su compromiso con Mercury y grabar un disco solo. Acompañado por sus compañeros de banda Hammill empezó a grabar lo que sería Aerosol Grey Machine, compuesto por algunos temas del repertorio de Van Der Graaf Generator y otros que había desarrollado como solista, mientras el astuto Tony Stratton Smith (manager del grupo) negociaba la liberación del contrato con Mercury a cambio de que el disco saliera bajo el nombre de Van Der Graaf Generator. Aerosol Grey Machine se editó únicamente en los Estados Unidos, apareciendo en Inglaterra unos años después, con otra portada.

Libres, pero sin contrato de grabación, y con un disco no editado en su país (y que no los representaba) Stratton Smith realiza otra jugada magistral y funda su propio sello, Charisma, con el objeto que la banda pudiera grabar. Charisma, a su vez, se convertiría en uno de los más importantes sellos de la música alternativa/progresiva inglesa de principios de los setenta, al firmar a otros grupos como Lindisfarne, Rare Bird o a Genesis, de Peter Gabriel.

Durante los casi cinco meses que Van Der Graaf Generator estuvo virtualmente separado o en el limbo (es decir, entre mayo de 1969 cuando dejan de tocar ante el robo de todos sus instrumentos en Londres y el mes de septiembre, cuando vuelven a ensayar como banda luego de editarse Aerosol Grey Machine) Guy Evans se fue a tocar la batería con un grupo llamado The Misunderstood's. Luego de la grabación del disco deciden volver a juntarse como banda, exceptuando a Keith Ellis, quien se marcharía a tocar el bajo con los más roqueros Juicy Lucy. Guy Evans se lleva para Van Der Graaf Generator a Nic Potter, el joven bajista de The Misunderstood's, con el cual había congeniado a las maravillas como base rítmica. Hammill introdujo en el grupo a un saxofonista que anteriormente había tocado con Judge Smith en Heebalob, una de las bandas en que éste había tocado al alejarse de Van Der Graaf Generator. El admirador de Roland Kirk y Ian Underwood (el saxofonista de The Mothers Of Invention) se llamaba David Jackson, y no sólo ingresaría a la banda como miembro estable sino que también se mudaría al piso de Peter Hammill en Londres (ubicado en el 7C de Fawley Road, en West Hampstead).

VDGG en 1970 interpretando Darkness en el programa de tv alemán Beat Club

Hammill y Jackson en el Beat Club

Foto promocional del sello Charisma de VDGG en 1970
(Foto de Mark Vernon)

Foto aparecida en la revista Mojo

Anuncio para The Least We Can Do

Van Der Graaf Generator en directo, en 1972
(Foto de Willi Rupp)

Etiqueta del disco promocional de Fools Mate

Raros pero con "Charisma"

El quinteto comenzaría a ensayar sin descanso, puliendo su música, componiendo sin parar y armonizando sus contrastes hasta ensamblar una banda que haría historia. El sello estaba entusiasmado con la nueva ruta de la banda y durante 1970 les edita dos discos: The Least We Can Do Is Wave To Each Other (marzo) y H To He Who Am The Only One (diciembre). Lamentablemente a mitad de las sesiones de grabación de H To He Who Am The Only One, Nic Potter (agobiado por el ritmo de trabajo de la banda y sus extrañas vibraciones) abandonaría el grupo, siendo suplido en estudio y en directo por Hugh Banton.

Con estos dos discos quedó planteado el verdadero "sonido Van Der Graaf Generator", una extraña mezcla surgida de la diferentes influencias traídas por cada músico: Banton aportaba su formación clásica (mezclada con la admiración a Hendrix que compartía junto a Hammill), Jackson y Evans eran gran admiradores del jazz moderno de músicos como John Coltrane, y Hammill aportaba su heterodoxo bagaje de músicos de blues (según él sus riffs no son otra cosa que la imitación de los de John Lee Hooker), pop-rock británico y electricidad hendrixiana, teniendo siempre como eje a la canción, más allá de la duración de la misma.

El elemento hímnico creado por el órgano de Banton y cierta ampulosidad compositiva de Hammill, sumado a la experimentación eléctrica de los saxos de Jackson y el particular estilo (rápido y seco) de Evans, fueron algunos de los elementos esenciales del sonido de la banda, como también la ausencia de la guitarra como instrumento líder. La forma de composición de las canciones era diferente a la usual por los grupos del momento, ya que éstas existían de antemano (aportadas por Hammill) y luego eran arregladas entre todos los integrantes. Por lo general, la mayoría de las bandas no tenían un sólo compositor, sino que componían todos juntos, siendo casi siempre el cantante el encargado de la parte lírica. El hecho de reelaborar en conjunto canciones compuestas en su totalidad por una sola persona ofrecía una manera diferente de asimilación de distintos influjos.

Obviamente la particularidad de la temática lírica de Hammill y el espíritu experimental del conjunto eran dos elementos diferenciadores del trabajo en estudio de Van Der Graaf Generator, pero otra de sus características fundamentales fue la actitud de la banda en vivo. Mientras que la mayoría de las bandas adscritas a la vertiente sinfónico/progresiva inglesa de la época eran más consistentes y prolijas en sus directos (se trataba de reproducir lo más fielmente posible lo hecho en el disco, repitiendo solos y arreglos en los recitales, noche tras noche), Van Der Graaf Generator mantenía un espíritu de caos y anarquía y una espontaneidad casi jazzera que los distanciaba del resto y hacía de cada recital un evento único e irrepetible.

Hay que señalar que, en realidad, no es exacto alinear al grupo dentro del llamado rock sinfónico, ya que su intención no era la de integrar al rock formas de la música clásica, como lo intentaron otras bandas como Yes y Genesis (con sus elementos del romanticismo) o EL&P y King Crimson (con influencias más contemporáneas de compositores como Ginastera, Copland, Ravel, Janacek, Bartok o Webern). Musicalmente lo de Van Der Graaf Generator no se aviene a ninguna categorización (ni siquiera dentro del ambiguo rótulo de Art-Rock, un viejo término utilizado por la crítica americana en los setenta). Más allá de tener puntos en contacto con algunas de las bandas mas representativas de ese género, lo suyo (por lo poco convencional de su propuesta) podía emparentarse más otras bandas marginales de la época como Caravan, Soft Machine, Gong o Henry Cow. Si hay un mote que les hace más justicia es el mismo que el propio Hammill prefiere, el de banda underground.

1971 resultó un año crucial donde el grupo, a pesar de hallarse casi consumido por caóticas giras, graba su obra maestra, Pawn Hearts, y Hammill edita su primer trabajo como solista, Fools Mate. Pese a que comenzaban a tener cierto reconocimiento de la gente de su país -eran mucho más populares en Alemania e Italia- deciden disolverse a principios de 1972.

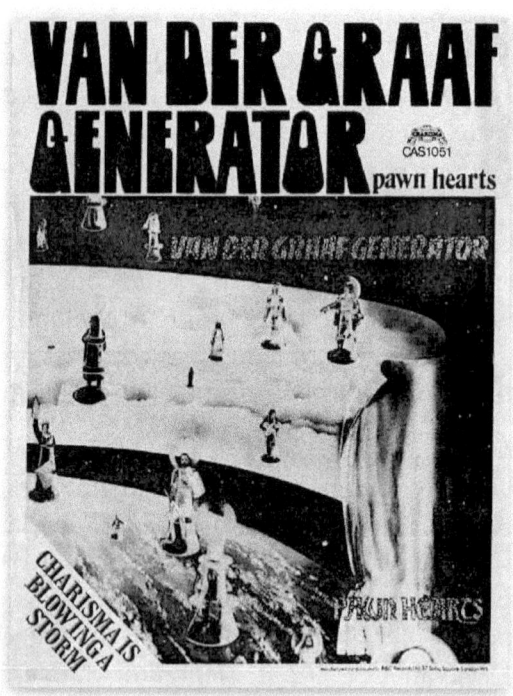

Anuncio para Pawn Hearts

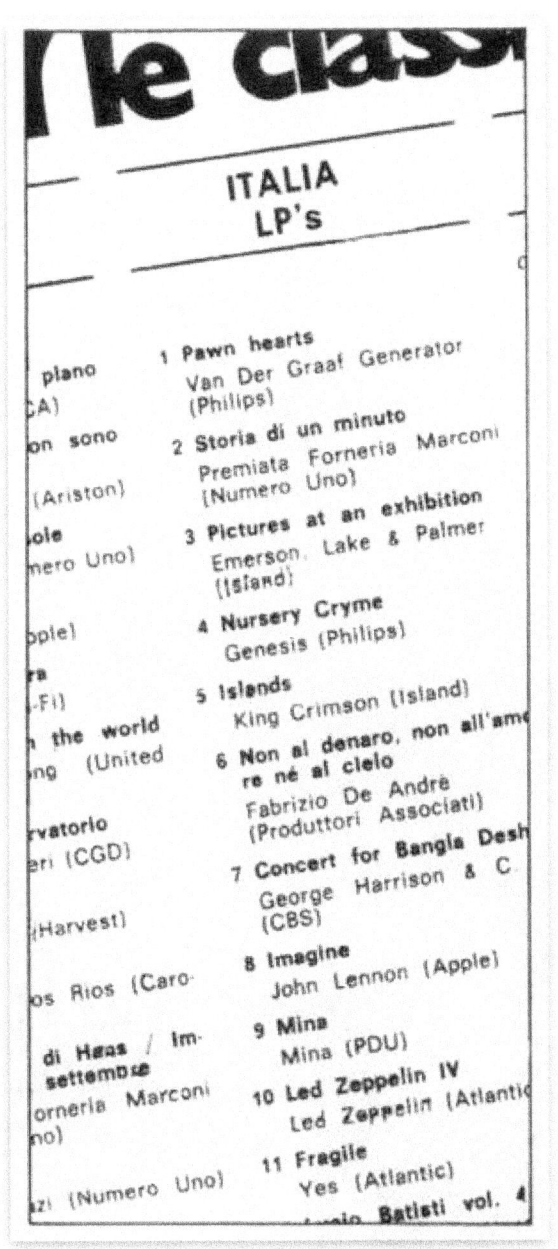

PETER HAMMILL

LATEST ALBUM

IN CAMERA

OUT NOW

La Cámara
CAS 1063

PANEL ENTERPRISES AND CHARISMA ARTISTES PRESENT

PETER HAMMILL
IN CONCERT at WIGMORE HALL
7th/ 8th SEPTEMBER

Pawn Hearts llega al nº 1 de la lista de ventas en Italia en 1972

Anuncio del cuarto disco en solitario de Hammill (Melody Maker, 1974)

Anuncio de Charisma para el segundo
trabajo solista de Hammill

Hammill in Zurich in 1975, wielding
the Meurglys III
(Photo by Willi Rupp)

El gran Nic Potter
(Foto de Willi Rupp)

VDGG en su refugio de Norton Canon en 1975
(Foto de Serge D)

Peter Hammill : « Presque étonné du résultat... »

Hammill y Jackson en un reportaje
para la revista francesa Best, abril de
1976

Un muy bien cubierto Hammill en
Offenburg 1976
(Foto de Willi Rupp)

Anuncio publicitario de he Quiet Zone, con el cellista Charles Dickie incorporado, 1977

Anuncio publicitario para el disco de Hammill Over, marzo de 1977

Foto promocional de Charisma para el disco The Quiet Zone

Cartel de 1977 anunciando un
concierto junto a Hawkwind en
Essen

Anuncio del disco Vital aparecido en
el New Musical Express de agosto
del 1978

Van Der Graaf, ya sin el Generator, en una imagen publicada en
la revista Good Times en 1977. De izquierda a derecha:
Graham Smith, Evans, Hammill y Nic Potter

Ticket de la primera
actuación de Hammill en
España, en el Salón Cibeles
de Barcelona en 1986

PETER HAMMILL
The Future Now
(Charisma)
ONCE AGAIN Van Der Graaf (Generator) have ceased trading, and once again the task of appeasing the insatiable appetites if the band's following falls on the scrawny shoulders of Peter Hammill.

Hammill however seems reluctant to fly the flag. *"Oh sure,"* he admits ruefully in "Energy Vampires", *"I long ago decided to make myself an exponent of public possession in the private obsession zone".*

Indeed you did, Peter — but has it, I wonder, ever occurred to you that it's precisely the element of emotional extremism in your work that encourages surprising numbers of your audiences to barrack you so mercilessly backstage, presumably in the hope of your somehow absolving them fron their 'problems' by proxy?

Hammill may never have baulked at figuratively bleeding himself white as he offers up head, heart and soul for close inspection, but he seems either unable or unwilling to accept the obvious responsibilities such breast-beating entails.

Crítica del disco The Future Now aparecida en el NME en Septiembre del 1978

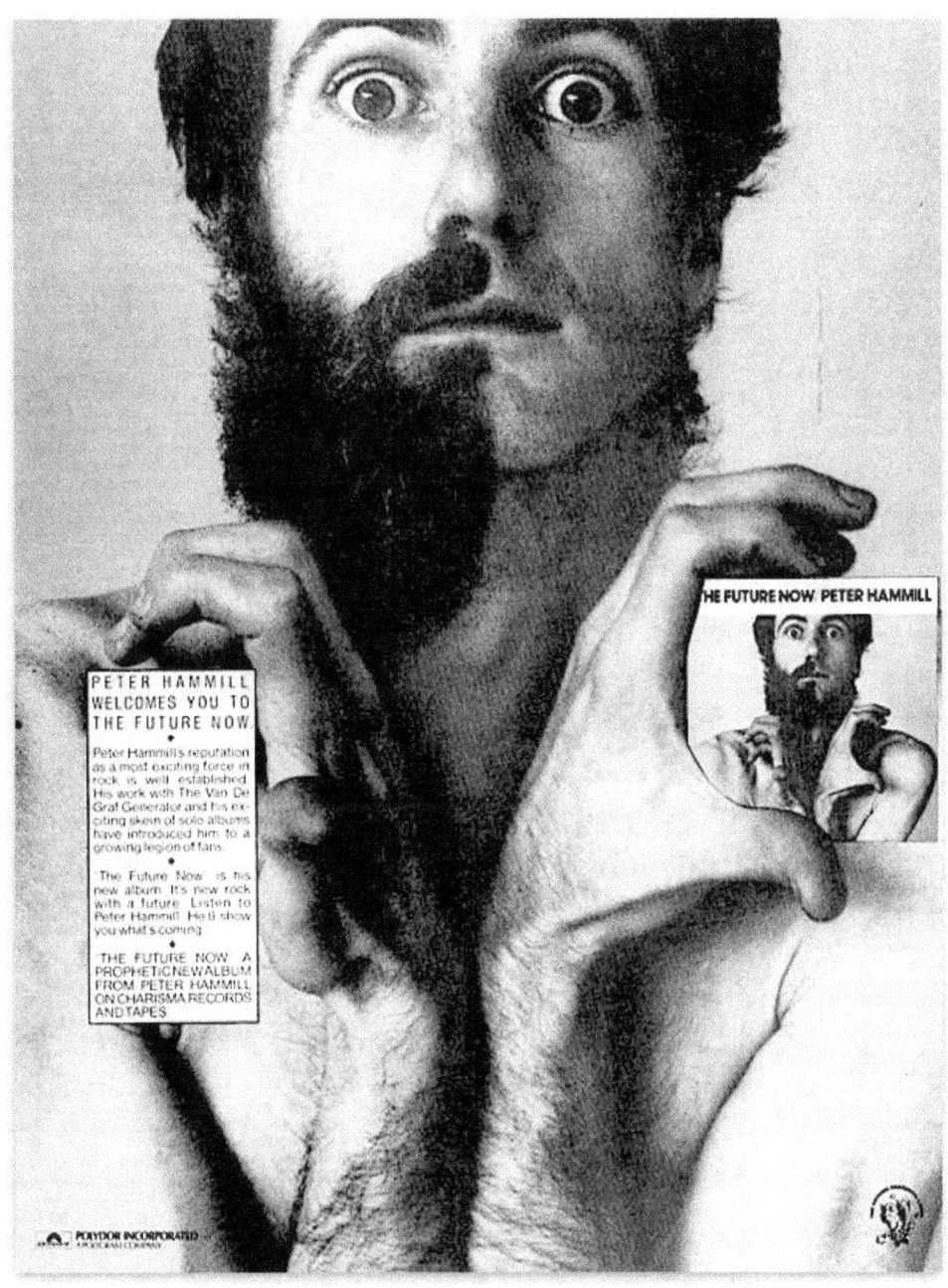

Anuncio del sello Charisma para el disco solista de Hammill The Future Now, 1978

VAN DER GRAAF
Vital (Charisma)

"I BELIEVE in the gig as a unique event. Film or record it and you can't ever capture it because it's the sum of all the humanity that is there, every member of the audience . . . including all the people who don't like it and walk out" — Peter Hammill November '76.

This double live album was recorded on the second of a two night stint at the Marquee club in January '78. VDG have since appeared at the same venue in June, whence I was one of many who fled to the bar, unable to make head or tail of the racket they were making. This set proves (to me) that when I became alienated by the cacophonous white noise into which the music so often degenerated, it wasn't really my fault. At all.

"I've always found it very positive to get negative reactions" — Hammill again.

As far as the studio recordings go I consider myself to be as much a stoned Hammill/VDG freak as the most fanatical of his/their followers. But I refuse to join the ranks of those who believe this band can do no wrong in live performance.

Here we are treated to tortuous renditions of two of Hammill's best songs, "Still Life" and "Last Frame". Both have characteristically great non-riff *(Un-riff? — Ed.)* variations on the originals, but at the same time they can become almost physically painful to endure, this mainly due to Hammill's strained vocals and the overbearing violin and cello parts.

Supposedly die-hard VDG worshippers are expected to be grateful for the inclusion of the oft-requested "Plague Of

All doom and no day makes Hammill a dull play?

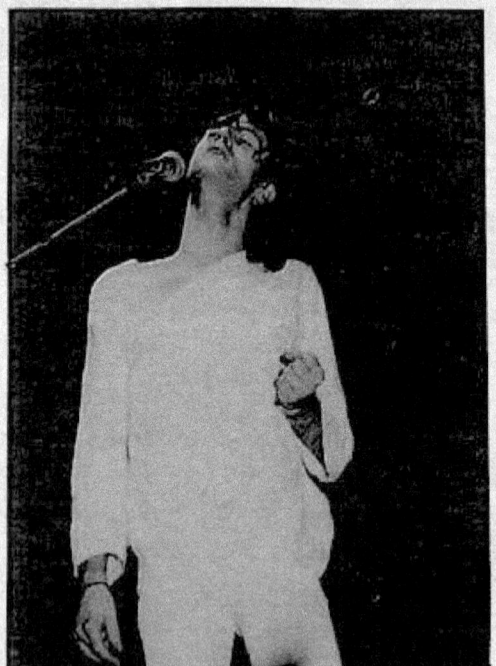

Pic: TERRY KERR

Mr. Nadir,
We Presume

Lighthouse Keepers", here part of a "Medley" alongside "The Sleepwalkers". Sadly, both are rendered ineffective by the deliberate omission of the majority of lyrics. Why play these songs unless in their entirety? The crowd love it though.

The encore, "Nadir's Big Chance", and the musical snippet from "Killer" are also dispensible. The former is a vehicle for Hammill to alter lyrics in order to make snide remarks about *"jerks in leather bondage suits"* — what he doesn't realise is that there's more bondage in his songs than there will ever be down the Kings Road.

The only golden oldie to

make the grade on all levels is the classic "Pioneers Over c". It sounds well-rehearsed and complete. Bassist Nic Potter sounds more like Magma's Jannik Top. Graham Smith's violin and Charles Dickie's cello are very effective, as is good old Jacksonsax. Hammill's well delivered lyrics are only spoilt by being treated with dashes of ancient hippy echo. Simply fossilising, standing still?

And now the reasons why "Vital" may indeed be so. There are five new songs here, and together they make me wish they took the form of a studio album proper. In ascending order of merit — "Sci-Finance" is about the worship of Money, "Urban" about city-life paranoia. The latter opens with a partly realised instrumental passage featuring (guest) David Jackson on sax. Hammill's vocal is weird, the whole thing very unorthodox to these ears.

"Door", another odd tune with police car violin and strong riffing, is of intriguing lyrical content; Hammill feels he has to justify it at the onslaught with a short introduction. "Ship Of Fools" abounds with more excellent non-riffs; it's virtually subdued heavy metal head-banging music with more Magma bass to boot. The fractured, manic guitar starts the adrenalin flow. The violin and cello work is simply astonishing.

The track I'd pay the £4.75 for alone is "Mirror Images", at first lyrically banal and corny until it takes on other meanings: *"It gets such a strain, to pretend that the change is anything but cheap. With your infant peek and angst pretention, sometimes you act like such a creep. . . Cheap imitation of alienation and grief."* Some cruel observers would say that sums Hammill up.

Vital? Try telling the fans otherwise. But even endless ecstasy can get boring.

John Gray

Crítica del disco Vital aparecida en el NME en el 1978

Flyer Auditorium de
Belgrano 1994, Buenos
Aires Argentina

Hammill junto a Jackson en
Ginebra en 1994
(Foto de Willi Rupp)

El histórico Union Chappel Concert de 1996
(Foto de Willi Rupp)

En las Dolomitas, Italia, en 1996
(Foto de Willi Rupp)

Actuacíon en Coblence en 1997
(Foto de Willi Rupp)

Atenas 1999
(Foto de Willi Rupp)

Portada de la revista DJ Magazine,
Argentina, 1999

Durante una prueba de sonido en Atenas en 1999 junto a Stuart
Gordon
(Foto de Willi Rupp)

Una reunión informal de fin de semana de los ex VDGG en Julio de 2001
(Foto de Sue Jackson)

Flyer de la gira británica de
Hammill en 2003

Las Aventuras de "Peter Punk"

Durante el período comprendido entre 1972 y 1975 Hammill cimentó su carrera como solista (aunque sus ex compañeros de banda están presentes de una u otra manera en todos ellos) con cuatro discos mas (Chameleon, The Silent Corner, In Camera y Nadir's Big Chance) donde ahonda en sus obsesiones existenciales desde un punto de vista más subjetivo que el abordado con la banda. Además creció su maestría como músico multi-instrumentista, desarrollando hasta el límite su mejor instrumento: la voz, y dando sus primeros pasos en la producción (que desde Aerosol hasta The Silent Corner había sido responsabilidad del maestro John Anthony).

Hacia 1975 el rock se había transformado, como bien lo expresó el propio Hammill, "...de un pequeño negocio a una gran industria..."; lo que en la década de los sesenta se presentó como la manifestación de una cultura alternativa (o contra-cultura si se prefiere) se estaba transformando en puro entretenimiento, en mero espectáculo. Su poesía, que había servido para la creación de una especie de conciencia colectiva cuestionadora, o para difundir nuevas corrientes de pensamiento y estilos de vida alternativos al establecido, se había simplificado hasta la estupidez (salvo honrosas excepciones) o quedado sepultada bajo las toneladas de luces y vatios de los cada vez más populares megaconciertos.

Según Robert Fripp: "El temprano amateurismo que rodeaba el negocio del rock se había profesionalizado cerca de 1974, aunque esto se incrementaría a través de los setenta y ochenta. Los discos se transformaron en "productos" y "unidades" que se trasladan, las audiencias se transformaron en "consumidores" cuyos modelos de comportamiento fueron diagramados por expertos en estadísticas. Algo terrible, terriblemente equivocado ocurrió con nuestro sentido de los valores. El Pragmatismo reemplazó al Principio, la Cantidad demostró la Calidad."

Dentro de este contexto, harto conocido, que sirvió de caldo de cultivo para el surgimiento, dos años después, de la revolución punk, Hammill grabaría, junto a la totalidad de sus ex-compañeros de Van Der Graaf Generator, el seminal e influyente Nadir's Big Chance, un trabajo crudo, ácido y crítico, que la mayoría de la prensa y el público no supieron comprender en su momento, pero que marcaría el rumbo a las nuevas generaciones.

También significó el renovado regreso de la banda, que nuevamente sentía tener algo que decir y manifestar musicalmente; se marcharon a ensayar y componer a una casona de Herefordshire, Norton Canon, inaugurando una nueva etapa con la formación clásica Hammill/Jackson/Banton/Evans.

Según Banton: "Nunca perdimos contacto después de habernos separado. Sólo sucedió que habíamos tenido suficiente, pero solíamos vernos de vez en cuando y uno o dos de nosotros a veces acompañábamos a Peter sobre un escenario en sus conciertos solistas, o le ayudábamos en alguno de sus discos. En el 75 coincidimos para grabar Nadir's Big Chance y todo pareció estar dispuesto para darle a Van Der Graaf Generator una nueva oportunidad." Para Hammill: "No hubo una razón concreta por la cual nos volvimos a juntar. Simplemente el espíritu de trabajar nuevamente juntos como Van Der Graaf Generator pareció aflorar en las sesiones de Nadir's Big Chance y las ideas musicales que yo venía trabajando en ese momento parecieron cuajar perfectamente con la banda."

En esta nueva y fructifera etapa registraron tres excelentes tres LPs en el período de dos años: Godbluff (75), Still Life (76) y World Record (76). El grupo replanteó su sonido, lo hizo menos barroco y más directo que en el pasado; más musical y rítmico pero subordinado como siempre a los textos de Hammill, que en discos como Still Life ('My Room', 'Still Life', 'Childlike Faith...') alcanzarían altas cimas.

Durante 1976 Hammill no sólo grabó dos discos junto a Van Der Graaf Generator sino que, después de atravesar una dura crisis personal, (el abandono de su compañera sentimental, Alice) dio a luz uno de los mejores trabajos de toda su carrera, el impresionante Over, su sexto disco como solista. En octubre de 1976 Van Der Graaf Generator viaja por primera (y única) vez a América, brindando cinco recitales en

Canada y uno en los Estados Unidos, en el célebre Beacon Theatre de Nueva York, el 18 de octubre.

Problemas estructurales, personales y económicos (la gira americana fue un éxito artístico y un desastre económico) marcan el final de esta etapa al abandonar, primero Banton y luego Jackson, el seno de Van Der Graaf Generator, que Hammill reformula en 1977, acortando el nombre a Van Der Graaf, con la incorporación del violinista Graham Smith (que venía de un grupo fichado por Charisma llamado String Driven Thing) y el regreso del bajista Nic Potter, para la grabación del que sería el último disco en estudio de la banda, The Quiet Zone/The Pleasure Dome (78), que en realidad tiene todo el acabado de un disco solista de Hammill. En Over Hammill ya estuvo acompañado por Smith y Potter; sin embargo de los ensayos de la nueva formación -realizados entre enero y febrero de 1977- surgió un sonido grupal más rudo y salvaje que el de antaño: con un Nic Potter agresivo y abrasivo desde su bajo Fender, un Graham Smith que tocaba un violín acústico (los eléctricos eran muy caros por entonces), pero con un buen micrófono y adaptándolo a un pedal wah wah lograba un sonido demoledor, y un Hammill volcado decididamente a la guitarra eléctrica (sin dejar de lado los teclados). El nuevo Van Der Graaf estaba en plena sintonía con la onda musical del momento, brindando además unos directos más explosivos que nunca. Eran prácticamente la única banda de los setenta respetada por las huestes punks. La nueva formación debutó en el Roundhouse de Londres, con un lleno total, el 20 de febrero de 1977, con un show que los mostró fuertes como nunca y con una respuesta salvaje por parte del público, que en gran medida era mucho más joven que el que solían tener. Era un Van Der Graaf totalmente diferente, sin el habitual sostén armónico del órgano y el saxo que lo caracterizara, sino el zumbido eléctrico de la guitarra de Hammill, el fuzz del bajo de Potter y los chirriantes quejidos del violín de Smith. El programa del show del Roundhouse fue para la historia, ya que interpretaron temas de Over (aún inédito), una nueva canción de la banda titulada 'Last Frame' y un par de temas del repertorio anterior como 'Arrow' y 'Still Life'. Pero las grandes sorpresas de la noche fueron la interpretación de 'My Room' (que nunca antes había sido tocada en directo) y el 'Rock and Role' de Chameleon In The Shadow Of The Night.

Un detalle interesante es que fue justamente esta formación con que la banda se presentó por primera vez en suelo español. Fue en julio de 1977 cuando brindaron dos recitales dentro del Primer Festival de Música Popular de Ibiza, realizado en la plaza de toros de la isla.

Vital (78) un disco doble en directo, oscuro y violento, fue el definitivo adiós de Van Der Graaf, pero su influencia será manifiesta en el trabajo de grupos de after punk como

Siouxsie And The Banshees, Magazine, Pil, The Fall, Joy Division, The Cure, Bauhaus o Pere Ubu.

La importancia que tuvo la figura y música de Peter Hammill (y por añadidura Van Der Graaf Generator) para las rabiosas nuevas generaciones de músicos surgidos con el punk, quienes despreciaban a la mayoría de sus antecesores, se hizo más evidente con los exponentes más existencialistas (y depresivos) de la movida after/gótico/dark inglesa de la primer parte de los ochenta. La seca y agresiva modernidad de los tres discos que Hammill editara a fines de la década de los setenta y principios de la de los ochenta, The Future Now (78), pH7 (79) y A Black Box (80), lo erigen como un referente inevitable, aunque masivamente desconocido.

Obviamente a un artista de sus características se le multiplican los problemas de difusión y subsistencia; Hammill siempre sostuvo que la música debía hacerse por el propio placer o necesidad de hacerla, sin subordinar la misma a fines comerciales, planteándose desde los inicios de su carrera no convertirse en una estrella, ya que su interés radica en que sean su trabajo y sus canciones los protagonistas. Esta actitud es lo que él considera que puede haber sido tomado como principal influencia en otros artistas.

Afiche promocionando el Tour de Godbluff en 1975

Jaxon en acción
(Foto de Willi Rupp)

Anuncio publicitario de Still Life, 1976

La sorpresiva reunión de VDGG en el Queen Elizabeth Hall, con el añadido de Stuart Gordon
(Foto de Willi Rupp)

Concert Ticket - Queen Elizabeth Hall 2003

Hammill junto a la Premiata Forneria Marconi, Marzo de 2003, Milán, Michele Manzotti

Entrada del recital "del regreso" en Sos del Rey Católico (Zaragoza 2004)

En directo en Sos
(Foto de Carlos Solero)

Flyer Tour de Japón 2004

Rückkehr in der klassischen Besetzung,
v.l. hinten: David Jackson, Guy Evans
vorne: Hugh Banton, Peter Hammill

Los reunidos VDGG posando para la revista alemana
Good Times, Abril de 2005

Flyer alemán anunciando la
salida de Present

El Hacedor

En 1979 Hammill colabora con su viejo amigo Robert Fripp poniendo su voz en tres temas ('Disengage', 'Chicago' y 'I May Not Have Enough Of Me But I've Had Enough Of You') para el seminal primer disco como solista del lider de King Crimson, Exposure (1980). El disco contó con la presencia de músicos como Peter Gabriel, Eno, Darryl Hall, Narada Michael Walden, Tony Levin, Las Roches y Jerry Marotta entre otros. Revistas especializadas como The Wire le consideran: "El Sargent Pepper del Avant Punk".

Durante la década del ochenta editó doce trabajos donde alternaría sin titubeos todo el amplio rango de su creatividad. Desde el eléctrico y fuerte Sitting Targets (81), la creación de una nueva banda (el K-Group, con Jackson, Potter, Evans y el guitarrista de los Vibrators, John Ellis) con los que grabará Enter K (82), Patience (83) y el directo The Margin (85). Trabajos netamente experimentales como Loops & Reels (84) o Spur Of The Moment (88), la exquisita reelaboración de sus mejores canciones de amor The Love Songs ('84), su puesta al día con la tecnología en Skin (86) o In A Foreign Town (88), la absoluta soledad de And Close As This (86) y la vuelta al ruedo, después de un año de silencio discográfico, con Out Of Water (90).

En los ochenta también colaboró con otro residente de su ciudad, Peter Gabriel (quien había instalado su propio estudio de grabación en Bath), tanto en algunos de sus discos solistas como en sus proyectos relacionados con la música étnica (Festivales WOMAD y el sello Real World).

A fines de 1990 despidió la década del ochenta con el doble CD en vivo Room Temperature Live, cerrando un capítulo prolífico, pero plagado de problemas, con algunos de los sellos discográficos con los cuales había trabajado: Virgin y Enigma.

"Finalmente después de Room Temperature Live el sello Enigma se estaba disolviendo y yo quedé sin contrato. A pesar de haber trabajado con varios sellos importantes nunca había tenido la promoción adecuada, lo que en parte puedo comprender debido a la cantidad de discos que tengo. Es mucho más fácil promocionar a alguien que sólo tenga un par de discos, pero si tienes treinta se vuelve difícil para una compañía. Así que pensé que si los sellos nunca habían hecho nada por promocionar mi trabajo, yo podía hacer nada tan bien como ellos (risas). La idea de montar mi propio sello fue una salida natural después de tantos años de experiencia, además yo siempre me encargué del tema de la grabación, así que eso no sería nada nuevo para mí. Nunca tuve que hacer lo que una compañía quería o aconsejaba ya que siempre les presentaba los discos terminados. Mi nueva responsabilidad es pensar más por adelantado ya que sólo puedo discutir conmigo mismo. No creo que ser un artista independiente sea una resignación o una condena por no saber incluirse en la industria musical. Para mí es la mejor manera de seguir siendo libre.", comentaría Hammill en 1994.

Su primer disco para los noventa fue la concreción de un ambicioso proyecto conjunto con Chris Judge Smith -que tardó veinte años en realizarse- la ópera The Fall Of The House Of Usher, basada en el cuento homónimo de Edgar Allan Poe.

Finalmente montó su propio estudio de grabación (junto al productor y músico David Lord) en Bath, llamado Terra Incognita. Éste contaba con tres salas principales: una habitación grande de piedra y madera donde tocar y grabar en vivo -compartida con Lord quien tiene sus propios trabajos además de colaborar con Peter Hammill- y dos salas de control, una para cada uno, donde se confunden equipos y aparatos de última generación mezclados con otros más añejos pero que siguen siendo utilizados, además de gran cantidad de equipos e instrumentos. Allí grabó los primeros trabajos que editaría su propio sello independiente Fie! Records: Fireships (92), The Noise (93), The Roaring Forties (94) y el trabajo en directo There Goes The Daylight (93). (Posteriormente Fie! Records reeditaría en CD los discos Enter K, Patience, y Loops And Reels).

Después de un 1994 con mucha actividad en cuanto a giras (además de Europa realizó su tercer visita a América Latina), tanto solo como con el phQ, 1995 fue un año mucho más calmo en lo referente a shows. Realiza grandes cambios técnicos en Terra Incognita, ya que cambió su vieja e inmensa consola mezcladora Soundtracks de 32 canales por dos pequeñas Yamaha Pro-1 de 16 canales cada una, lo cual le dejó el espacio que deseaba y necesitaba en el control room. Hammill siempre manifestó que no era un amante de la tecnología por sí misma -aunque le atrae- sino que lo que más le interesa de la misma es la posibilidad de tener una mayor libertad para tomar decisiones y acciones creativas. Por ello es que, en vez de tratar de estar siempre tras el último grito en tecnología, prefiere realizar cambios y saltos tecnológicos importantes en forma espaciada.

Si bien los shows no fueron tantos en el 95, fueron muy interesantes. Viajó con el phQ a Rusia y Siberia, en una gira accidentada y logísticamente pobre, pero con una recepción e intensidad por parte del público que dejó un recuerdo imborrable en los (extenuados pero felices) músicos. El 2 de junio de 1995 visita España por quinta vez, brindando un único recital en Lleida. En agosto se presentó en la Noche de los Poetas en Helsinki, Finlandia, donde tuvo la experiencia de compartir camerinos con dos Premio Nóbel: Joseph Brodsky y Seamus Heaney. En el festival Crossing the Border de La Haya, Holanda, realizó una lectura de sus canciones de cuarenta minutos de duración, brindando su último recital del año en Bydgoszcz, Polonia, donde fue alojado en la suite Rubinstein del mejor hotel de la ciudad, la cual incluía un piano Steinway grande blanco en la misma. Lamentablemente, según señalara el propio Hammill, estaba desafinado…

En Francia se estrenó por fin el film de Michel Spinosa Emmene-Moi, con la banda musical compuesta por Hammill, fragmentos de la cual podrán apreciarse luego en el CD Sonix. Mientras tanto Hammill graba lo que será su próximo trabajo, X My Heart, y firma un contrato de distribución discográfico con el sello de su amigo Robert Fripp, Global Discipline Mobile, para editar la futura producción de Fie! Records en Estados Unidos, Canadá y Japón. Según manifestara Hammill: "Es extraño, pero irónicamente simple, que después de todos estos años nos encontremos ambos en el papel de Supremos de una Compañía Grabadora, pero a la vez tiene mucho sentido. Estoy encantado de que hayamos sobrevivido las varias tormentas de nuestras carreras y que continuemos sintiéndonos tan positivo de hacer música."

El año 1996 fue otro año con conciertos muy particulares. La temporada comenzaría en abril con una presentación -contratada dos años antes- en los festejos del vigésimo aniversario de la Orchestre National de Lille, en Francia, con la cual interpreta dos temas. En mayo viajó nuevamente solo a Israel para brindar dos recitales en Tel Aviv, con la particularidad de no repetir ningún tema en ambos. Luego se embarcaría en una corta gira Europea con el phQ, con los que se presentaría en Inglaterra, Alemania, Bélgica y Holanda. Ya en pleno verano viaja junto a su familia (algo que no suele realizar en sus giras) a los Alpes italianos para presentarse en el singular festival Sounds Of The Dolomites, donde brinda dos de los shows más peculiares de toda su carrera, ya que el recital se realiza a 2000 metros de altura en plena montaña, sin electricidad ni escenario alguno. La audiencia y el artista deben hacer senderismo durante horas hasta llegar a un refugio de montañistas. Luego de un refrigerio se sale al exterior, se elige una piedra donde sentarse y ¡comienza el recital! Según Hammill fue una experiencia distinta que nunca olvidará.

El final del verano lo encontró con una ortodoxa performance roquera junto al phQ, el 17 de agosto, en el Sziget Island Festival de Hungría, donde compartió cartel con Iggy Pop.

A finales de octubre realiza una breve gira en solitario por España -en la que fuera su sexta visita al país- brindando cinco recitales en Jerez, Valencia, Bilbao, León y Eibar (recital en donde Willi Rupp tomó la fotografía que ilustra la portada de este libro).

Una presentación conjunta junto a Guy Evans y algunos amigos en el Union Chapel de Londres, el 3 de noviembre de 1996, (de original corte experimental) devendría en acontecimiento histórico al volver a juntar sobre un escenario a los Van Der Graaf Generator originales (Hammill, Evans, Banton y Jackson) para interpretar el tema 'Lemmings'.

A nivel discográfico Fie! Records edita X My Heart, y el más experimental Sonix; Hammill le produce a David Jackson el disco Fractal Bridge (que también editará Fie!) y graba los temas de lo que luego será Everyone You Hold.

Si bien viajó muchos kilómetros, Hammill realizó pocos shows en 1997, y todos ellos en formato solitario. Comenzó en marzo con dos recitales en Grecia y una lectura de textos en Ginebra el 30 de abril. En junio viajó hasta Australia, donde brindaría cuatro shows, y en julio realizaría su cuarta visita a la Argentina, país donde se le venera. Su visita se ve reflejada en los medios gráficos más importantes del mismo. Los shows de ese año (tan sólo 12) culminan con dos presentaciones en Alemania en septiembre.

En octubre se editó el magnífico Everyone You Hold (que había terminado de grabar en junio de 1997, aunque algunos temas datan del 95), pero no comienza inmediatamente a grabar material para su próximo disco ya que, si hay algo que caracterizará a ese año es la cantidad de colaboraciones en las que Hammill se verá inmiscuido. Colabora con el cellista alemán Wolfram Huschke cantando en dos temas para su disco Alien Diary: 'Black Rose' (del cual Hammill escribirá también la letra) y 'Bye Bye', un dúo con otra invitada del alemán, la cantante Nina Hyams. Para el álbum Ones And Zeros, de Saro Cosentino, pone su voz en una distinta versión de su tema en conjunto 'Phosphorescence' y en 'From Far Away' (donde también escribirá la letra). En este trabajo colaboraron también David Rhodes, Trey Gunn y John Giblin.

Colabora nuevamente con el músico japonés Ayuo Takahashi, cantando y escribiendo las letras de seis temas para Songs From An Eurasian Journey, un interesantísimo disco que combina composiciones propias de Takahashi con música japonesa antigua, mezclado por David Lord en Terra Incognita (lamentablemente sólo se editó en Japón).

Y como si toda esta verdadera avalancha de colaboraciones fueran pocas, Hammill puso su garganta a las órdenes de dos viejos amigos: Chris Judge Smith, cantando en tres temas de su proyecto Curly's Airships, y Robert Fripp, a quien ayuda a darle una mano a David Cross (ex-violinista de King Crimson) en dos temas, 'Tonk' y 'Troppo', para su energético disco Exiles (donde también colaboraría John Wetton).

Todos estos discos -exceptuando el de Judge Smith, que terminaría apareciendo en el 2000- se editarían en 1998.

Hammill comienza 1998 siendo objeto de un especial (mitad documental con entrevistas, mitad canciones filmadas) para la televisión holandesa, titulado A Story In Songs, que fue filmado en enero. Luego se embarcaría en una gira por Holanda, Bélgica, Alemania, Austria e Italia junto a Stuart Gordon. En abril se toma un respiro a su carrera ordinaria y disfruta el hecho de ser un músico a secas, acompañando a David Thomas (el fundador de Pere Ubu) durante dos recitales en Inglaterra como guitarrista y teclista: "Estuve encantado de aceptar el desafío de David, fue algo bastante salvaje e improvisado, pero excitante. La verdad es que no tengo muchas oportunidades de ser simplemente un músico.", confesaría después del segundo recital en el Queen Elizabeth Hall.

Después de su aventura como sesionista viaja a Rusia a brindar un par de recitales en solitario.

El compositor británico David Ferguson -especialista en bandas de sonido para televisión y cine- graba un CD en Terra Incognita junto a David Lord para el sello Chandos. Más allá de que en él colaboraran Manny Elias y Stuart Gordon, la gran sorpresa fue la inclusión de Holly Hammill (la hija mayor de Peter) cantado con su bella voz de soprano un tema titulado 'The Woman In White'.

A fines de octubre de 1998 se edita This, su disco número cuarenta, a sus treinta años como profesional y a punto de cumplir cincuenta años de vida. Como balance Hammill manifestaría que: "Finalmente todo lo que puedo decir es que sigo intentando hacer el mejor trabajo que soy capaz y aún sigo amando el esfuerzo."

Despide el año con otra gira por el continente junto a Stuart Gordon en diciembre.

Las giras de 1999 también se abren junto a Stuart Gordon: 'Hooly' (el apodo de Gordon) acompaña a Hammill en un tour por Europa entre enero y mayo (Grecia, Italia, Francia y Bélgica). A fines de octubre y principios de noviembre ambos fueron de gira por Canadá y Estados Unidos, gira donde destacarían dos shows en el célebre Bottom Line de Nueva York (durante décadas uno de los mejores y más prestigiosos clubes de Manhattan donde escuchar música en directo, lamentablemente hoy ya desaparecido).

En marzo se edita el doble CD Typical, que recoge temas en directo de la gira solista del 92 (a destacar que en esa gira Hammill usó guitarra eléctrica, no la habitual electro-acústica). Después de brindar un recital en Bath en junio, Hammill parte en agosto hacia su ya habitual periplo sudamericano; en esta ocasión visitará Chile y Uruguay, además de brindar ocho recitales en distintas ciudades de Argentina.

Mientras Fie! Records sorprendería en los últimos meses del año con dos trabajos muy poco ordinarios: uno es la estupenda reelaboración de Usher, completamente superior a la de 1991, y otro un experimento junto a Roger Eno, títulado The Appointed Hour. Mientras tanto Hammill comenzaría a grabar lo que sería su próximo disco, None Of The Above. Sus último shows del año fueron en el este europeo: Rusia y Polonia.

Gran parte del año 2000 encontró a Hammill ocupado en la compilación y remasterización de The Box, el cofre que recopilaría la historia y la obra de Van Der Graaf Generator, que sería editado en noviembre de ese año por EMI/Virgin. Realizado con mucho trabajo y cariño, en permanente contacto con el resto de miembros de la banda, el proyecto le consumió a Hammill mucho más tiempo del pensado. Pero tuvo su recompensa; según Peter: "Fue algo muy emocional. Trabajar tanto tiempo de nuevo en esa música fue una experiencia fantástica. Me encontré cantando y gritando a la vez, llorando y riendo según fuera el caso, exhortando aparecer a los solos… fue estupendo."

Si bien ese año no hubo mucho tiempo para giras, se hizo un lugar en febrero para viajar junto a Gordon a Venezuela y brindar un recital en Caracas. En mayo se edita None Of The Above, y en octubre vuelve a girar con Hooly, brindando cuatro shows en Italia y cinco en Holanda.

Colabora en otro trabajo de Ayuo Takahashi, Heart Guitar -aunque sólo haciendo algunos coros- y sale a la venta un trabajo en homenaje al francés Michel Polnareff, donde Hammill canta (en perfecto francés) el tema 'Jour Apres Jour' (que había sido grabado en el 97).

Después de la poca actividad en directo del pasado año, el 2001 se presentó con una mayor intensidad en ese aspecto: casi treinta recitales entre enero y diciembre, todos con Stuart Gordon (salvo cuatro), visitando Alemania, México, Japón, Londres, Israel e Italia. De los recitales de Hammill en solitario destacaron los dos ofrecidos de día en una antigua iglesia sin techo, Sta. Katharina, en la ciudad de Nuremberg (circula una filmación en un DVD pirata bajo el título de A Church With No Roof).

El 25 de junio se edita What, Now? Y a fines de año el experimental Unsung, que en realidad fue grabado anteriormente al primero.

Hammill estrena 2002 en Japón, junto a Stuart Gordon, ofreciendo un repertorio distinto en cada uno de los tres shows que brindaran en marzo en el TLG Club de Tokio. En total tocaron 48 canciones diferentes, sin repetir ninguna. La maratónica performance pareció gustarles mucho ya que en junio hicieron lo mismo en los tres recitales que brindaron en el Hammersmith Lyric de Londres. En esta oportunidad ofrecieron 50 canciones distintas durante dos días -un recital el día 14 y dos el 15 de junio- donde lo más importante fue, según el propio Hammill: "Diseñar tres programas distintos, pero cada uno de ellos perfectamente balanceado en su estructura, ya que mucha gente sólo podría ver un solo show".

En mayo visitó España, en solitario y sin experimentos, tocando en León, Madrid y Bilbao. Su último recital del año (otro año con poca actividad escénica, sólo diez shows) fue el 29 de junio en Dresden, Alemania, como parte del Elbhangfest.

Por el lado discográfico Fie! se mostró muy activa lanzando la recopilación The Thin Man Sing Ballads, la reedición remasterizada y ampliada de The Margin, y su nuevo disco de estudio, el acústico Clutch. "Decidí intentar hacer un disco donde sólo tocara guitarra acústica. Éste fue mi primer instrumento y con él escribí todas mis canciones tempranas. Lo he usado por años en directo con todas las variantes con las que me he presentado, pero nunca reuní un listado sólo de canciones acústicas."

Hammill terminó el año 2002 colaborando con los músicos italianos de la venerada Premiata Forneria Marconi, banda contemporánea a Van Der Graaf Generador, que festejó su 30° aniversario en noviembre. Peter escribió la letra para un nuevo tema de la banda, 'Sea Of Memory', (que luego acabó grabando junto a ellos y fue editado como bonus track de estudio en el CD Live In Japan 2002) que cantó junto a la banda el 11 de noviembre en Milán, durante el show de festejo de su aniversario.

El 2003 sería un año dramáticamente especial para Hammill, con muchas sorpresas, cambios y vicisitudes. Comenzó el mismo de una manera común a los últimos años, de gira por el continente europeo con Stuart Gordon, realizando 16 shows durante enero y febrero por Holanda, Alemania, Austria, Suiza y el Reino Unido. El 20 de febrero del 2003, durante el último recital de la gira con Hooly en el Queen Elizabeth Hall del South Bank de Londres, se produce una (no anunciada) reunión de Van Der Graaf Generator sobre el escenario, cuando Banton, Jackson y Evans se incorporan a Hammill y Gordon en el último bis, regalando al respetable una sentida versión de 'Still Life'. Los hechos se produjeron de la siguiente manera: antes de comenzar la gira, Hammill había concertado (en su posición de director del sello Fie!) una entrevista para Hugh Banton en la estación de radio londinense Classic FM, con el objeto de promocionar la edición de las Variaciones Goldberg de Bach que el organista había grabado para su sello. La grabación de esa entrevista promocional coincidía con el show en el Queen Elizabeth Hall, así que Hammill aprovecharía el viaje de Banton de Manchester a Londres para invitarle a tocar en un bis. Cuatro días antes del show Hammill le sugiere hacer 'Still Life', a lo que Banton accede, aunque tiene que ponerse a ensayar el tema en el piano (el teclado que habrá disponible en Londres) ya que antes sólo la había tocado con órgano. Con Hugh a bordo, Hammill telefonea a Jackson un día antes del show y como éste iba a estar presente en el mismo, es invitado a sumarse al bis. Con tres ex miembros sobre el mismo escenario lo lógico era llamar al cuarto. Guy Evans acepta gustoso sumarse a la inesperada reunión, aunque obviamente no podría llevar su batería ya que sería imposible pasarla inadvertida durante el show. Algo se le ocurriría hacer.

La tarde del show, Banton y Jackson chequean subrepticiamente sus instrumentos en la prueba de sonido y luego se sientan (tratando de pasar inadvertidos) en unos asientos cerca del pasillo que da al backstage. Hammill y Gordon dan su recital normalmente -14 temas que comienzan con 'Comfortable?' y terminan con una explosiva versión de 'Modern', destacando el reciente 'Bareknucle Trade' de Clutch en el medio, sin hacer ninguna alusión a los invitados en ningún momento. Llegado el turno del bis, Hammill comienza a contar sus vicisitudes como capo de Fie! Records -con ese monty pythonesco humor inglés que le aflora cuando está de cachondeo- y presenta a un nuevo fichaje de la compañía con estas textuales palabras: "Él conoce unas cuantas de las canciones que hago, así que me gustaría presentarles a este excitante nuevo talento que me va a acompañar al piano en esta canción…el Sr. Hugh Banton!". Por supuesto que el Queen Elizabeth Hall casi se viene abajo de la ovación al inesperado invitado. Hammill deja de golpe todo chiste y ni bien Banton teclea las primeras notas de 'Still Life' (si hay una canción que no da para hacer guasa en la historia del rock es justamente esa) se produce la transformación del simpático entertainer al oscuro "Vampiro de Bath", entonando con su voz más grave las introductorias palabras del escatológico y metafísico tema: "La ciudadela retumba ante un millar de voces, ahora mudas: ¿En qué nos hemos transformado? ¿Qué hemos elegido ser?", y en ese preciso instante ingresa el violín de Gordon. El auditorio, ruidoso y excitado hasta unos pocos minutos antes, enmudece completamente; un Hammill, liberado de tener que tocar instrumento alguno, se crece en su interpretación al micrófono. La canción sigue su derrotero de creciente intensidad y para cuando Hammill escupe el: "…respirar, comer, defecar, copular, beber, vomitar, dormir, hundirnos cada vez más y más y últimamente pasar el tiempo que ya no tiene ningún significado.", que da paso al agresivo break instrumental de la canción, David Jackson irrumpe desde un costado soplando sus dos saxos al unísono. La gente vuelve a explotar de sorpresa, pero antes de salir de su asombro, pasada una estrofa justo al terminar el: "eso simplemente no basta.", ingresa Guy Evans agitando una pandereta. El delirio (por unos segundos) se volvió generalizado, brotaron lágrimas de muchos de los asistentes ante la tantas veces soñada e inesperada reunión. No hubo otro bis, ni falta que hizo.

Lo más importante fue que esa noche se cimentó el germen de una futura reunión, más fructífera y organizada, del mítico Van Der Graaf Generator. Si bien Hammill había recibido varias propuestas a través de los años para reunificar la banda (no porque fuera una suerte de líder, sino por ser el único en activo profesionalmente), en esta ocasión decide discutir el ofrecimiento que le hacen desde el South Bank Centre junto a sus ex compañeros.

En mayo Hammill brinda tres recitales en solitario en Italia, donde vuelve a tomar contacto con sus colegas de PFM. En julio es invitado a cantar en dos recitales de la banda italiana, uno en Londres y otro en Italia, donde además de 'Sea Of Memory' canta, ¡en italiano!, el clásico 'Impressioni Di Setiembre' (en Londres agregará 'I Will Find You'). Mientras tanto no pierde contacto con sus ex compañeros de banda; se pasan unos meses intercambiando mails, opinando y contrastando los "porqué deberían hacerlo" y los "porqué deberían no hacerlo", hasta que deciden tener una reunión de todo el grupo en Londres. Ésta tendría lugar en septiembre en el West London Novotel (según Hammill fue algo nostálgico encontrarse allí ya que solían utilizar hoteles de esa cadena durante sus giras en los setenta). Allí deciden darse una oportunidad, volver a juntarse en un estudio y ver qué pasa musicalmente. De ir todo bien decidirían seguir adelante con la propuesta, iniciando nuevos proyectos. La cita sería en febrero de 2004 en Pyworthy, al norte de Devon, un lugar que Guy Evans conocía muy bien desde hacía años y que cumplía a la perfección con todos los requisitos para el reencuentro musical. El proyecto, salvo para los familiares más cercanos, se mantendría en un absoluto secreto.

Volviendo un poco atrás, mucho antes del recital del Queen Elizabeth Hall, Hammill había realizado otro cambio significativo al mudar sus estudios de Walcot Street, en el centro de Bath (Terra Incognita durante doce años), a un estudio en medio del campo en Somerset, al que luego bautizaría como Terra Firma. El último año había compartido Terra Incognita (que durante años compartió junto a David Lord) con Alison Goldfrapp y Will Gregory, de Goldfrapp, quienes allí grabaron su segundo CD Black Cherry. (En su primer disco, Felt Mountain, habían utilizado los servicios de Stuart Gordon en el violín). En marzo de 2003 había comenzado a grabar un trabajo centrado en el lenguaje, que terminó convirtiéndose en su cuarto trabajo "extenso": Incoherence, una composición unitaria de cuarenta y dos minutos de duración. Termina de grabarlo en noviembre y emprende un viaje a Australia por unas semanas para asistir al campeonato mundial de rugby (una de sus pasiones fuera de la música).

Ticket del mítico concierto de la reunión de VDGG
en el Royal Festival Hall en mayo de 2005

Interior del programa del Royal
Festival Hall

El autor junto a un divertido Chris Judge Smith en el Royal
Festival Hall, poco antes del mítico concierto
(Foto de Carlos Solero)

La reunión de VDGG en el Royal Festival Hall, 6 de Mayo de 2005
(Foto de Carlos Solero)

Hugh Banton en el Royal Festival Hall
(Foto de Claude Wacker)

Guy Evans Royal Festival Hall
(Foto de Claude Wacker)

Peter Hammill, Royal Festival Hall
(Foto de Claude Wacker)

Hammill y Meurglys III en el RFH
(Foto de Claude Wacker)

David Jackson ofrendando todo su
arsenal (gorra incluida) en el Royal
Festival Hall
(Foto de Claude Wacker)

VDGG recibiendo la ovación final de un Royal Festival Hall repleto y
extático
(Foto de Claude Wacker)

Jaxon en Paris, 12 de Julio de
2005
(Foto de Serge Llorente)

VDGG en Taormina, 15 de Julio 2005

Guy Evans ensayando en la localidad italiana de Brescia en junio de 2005
(Foto de Alberto Terrile)

El Regreso del Generador

Ya de regreso en Inglaterra termina de mezclar el nuevo disco, el 5 de diciembre, y se dispone a pasar el fin de semana visitando al matrimonio Jackson (David había añadido unas pinceladas de saxo y flauta al futuro trabajo). El mediodía del domingo 7 de diciembre de 2003, mientras paseaba a la vera del Támesis, en Henley, Hammill sufre un ataque al corazón y es llevado en ambulancia al hospital de urgencia. Por suerte se sobrepone al infarto y quince días después se encuentra en su casa, convaleciente pero vivo (y convertido en un ex fumador).

Hammill pasó los primeros meses de 2004 en rehabilitación, tanto física como mental. Mientras se recuperaba se editó Incoherence, un trabajo totalmente diferente al anterior, Clutch, donde regresaba a una composición de carácter más progresivo. Ansiaba volver a los escenarios pero, como él mismo escribiera en su web: "Toma sólo un momento cancelar una gira…pero un montón de meses armar otra."

En febrero viaja a Pyworthy con su vieja y querida Meurglys III a cuestas para encontrarse con sus ex compañeros de Van Der Graaf Generator, tal cual habían quedado el año anterior. Allí todo resulta de maravillas desde el primer instante que encienden los equipos y comienzan a tocar; la vieja magia se hace presente. En una semana trabajan un par de temas que Hammill había compuesto especialmente para la ocasión en los meses precedentes y pulen otros -que también consideran apropiados para el sonido de la banda- que aportan Jackson y Evans. Entre el 17 y el 21 de febrero de 2004 graban cinco nuevos temas con letra, un instrumental de Jackson y diez improvisaciones, que luego conformarían el doble CD Present. Debido a la gran y sorpresiva aceptación que tuviera el cofre The Box unos años antes, la multinacional EMI (poseedora de todo el catálogo de la banda, salvo Aerosol Grey Machine) decidirá resucitar al sello Charisma y hacerse cargo de la edición, distribución y difusión del futuro disco.

Pasada la mitad del 2004, el 12 de agosto (más de un año después de subirse por última vez a un escenario), Hammill da su primer recital posterior a su infarto en la localidad Zaragozana de Sos del Rey Católico, en España. Fue la prueba de fuego, que pasó sin sobresaltos, aunque con una cierta (y lógica) incertidumbre previa. Según el propio Peter: "No se trataba de hacer un gran tema de mi infarto, hoy en día es algo que se puede sobrellevar, pero sin dudas la primera vez que te enfrentas a volver a acometer algo tan extremo como actuar sobre un escenario es un poco como lanzarte a una piscina sin saber cuan profunda -o superficial- es la misma."

Un par de meses después -no bien termina de mezclar el futuro y aún secreto disco de Van Der Graaf Generator en sus estudios de Somerset- brinda otro recital en el Queen

Elizabeth Hall de Londres, el 8 de octubre. Veinte días después recibe en San Remo, Italia, el premio Tenco como cantautor internacional. Los premios Tenco se entregan a escritores de distintos estilos y culturas que tienen a la canción como objeto de creación y expresión. La motivación del premio a Hammill fue descrita de esta manera por los organizadores: "Peter Hammill amerita este premio por su dedicación y por como, con lucidez y escrúpulo, con el optimismo de la voluntad y el pesimismo de la razón, ha plasmado en una forma personalísima y original la apasionante fatiga de vivir."

En noviembre se embarca con Stuart Gordon en una minigira por Japón de cuatro presentaciones, de las cuales compartió una con David Jackson quién también se encontraba trabajando en el país nipón. El primer show estuvo a punto de ser suspendido ante un aparente nuevo ataque al corazón de Hammill, que fue inmediatamente hospitalizado. Afortunadamente, después de intensas revisiones, cardiogramas y análisis varios, quedó demostrado que sólo se había tratado de un ataque de pánico -algo que ya había experimentado en varias ocasiones a través de los años- y esa noche pudo subirse sin inconvenientes al escenario. A pesar de ese contratiempo inicial la gira siguió su curso normalmente hasta el final, con un Hammill en plena recuperación física, mental y artística.

Finalmente despide el 2004 con trece shows entre el 15 de noviembre y el 8 de diciembre en Francia, Grecia, Suiza, Austria y Alemania. El regreso fue completo.

Los últimos días de noviembre se hace oficial la reunión de Van Der Graaf Generator, poniéndose simultáneamente a la venta los tickets para el show del regreso en el Royal Festival Hall para el 6 de mayo de 2005. La información se dio de una forma bastante misteriosa, con Hammill dando pistas a seguir por mails y el sitio web del South Bank Centre habilitando la venta (y dando la primer publicidad al asunto) el lunes 29 de noviembre. En un par de días se agotaron las más de tres mil localidades (aunque hay que dejar constancia que en las primeras horas del primer día que se pusieron a la venta desaparecieron más del 70 % de las mismas, obviamente las de mejor ubicación) con pedidos provenientes de más de 27 países distintos. Para cuando los medios se enteran y reaccionan las localidades ya estaban completamente agotadas; el primer registro gráfico de la noticia apareció una semana después, el 6 de diciembre de 2004, en el diario La Capital de la ciudad de Mar del Plata, Argentina, escrito por un servidor. A continuación un fragmento del mismo: "Con respecto a la seminal banda inglesa liderada por Peter Hammill, el anuncio de su regreso será sin dudas uno de los hechos sobresalientes del año y una especie de sueño hecho realidad para miles de fans que anhelaban desde hace décadas (no olvidemos que la banda se desintegraría en 1978, ¡hace ya 25 años!) el regreso de la misma. El tema es que Hammill se opuso durante años a una eventual reunión. Su particular forma de ser y su gran integridad artística le hacía desechar cualquier intento que tuviera como fundamento el dinero o la nostalgia. Justamente el legado de Van Der Graaf Generator era tan importante y fuerte para él que solo alguna valedera razón artística o una nueva aventura musical podrían materializar su regreso. Los ex miembros limaron sus diferencias (que en realidad no eran muchas) ya en el año 2001 (cuando el sello Virgin decidió que se editara una caja recopilatoria de su obra en la cual se vieron envueltos los cuatro). Las buenas vibraciones y camaradería recuperada hicieron que en febrero de 2003 la formación al completo se materializara en el bis de un recital de Hammill en Londres para realizar un antiguo tema de su repertorio, 'Still Life', donde la vieja magia de la extinta banda volvió a llenar el recinto. A partir de ahí, sin presiones mediáticas ni publicidad alguna, comenzó a pensarse formalmente en una eventual reunión, si es que aún tenían algo nuevo para dar musicalmente, según la exigencia de Hammill. La cosa es que se reunieron en secreto para tocar y crear varias veces durante los primeros meses del 2004, con resultados tan positivos que es muy probable que deriven en un nuevo trabajo discográfico para el próximo año. Finalmente se puso una fecha fija para el esperado regreso: el 6 de mayo del 2005, en el Royal Festival Hall de Londres volverán a juntarse Hugh Banton, Guy Evans, David Jackson y Peter Hammill para darle vida nuevamente a una de las bandas más originales e importantes del rock inglés. Realmente un sueño hecho realidad y una verdadera alegría que nos da la música dentro del triste panorama mundial que nos toca vivir."

El año 2005 puede sintetizarse en cuatro palabras: Van Der Graaf Generator. La banda fue protagonista de uno de los regresos más singulares e increíbles de toda la historia del rock. Los cuatro volvieron a encontrarse en Pyworthy con el objetivo de ponerse a preparar y ensayar la actuación para el recital del Royal Festival Hall. Fue la primera vez que desempolvaron los viejos temas de antaño -en el 2004 se dedicaron a realizar interminables jams y darle forma a los cinco temas del disco, pero no tocaron nada de su antiguo repertorio- y según contó el propio Hammill fue la prodigiosa memoria de Banton quien les guió en la ardua tarea. Hammill confesaría también que en esta oportunidad sintió la presión del momento, algo que estuvo ausente la primera vez. En la visita anterior a Pyworthy, que dio como fruto el disco Present, todo estaba aún en secreto y contaban con la posibilidad de echarse atrás. La situación de ese momento fue totalmente diferente: un nuevo disco estaba por ser editado por una discográfica de las grandes, una major que les brindó un apoyo publicitario como no habían tenido ni en sus mejores momentos, un recital con las entradas completamente vendidas, pedidos de shows de distintas partes del mundo y una ansiedad creciente, tanto por parte de seguidores como de la prensa especializada. Nunca antes durante su carrera del 68 al 78 tuvieron tanta cobertura mediática. Hasta se creó (un mínimo y honorable) merchandising oficial para el regreso -pins, camisetas, posters, llaveros, etc.- que se vendieron en los recitales y por internet. Volviendo a la banda, una vez que tuvieron armada la lista, formada por viejos temas -que adaptarían a su nueva realidad con un perfecto equilibrio, sin modernizarlos mucho ni ser completamente fieles a las versiones de los setenta- y un par de temas del nuevo disco, estuvieron una semana machacando la lista en Pyworthy. También definieron el tipo de instrumentación que iban a presentar en directo. Banton sería el más remozado, dejando de lado sus viejos órganos y aportando teclados de última generación (un Roland VR760 y un Roland VK7, con los mejores emuladores de Hammond); Evans el más humilde, con su sencilla batería Gretsch de 1965, sin pads electrónicos ni accesorios percusivos; Jackson el más equilibrado, sumando sus saxos y flautas a la amplificación FX e incorporando su rack de efectos Soundbeam; finalmente Hammill sería el más tradicionalista, usando su vieja guitarra eléctrica Guild negra, Meurglys III, a la que sumaría una nueva de repuesto, (la DeArmond M75T azul oscuro que también fabrica Guild) y un teclado Yamaha DX7 original con un Chorus Boss para sonidos de piano eléctrico y clavinet.

Tres días antes del esperado show establecieron las condiciones de sonido para la sala, el monitoreo, y se dedicaron a repasar los temas que les presentaban más dificultades. Después repasaron el programa del Royal Festival Hall completo tres veces sin parar… y se limitaron a esperar que llegara 6 de mayo. Esa fecha, tanto para los músicos como para las tres mil almas que estuvieron presentes quedaría marcada, no sólo como una velada musical especial e irrepetible, sino como una noche mágica e inolvidable. Esta es parte de la crónica de esa noche que escribí para la revista española Ruta 66:

"¿Cómo narrar racionalmente la crónica de un milagro? Sin querer ponerme místico ni realizar comparaciones absurdas confieso que he quedado paralizado casi un mes ante la tarea de tener que escribir algo sobre el recital de reunión y regreso de Van Der Graaf Generator, un acontecimiento que excedió largamente la categoría de mero recital (sin por ello dejar de haber sido uno de los mejores a los cuales haya asistido en mi larga vida) para terminar transformándose en una suerte de polivalente evento histórico: filosóficamente reivindicativo, moralmente reparador y musicalmente genial.(…) Nunca fue un éxito comercial y su leyenda fue sostenida durante casi tres décadas por una (no tan pequeña como parecía) legión de seguidores en todo el globo que con devoción religiosa siguió las andanzas solistas de Peter Hammill, siempre añorando un eventual regreso de la ya mítica banda. Distintos hechos y circunstancias fueron creando, a través de los últimos años, el marco adecuado para que la banda regresara, además de que, como señalara el propio Hammill en el comunicado de prensa sobre la reunión: 'Una consideración fundamental fue: si vamos a hacer alguna vez esto, ¡hagámoslo mientras aún estamos todos vivos!'.

El evento se materializó la tarde del seis de mayo del 2005 en pleno corazón de Londres, en un repleto Royal Festival Hall (las entradas se vendieron en el día meses antes, con pedidos de veintisiete países distintos, de Japón y Rusia a la Argentina y Perú) que bullía de excitación y nerviosismo apenas contenido; reitero lo del comienzo, para muchos se trataba de asistir a un milagro anunciado. Y es que la sorpresa no se agotaba en el recital de reunión: una semana antes la banda había sacado al mercado un nuevo trabajo discográfico grabado meses antes en secreto llamado ambiguamente Present (que significa tanto Presente como Regalo en inglés), un excelente doble CD con canciones e improvisaciones, a la altura de sus mejores trabajos de antaño. Para un grupo como Van Der Graaf Generador, que en su momento había tenido una carrera tan accidentada, plena de mala suerte, incomprensión e irreprochable tozudez artística, los astros parecían finalmente haberse alineado correctamente y la prensa británica saludó con beneplácito su regreso después de haberlos condenado al olvido y al silencio durante décadas. El ruidoso y oscuro hijo pródigo del rock inglés, el ejemplo más acabado de lo que se llama una banda de culto, volvía triunfante por la puerta grande, con un concierto con todo el taquillaje vendido de forma automática, un nuevo trabajo editado por un sello grande que recibe excelentes críticas en medio mundo, una gira europea recibida con delirio por fans y nuevos conversos… todo sin vender su integridad, todo por el que fuera siempre el verdadero combustible de este entrañable generador de emociones en forma de combo: su amor por la música y el placer de tocar juntos, esa inexplicable pero mágica química que se da solo entre los grandes (pongan aquí el nombre que mas les guste), sin hacer concesiones y siguiendo sus propias reglas. Aquí no hay músicos invitados ni aniversarios como excusa: solo el placer de volver a crear y tocar. Nada más ni nada menos.

Ese era el ánimo que se respiraba en el lobby del teatro horas antes del concierto, el de un inmenso placer ante la inesperada oportunidad de volver a verlos (en realidad verlos por primera vez para la mayoría), junto a una tensa expectación por saber como sonarían en el siglo XXI y los miles de posibles listados de temas a tocar (tantos como asistentes había). Lo que era unánime era una bella sensación de justicia poética que exudaba toda la movida, manifiesta en una multitudinaria sonrisa de satisfacción que brotaba espontánea de cada cara que te cruzabas…y conste que la palabra diversidad parece haberse inventado para los seguidores de Van Der Graaf Generator. Podría escribirse un largo artículo sólo sobre lo que era el público del recital…

El sobrio recinto del tradicional Royal Festival Hall fue el marco adecuado para que brindaran el regreso, un teatro sin la pomposidad del Royal Albert Hall (que curiosamente esa anoche también acogía la cuarta y última presentación de otro regreso muy esperado, el de Cream, aunque este fuera a todo nivel la antítesis del de VDGG) pero con un espacioso escenario acostumbrado a albergar a las orquestas clásicas y una excelente acústica. Sin dramatismo alguno o golpe de efecto, una vez que el público hubo llenado la sala se bajaron las luces de la misma y los músicos hicieron su entrada en fila india sobre el escenario bajo una gran ovación. De izquierda a derecha se acomodaron

Banton, Evans, Hammill y Jackson, aunque en los temas que cantara en sus teclados Hammill se sentaría en la parte derecha del escenario enfrentando a Banton desde el otro extremo del mismo. El tema de apertura fue el 'Undercover Man' de Godbluff a cual le siguió 'Scorched Earth' del mismo seminal álbum, y ya de comienzo quedaron muy claro dos cosas: una, que Van Der Graaf Generator no es Peter Hammill con una banda de acompañamiento, es una VERDADERA banda donde los cuatro aportan lo suyo en partes iguales, más allá de que la mayoría de los temas le pertenezcan al vampiro de Bath; y dos, que eso no era un ejercicio de nostalgia o de recreación de viejos buenos tiempos sino que la música de la banda es totalmente atemporal, y su forma de tocar seguía los mismos parámetros de riesgo e improvisación que en la década del setenta (y ahí la mayor diferencia con los Cream -a quienes había visto la noche anterior- que sonaron como lo que son: un trío de músicos profesionales muy mayores, tocando correctamente sus viejos temas de antaño, sin fuego, más allá de algún chispazo de Baker o algún aislado solo inspirado de Clapton, ¡quién no tuvo la educación de llevar una Gibson ninguna de las cuatro noches del RAH!), demostrando en vivo y en directo que son una de las mejores bandas de la historia, sin más vueltas.

Cuando uno se estaba empezando a recomponer de la emoción de escuchar esos dos temas casi pegados de apertura sucedió lo más inesperado, (¡sobre todo para un tercer tema!): Hammill, quién había cantado los dos primeros temas sin tocar instrumento alguno, parado sobre el centro del escenario (y ¡Mi dios! Como canta cuando no toca...) se sienta por primera vez en su teclado y comienza a tocar nada menos que 'Refugees' de The Least We Can Do, que cualquiera hubiera imaginado, en el mejor de los casos, en los bises del final, pero no, se la sacaron de encima sin piedad allí, ¡al comienzo! Fue duro ver llorar a tantos hombres hechos y derechos...

Con cada tema la banda se iba afianzando más y más, y luego de la sublime versión de 'Refugees' atacaron los dos mejores temas del nuevo disco Present, 'Every Bloody Emperor' y 'Nutter Alert', con nada menos que 'Lemmings' de la opera magna Pawn Hearts en el medio de los dos, sin notarse bajón alguno. Lo cual dice mucho de la calidad de esos temas, al poder escucharlos en directo junto a clásicos probados y conocidos.

Hasta ese momento el recital era fantástico, soñado. A partir de aquí, a la mitad exacta de la noche, en el séptimo tema de los catorce que tocaron, la cosa cambió. Las luces bajaron hasta dejar el escenario en penumbras donde solo sobresalía la fantasmal figura de un Hammill todo de blanco y en trance frente a su micrófono, mientras Banton comenzaba a desgranar amenazadoras líneas de bajo desde su pedalera. Sí, era el momento tan esperado como temido (los verdaderos fans de Van Der Graaf Generator comprenderán el porqué): era el turno de 'Darkness (11/11)', un tema que solo se puede tocar al límite, bordeando el desmadre y cantando hasta casi perder las tripas. Y lo hicieron, ¡vaya si lo hicieron! La banda pareció prenderse fuego, levantando la intensidad más allá de todo lo hecho esa noche hasta entonces, mientras un Hammill totalmente poseído agitaba sus brazos como una marioneta movida por la propia energía de la música o caminaba por la parte trasera del escenario (como esos locos que van por la calle hablando solos con sus propios demonios) sin parar, mientras su compañeros arremetían con la furia instrumental. Y a partir de ese momento la noche pasó a convertirse en uno de los hechos más importantes y profundos a los cuales haya tenido la oportunidad de vivir a nivel artístico y musical, a la vez trascendiendo eso, porque había una inmensa alegría sobre ese escenario, algo que obviamente inundaba a resto de la sala. Y no porque se estuviera tocando música festiva precisamente.

Reitero, a partir de 'Darkness' el recital entró dentro de otra categoría, no mensurable ni clasificable, en otra dimensión a la que estamos acostumbrados a asistir; para colmo el tema siguiente fue nada menos que 'In The Black Room', catedral sonora que personalmente me noqueó y no esperaba en absoluto. Un tema que Hammill había compuesto para el fallido disco continuación de Pawn Hearts, que luego los músicos de la banda grabaran a pleno y también tocaran en directo a principio de los setenta, pero que finalmente fue editado en el segundo disco solista de Peter (Chameleon In The Shadow Of The Night), algo hermosamente sobrecogedor. Cada tema que siguió fue una obra maestra: 'Masks', 'Childlike Faith in Childhood's End', 'The Sleepwalkers' y el final con un estremecedor 'Man-Erg'.

Los bises fueron otro ejemplo de lo monumental de la noche: primero 'Killer' (Asesino) con toda su furia desatada y por último el broche final perfecto para la noche, el himno 'Wondering', (un gran gesto de concordia de Hammill hacia Banton, elegir cerrar con este tema escrito por ambos) cuyos apropiados versos iniciales dicen: 'Me levantaré / En lo más profundo, abriré los ojos / Aunque mi respiración casi me falte, sobreviviré'."

Según Hammill el recital del Royal Festival Hall: "Fue algo muy especial, y se fue llegando a él con tanta naturalidad que de repente nos vimos sobre el escenario y no sentimos nada de nervios. Por supuesto que fue una experiencia extraordinaria e inmediatamente quedó claro que la audiencia estaba nerviosa, aunque también enormemente expectante y fantásticamente cálida y acogedora. El show se nos pasó como un relámpago, lejos de ser uno libre de errores pero ninguno de ellos fue demasiado importante. Tanto para nosotros como para cada uno de los presentes fue una experiencia increíble, una real convergencia de tiempo y espacio. Algo absolutamente inestimable." Tanto fue así que la reunión (que no reunificación, como siempre dejaron claro) decidió prolongarse en el tiempo y salir de gira por aquellos países y ciudades que demandaban su presencia.

Un mes después del ya mítico recital emprendieron una gira por Europa. No es de extrañar que comenzaran por Italia, tal vez el país donde más éxito comercial y de público tuvieran en los setenta, donde brindaron tres recitales en el mes de junio: el 11 en Milán, el 12 en Roma y el 14 en Génova. Mientras tanto el nuevo CD, Present, era recibido con entusiasmo por los viejos (y nuevos) seguidores, con excelentes críticas por parte de la prensa especializada; tanto feed-back positivo y buenos números de ventas decidieron por fin a EMI (la depositaria de los masters de la banda) a reeditar en CD todo el catálogo de Van Der Graaf Generator, remasterizado y con sus correspondientes bonus tracks.

El mes de julio fue de mucha actividad: el día 8, uno después de los atentados terroristas en Londres, se presentan en el Shepherd's Bush Empire de la capital inglesa (a raíz de los ataques hacen un minuto de silencio por los caídos en el comienzo y tocan 'Darkness' como primer tema), el 9 en Leicester, el 10 en Liverpool, el 12 en Paris, el 15 en Sicilia (en una alucinante anfiteatro natural en la isla de Taormina), el 18 en Brescia, el 21 en Atenas (donde compartieran cartel con el maravilloso grupo Porcupine Tree) y el 23 en Amsterdam.

Después de dos meses de merecidas vacaciones la banda viajó en octubre hacia Rusia para brindar dos esperadísimos recitales, uno el día 25 en San Petersburgo y otro el 26 en Moscú. Durante el mes de noviembre se presentaron el día 5 en Leverkusen, Alemania, donde parte del recital fuera filmado para el legendario programa de TV Rockpalast (se emitió en enero del 2006 y es muy probable que sea editado como DVD), el 11 en Gateshead, Inglaterra, el 12 en Glasgow, Escocia, el 13 en Manchester, y finalmente el 19 en el Crossing Borders Festival de Holanda, donde Hammill también brindó una lectura de poesía.

Y allí se terminó (por el momento) toda la actividad de la banda en su inesperada pero intensa y fructífera reunión del 2005. Lamentablemente quedaron muchos lugares por visitar, como Israel, Japón, Argentina, o la propia España (donde fuera anunciada una presentación en Barcelona pero luego se suspendiera por desavenencias con los promotores locales). Hammill ha dejado la puerta abierta para una eventual reunión en cualquier momento y lugar, citando aquello de "nunca decir nunca jamás".

Con respecto al set list de la banda durante todas sus presentaciones del 2005, se basó en los catorce temas que tocaron en el Royal Festival Hall, o sea: 'Undercover Man', 'Scorched Earth', 'Refugees', 'Every Bloody Emperor', 'Lemmings', 'Nutter Alert', 'Darkness (11/11)', '(In The) Black Room', 'Masks', 'Childlike Faith In Childhood's End', 'The Sleepwalkers', 'Man-erg', 'Killer, y 'Wondering', a los cuales sólo sumaron tres más: 'Still Life', 'La Rossa' y 'Theme One' (los cuales fueron siendo intercalados en distintos recitales).

El 2006 encuentra a Hammill nuevamente solo sobre un escenario (después de más de un año de no hacerlo) más precisamente en Portugal, el día 8 de abril y como invitado al Art-Rock Festival. Como espera de su próximo trabajo en estudio (que en ese momento ya se encuentra grabando), Fie! edita el CD en directo Veracious, grabado durante las giras de 1999, 2001 y 2004 junto a Stuart Gordon, algo que su discografía aún no había dejado registrado oficialmente. Y es justamente junto a Hooly que Hammill brinda los últimos cinco recitales hasta el momento de terminar el presente libro: el 12 de mayo en Alemania, el 13 en Paris, el 15 en Bélgica, el 16 en Amsterdam y el 18 en Eindhoven, también en los Países Bajos.

Además de darle los puntos finales a su nuevo trabajo de estudio, durante el primer semestre de 2006 Hammill se encargó de algo largamente esperado: remasterizar sus discos solistas de la era Virgin (o sea -sin contar el ya remasterizado Fool's Mate en el 2005- nada menos que sus primeros y seminales trabajos que van desde Chameleon In The Shadow Of The Night hasta Sitting Targets, incluyendo The Love Songs y And Close As This, que originalmente también fueran editados por Virgin).

El Futuro Ahora [apéndice a la nueva edición]

Desde que se editó la primer edición de este libro en el 2007 hasta el 2023 de esta segunda, la actividad de PH y VDGG no se detuvo ni un instante. Por el contrario, la banda, a pesar (o a raíz de ello?) de perder en circunstancias nunca aclaradas del todo a David Jackson se reinventó como trío en un potente y renovado combo que parece haberles rejuvenecido, facturando tres discos en estudio y tres en directo que los sigue colocando como una de las bandas más sorprendentes y arriesgadas del momento. Muy lejos de la nostalgia o la autoparodia de convertirse en un grupo tributo a si mismos.

Y Peter Hammill…PH sigue siendo el "Maverick" de siempre, con seis trabajos más bajo su firma en solitario (en realidad uno de ellos junto al guitarrista Gary Lucas) algunos de ellos de lo mejor de su cosecha solista, como "Consequences", un disco oscuro y atmosférico que explora extrañas historias de incomunicación y acoso.

Lamentablemente también hubo sentidas pérdidas estos años, la de dos importantes figuras del universo Hammilliano que nos dejaron, como el violinista y guitarrista Stuart Gordon y el irreemplazable bajista Nic Potter.

Ticket del show del 21 de Julio de 2005
cuando compartieron recital junto a Porcupine
Tree

Regreso a Manchester - anuncio del último
show de VDGG en Inglaterra en Noviembre de
2005

Hammill durante una entrevista en
Paris, 13 de Mayo de 2006
(Foto de Serge Llorente)

Hammill en Paris, 13 de Mayo de
2006
(Foto de Serge Llorente)

Stuart Gordon en Paris, 13 de Mayo de 2006
(Foto de Serge Llorente)

Peter Hammill cantando junto a VDGG en el recital de Roma, 12 de Junio de 2005
(Foto de Paolo Soriani)

Capítulo II: Buscando Diamantes En La Mina de Azufre - La Obra

Junto con Frank Zappa, Peter Hammill es uno de los artistas más prolíficos que ha dado la historia del rock. Su producción -hasta enero de 2024, ya que su carrera continua- se reparte en 70 álbumes (contando lo hecho junto a Van Der Graaf Generator y sin contar las recopilaciones) del más variado contenido estilístico, que ha venido creando en sus casi cuarenta años como músico profesional. Más allá de algunos experimentos puntuales, el eje de toda ella ha sido siempre 'La Canción'. Como el mismo Hammill señalara en 1981: "Vengo sosteniendo desde hace mucho tiempo la idea de que la 'canción popular' es capaz de sostener mucho más -en términos de contenido, tema y esfuerzo- que lo que generalmente se supone o requiere de ella."

Su monumental obra es testimonio de ello.

Van Der Graaf Generator

THE AEROSOL GREY MACHINE - 1969

Temas: 'Afterwards', 'Orthentian Street', 'Running Back', 'Into a Game', 'Aerosol Grey Machine', 'Black Smoke Yen' (Ellis/Evans/Banton), 'Aquarian', 'Necromancer', 'Octopus'

Bonus Tracks en la edición de Fie! Records de 1997: 'Ferret & Featherbird', 'Giant Squid'

Producido por John Anthony. Todos los temas escritos por Peter Hammill salvo el indicado.

El primer disco de Van Der Graaf Generator en realidad es un disco solista de Peter Hammill editado bajo el nombre de la banda por razones extramusicales. Ecos de la finada psicodelia inglesa se mezclan con rasgos instrumentales y letras que preanuncian el sendero musical a transitar por la banda en un futuro inmediato. El órgano de Banton; la ausencia de la guitarra eléctrica como instrumento base y la particular forma de cantar de Hammill unas   letras que van más allá de la temática imperante en el momento, sobresalen sin conformar un producto final contundente (si lo comparamos con los discos debut de King Crimson o Emerson, Lake & Palmer grabados ese mismo año) aunque original.

La grabación fue realizada en sólo doce horas en dos sesiones (31 de julio y 1 de agosto del `69) en los Trident Studios de Londres, (exceptuando los temas 'Afterwards' y 'Necromancer' que fueran grabados en Enero en los Marquee Studios de Londres) con la participación de Hugh Banton en órgano y piano, Keith Ellis en bajo; Guy Evans en batería, Peter Hammill en voz y guitarra acústica más la participación de un tal Jeff Peach en flauta. El disco fue originalmente editado sólo en los Estados Unidos, siendo virtualmente desconocido en Inglaterra hasta unos años después. La primera edición americana contenía el instrumental 'Squid 1' en reemplazo del tema 'Necromancer'. Recordemos que no es el disco que hubiera grabado la formación original de Van Der Graaf Generator si hubiera podido, igualmente tiene muy buenos momentos. Como bien señalara el propio Hammill en la contratapa del disco: "...este álbum es el punto de partida."

Según Judge Smith el título del disco proviene de su aversión al ácido lisérgico: "En esa época era muy común que te metieran unas gotas de LSD en tu trago, era algo muy barato, y yo vivía paranoico con eso. Peter siempre bromeaba diciendo que yo debería tener una máquina de aerosol gris (an aerosol grey machine) para provocar un efecto inverso al sicodélico y teñir todo artificialmente de gris."

THE LEAST WE CAN DO IS WAVE TO EACH OTHER - 1970

Temas: 'Darkness (11/11)', 'Refugees', 'White Hammer', 'Whatever would Robert Have Said?', 'Out Of My Book' (Hammill/Jackson), 'After the Flood'

Producido por John Anthony. Todos los temas escritos por Peter Hammill salvo el indicado.

¡Este sí que debe ser considerado como un impresionante disco debut! Después de firmar contrato para el sello Charisma (creado por su propio manager) Van Der Graaf Generator cambia su formación (se va Keith Ellis e ingresan el bajista Nic Potter y el saxofonista y flautista David Jackson) y graban el disco que realmente refleja la música del grupo. (Hay que tener en cuenta que The Least We Can Do fue grabado tan solo unos meses después de Aerosol Grey Machine y contiene temas como 'White Hammer' que ya formaban parte del repertorio de la banda pero fueron deliberadamente dejados de lado en la grabación del primero por no considerar a Aerosol... el verdadero debut de Van Der Graaf Generator)

Desde los segundos iniciales el sugestivo viento que preludia a 'Darkness' va dando la pauta de un trabajo muy superior y más maduro que el anterior, tanto en la composición como en la performance de los músicos. Se establece la que será (con una variante) la formación clásica de Van Der Graaf Generator: Hugh Banton en teclados, Peter Hammill en guitarras acústica y piano (en 'Refugees'), Guy Evans en batería, Nic Potter en bajo y guitarra eléctrica y David Jackson en vientos (saxos y flauta). Es justamente el aporte sónico de Jackson uno de los elementos distintivos del sonido Van Der Graaf Generator, incluyendo matices jazzísticos al universo de la llamada música progresiva de entonces.

Un disco muy parejo lleno de temas excelentes que se volverían clásicos de su repertorio como el sombrío 'Darkness (11/11)' (que Hammill había compuesto la noche del 11 del mes once, Noviembre, en 1968), el dulce 'Refugees' (con el delicado agregado de un cello tocado por Mike Hurvitz según arreglos de Banton) o el épico 'After the Flood'. En él ya quedan planteadas las características fundamentales de la música de la banda: momentos de furia y caos entremezclados con otros de belleza y calma, la voz de un todavía suave Hammill, susurrante o al borde del grito, Banton envolviendo todo con su órgano, los saxos de Jackson entrando y saliendo por arriba o por abajo, al frente o atrás. Ningún músico sobresale sobre otro, no hay largos solos individuales ni estructuras previsibles; hasta los temas más calmos dan la sensación de poder explotar de un momento a otro (de hecho muchos lo hacían). Para colmo tumban a la guitarra eléctrica de su altar, siendo canjeada por el chirriente sonar del saxo (o saxos ya que poseía una boquilla especial que le permitía experimentar con dos a la vez a la usanza del jazzero Roland Kirk) de Jackson. (De todas maneras hay un excelente trabajo con la eléctrica en 'Whatever Would Robert Have Said?' y en el tramo final de 'After The Flood' que preanuncia futuras incursiones de la reina madre). Si a todo esto le sumamos las cada vez más ricas letras de Hammill no es sorprendente la positiva reacción crítica de los principales medios especializados de la época, quienes saludaron al disco con una variada gama de adjetivos calificativos ("¡Fantástico! ¡Maravilloso! ¡Magnífico! ¡Increíble!": New Musical Express, "...raro y precioso...": Melody Maker).

El disco fue grabado nuevamente en los Trident Studios de Londres los días 11, 12, 13 y 14 de diciembre de 1969, en ocho canales, exceptuando al tema 'After the Flood' que fue grabado en dieciséis. Como músicos invitados estuvieron presentes Gerry Salisbury, corneta en 'White Hammer', y el citado Mike Hurwitz, cello en 'Refugees'.

Según Hammill el título del disco fue tomado de una frase del pintor inglés neorromántico John Minton que dice: "Estamos todos inmersos en un mar de sangre y lo menos que podemos hacer es saludarnos unos a otros."

Temas que fueran editados como Bonus Tracks en la versión expandida y remasterizada por Emi-Virgin del CD The Least We Can Do Is Wave To Each Other, en el año 2005:

'Boats Of Million Of Years' (Cara b del sencillo 'Refugees', abril de1970)

'Refugees' (versión del sencillo, abril de 1970)

(Finalmente en el año 2005 Van Der Graaf Generador tuvo la clase de edición en CD que se merecía. EMI remasterizó y expandió la discografía completa en cuidadas ediciones que contienen interesantes bonus tracks, fotos inéditas, las letras de las canciones e interesantes ensayos introductorios.)

H TO HE, WHO AM THE
ONLY ONE - 1970

Temas: 'Killer' (Hammill/Banton/Smith), 'House With No Door' (Hammill/Jackson), 'The Emperor In His War Room', 'Lost', 'Pioneers Over C' (Hammill/Jackson)

Temas que fueran editados como Bonus Tracks en la versión expandida y remasterizada por Emi-Virgin del CD H To He Who Am The Only One, en el año 2005:

'Squid 1 / Squid 2 / Octopus'
'The Emperor In His War Room (first version)'

Producido por John Anthony. Todos los temas escritos por Peter Hammill salvo los indicados.

Editado el mismo año que The Least..., H To He Who Am The Only One no presenta grandes variaciones estilísticas, más allá de un cada vez mayor afianzamiento como grupo en el plano instrumental y un Jackson más 'Coltrane' que en el disco anterior. Las composiciones serán más complejas y oscuras, mas extensas en promedio que el disco anterior. La gran sorpresa será la presencia de Robert Fripp en guitarra eléctrica en el tema 'The Emperor In His War Room', una sana costumbre que volverá a repetirse en otros discos de Van Der Graaf Generator y Hammill.

Lamentablemente Nic Potter abandonará la banda en medio de la grabación del disco (si bién está presente en tres temas: 'Killer', 'Emperor' y 'Lost'; en los restantes el bajo corre por cuenta de Banton quien a partir de ese momento se encargar del mismo en escena, utilizando los pedales del órgano, de la misma manera que Ray Manzarek lo hacía en los Doors).

En cuanto a las letras, además de las persistentes obsesiones de Hammill sobre la trascendencia, las relaciones personales o la locura, se hace evidente una temática que no fue muy frecuente en sus letras y que luego iría abandonando con el tiempo: la ciencia ficción. Esta cuestión se hace manifiesta en el último tema del disco, que es precisamente uno de los más interesantes: 'Pioneers Over C', que trata sobre la soledad y conflictos que atraviesa un astronauta en el espacio exterior. La temática de la ciencia ficción (que volvió a tener su cuarto de hora con varios de los grupos denominados como 'sinfónicos' o 'progresivos', aunque con algunos resultados bastante mediocres) puede ser un resabio de la psicodelia (recordemos la importancia que tenía este tópico en las letras de Jimi Hendrix, gran influencia deHammill). El disco fue grabado nuevamente en los Trident Studios durante la primavera de 1969 y el otoño de 1970.

Los bonus tracks de la reedición del 2005 de este disco son muy interesantes: por un lado tenemos una versión alternativa (la toma tres), lamentablemente sin Fripp, de 'The Emperor In His War Room' y una de las regrabaciones en directo (aunque en estudio) de viejos temas de su repertorio, que habían realizado para el próximo disco. (más explicaciones en Pawn Hearts)

Por último, el enigmático título, H To He Who Is The Only One, y la fórmula química que aparece dentro del disco, tienen que ver con la fusión del hidrógeno (H) para formar helio (He) que es la reacción exotérmica básica en la fuente de energía del universo.

PAWN HEARTS - 1971

Temas: 'Lemmings', 'Man-Erg', 'A Plague Of Lighthouse Keepers'

Temas que fueran editados como Bonus Tracks en la versión expandida y remasterizada por Emi-Virgin del CD Pawn Hearts, en el año 2005

'Theme One (original mix)'
'W (first version)'
'Angle Of Incidents'
'Ponker's Theme'
'Diminutions'

Producido por John Anthony. Todos los temas escritos por Peter Hammill salvo 'A Plague Of Lighthouse Keepers', letra de Hammill y música de Hammill/Banton/Jackson/Evans.

Sencillamente una obra maestra, un hito en la historia del rock y el mejor exponente de lo que se dio en llamar música progresiva, aunque su audacia, estructura y alucinada belleza lo eleva por sobre toda categorización, transformándose en un mojón inevitable de la música contemporánea "a secas".

Según el crítico de rock argentino Fernando Basabru (en la revista Mordisco, Febrero de 1977): "De concepción musical avanzadísima y densamente arreglado, la primera audición de Pawn Hearts envuelve al oyente en un clima alucinante, para bombardearlo con la increíble performance de estos cuatro músicos. Desde la tapa, los peones de ajedrez, juego que ha inspirado a Hammill más de una metáfora, nos avisan que asistiremos a la exposición de sus obsesiones a intensidad máxima. La soledad simbolizada por 'A Plague Of Lighthouse Keepers' o la personalidad dividida en los ángeles y asesinos de 'Man-Erg' son el material lírico que nos grita su voz (doblada y adoptando diferentes matices) para que nos reconozcamos en esos versos.

La música crea los climas apropiados de acuerdo a la menor variación emocional en la letra, dando como resultado una compenetración de ambas con muy pocos paralelos en el rock. Banton es el factor aglutinante en el aspecto musical, la base y la coordinación para la 'potencia orquestal' del conjunto. Digna de mención es su sobria utilización del sintetizador. Jackson realiza un trabajo memorable con sus misteriosos saxos, más suelto que en los anteriores. Evans, económico y versátil, asombra por su extraña manera de marcar el ritmo y escuchándolo no caben dudas de que es el gran baterista ignorado de los últimos años.

Finalmente el ajustado desempeño de Robert Fripp demuestra que solo un guitarrista de su talla podría participar como músico invitado en semejante disco."

Nuevamente la guitarra del líder de King Crimson se hace presente en este trabajo, que evidentemente debe haber influido de alguna manera al propio Fripp sí tenemos en cuenta el disco que grabara con su banda durante 1971, Islands.

El cantante Fish, ex-vocalista del grupo Marillion y gran amante y conocedor de la música progresiva y el rock sinfónico, opinó lo siguiente al ser consultado por la revista inglesa VOX (Enero de 1994) sobre los diez mejores discos de esa etapa: "'A Plague Of Lighthouse Keepers' es uno de los mejores temas de todos los tiempos. Fue más la parte vocal de Peter que cualquier otra cosa. Tuve una novia que se rehusaba a estar en la misma habitación que esa voz."

No es un disco fácil de abordar y puede parecer cruel y depresivo si uno no se esfuerza por desentrañar su misterio; musicalmente tiene algunos pasajes más cercanos a la música contemporánea de compositores como Berio que a Genesis, aunque no puede ser tildado de pretencioso al nivel de Tales From Topographic Oceans de Yes, por dar un ejemplo de los excesos que siempre se le ha criticado a la música de este período. El largo y épico 'A Plague Of Lighthouse Keepers' fue concebido por partes antes de entrar al estudio, y fue siendo grabado por partes sin saber bien de que manera iban a quedar todas ensambladas. Fue un gran esfuerzo de todos los integrantes por llevar le tema a buen puerto, además de exigir al productor John Anthony y a las capacidades técnicas de los Trident Studios al máximo.

La idea original fue realizar un disco doble: el primer disco sería la versión de Pawn Hearts como terminó siendo editada, con los tres temas de estudio. El segundo disco iba a recoger nuevas versiones de aquellos temas clásicos de la banda en directo: se grabaron nuevas versiones de 'Squid/Octopus' (que apareció como bonus track en la reedición 2005 de H To He), 'Killer' y 'Darkness' en la cara A, y experimentos instrumentales de

David, Hugh y Guy en la cara B. Finalmente Charisma consideró que no era apropiado lanzar un disco doble y el segundo quedó archivado. En la edición remasterizada de 2005 -además de dos versiones distintas de los temas del sencillo que grabaran durante las sesiones del disco, 'W' y 'Theme One'- se incluyen tres de los temas "solistas" grabados para la ocasión: 'Angle of Incidents', un experimento avant-garde de Evans con baterías grabadas al revés y rotura de tubos fluorescentes, 'Ponker's Theme', un breve ejercicio de Lounge Jazz por parte de Jackson, y 'Diminutions', un experimento ambient de Banton con sus organos.

Pawn Hearts fue una cumbre que llegó incluso a poner a la banda al borde de una popularidad que siempre les fue esquiva y que por otra parte no buscaban (a cualquier precio, se entiende). En Italia llegó al puesto número uno en la lista de LPs, pero... irónicamente va a marcar el fin de una etapa (la segunda dentro de la historia de la banda).

Fue grabado entre julio y septiembre de 1971, como todos los discos precedentes, en los Trident Studios de Londres.

GODBLUFF - 1975

Temas: 'The Undercover Man', 'Scorched Earth' (Hammill/Jackson), 'Arrow', 'The Sleepwalkers'

Temas que fueran editados como Bonus Tracks en la versión expandida y remasterizada por Emi-Virgin del CD Godbluff, en el año 2005:

'Forsaken Gardens'
'A Louse Is Not A Home'

Ambos grabados en directo en Rimini, Italia, el 9 de Agosto de 1975.

Producido por Van Der Graaf Generator. Todo los temas escritos por Peter Hammill salvo el indicado.

Con Pawn Hearts se había terminado no solo una etapa en la historia, sino en la música de Van Der Graaf Generator. A partir de Godbluff y durante dos discos más, la banda atravesará por un período más musical y rítmico (más jazzero si cabe) donde los climas serán menos barrocos que en el pasado. Se volverán más accesibles (por supuesto que dentro de los cánones de la banda) lo que no quiere decir más convencionales o dejando de lado su cuota de experimentación característica y la temática existencialista de las letras de Hammill. La base rítmica será más contundente y poderosa, de la misma manera que lo será el manejo de Hammill con su instrumento principal: la voz.

Durante el hiato temporal comprendido entre Pawn Hearts y Godbluff, Hammill había editado cuatro discos solistas de los cuales los últimos tres (The Silent Corner, In Camera y Nadir's Big Chance) eran contundentemente eléctricos; es en ellos, además, donde su manera de cantar llegó a una mayor fuerza y capacidad expresiva. Basta con escuchar su performance vocal en el tema 'Arrow' en Godbluff para comprender hasta que niveles había llegado con la misma.

Evidentemente el hecho de ser el propio grupo el productor del disco, después de haber grabado los primeros cuatro con John Anthony (responsable también de la producción de los discos Trespass y Nursery Crime de Genesis), influyó para el cambio de sonido, ahora más seco y austero. Desde el melódico y potente crescendo de 'The Undercover Man' hasta el impresionante 'The Sleepwalkers' final (tal vez el que tenga más puntos de contacto con el material anterior, si dejamos de lado su breve intermezzo de Cha Cha Cha; por algo en vivo era interpretado en un medley junto a 'A Plague...) Godbluff será el trabajo de estudio más fuerte de su carrera.

La banda sigue siendo la misma, Hammill/Banton/Jackson/Evans, pero todos han crecido como instrumentistas: Jackson se ha fabricado un aparato de efectos especiales para reprocesar sus saxos, Banton algo semejante al construirse un órgano eléctrico casero, Evans se tornó más rápido y duro, mientras que Hammill enriqueció aún más la parte instrumental al dedicarle mayor tiempo a la guitarra y piano eléctricos.

Comenzó la etapa de la banda como un combo de 'Jazz-Punk Gótico'.

El disco fue grabado y mezclado en los estudios Rockfield entre el 9 y 29 de junio de 1975.

Temas: 'Pilgrims' (Hammill/Jackson), 'Still Life', 'La Rossa', 'My Room (Waiting For Wonderland)', 'Childlike Faith In Childhood's End'

Tema que fuera editado como Bonus Tracks en la versión expandida y remasterizada por Emi-Virgin del CD Still Life, en el año 2005:

'Gog' (grabado en directo en Gales el 10 de Mayo de 1975)

Producido por Van Der Graaf Generator. Todos los temas escritos por Peter Hammill salvo el indicado.

Otra de las obras maestras del grupo, más por las canciones que contiene que por el resultado final. Si bien comenzó a grabarse durante las mismas sesiones que Godbluff (la idea era lanzar un doble), se completó siete meses después con otros matices que lo diferencian de su antecesor. Es un disco más ampuloso y cristalino que Godbluff, carece de la crudeza del anterior, suena más pulido y contiene textos menos devastadores. Como bien señaló el periodista español Adolfo Perez en la revista española Rock De Lux (1985): 'Naturaleza Muerta', a pesar del título, es el único disco de Van Der Graaf Generator sobre el que parece planear la palabra 'esperanza'

¿A que viene la aparente contradicción del primer párrafo? Pues bien, Still Life contiene composiciones fundamentales dentro de la obra de Hammill, como la propia 'Still Life' o 'My Room' que siguen estando presentes en los recitales de Hammill, pero como obra total, como disco, pierde un poco frente a Godbluff. Este ha envejecido mucho mejor, como disco, como sonido, mientras que Still Life tiene mejores temas pero (exceptuando 'La Rossa') carece de la fuerza y audacia del primero. Además considero que las versiones originales pierden con respecto a otras posteriores, tomando como ejemplo la versión del tema 'Still Life' en directo de Vital o la dramaticidad del nuevo arreglo de 'My Room' tal como Hammill lo canta en solitario.

De todas maneras se trata de un disco maravilloso, tal vez uno de los que atrajo la atención de mayor cantidad de público a la música de Van Der Graaf Generator.

(Haciendo un paralelismo (que espero Hammill perdone) con la obra de los Beatles podríamos decir que Pawn Hearts sería el Sargent Peppers de Van Der Graaf Generator, Godbluff el álbum blanco y Still Life el Abbey Road.)

Fue grabado en dos sesiones en los estudios Rockfield, entre los días 2 y 29 de junio de 1975 y 12 a 25 de enero de 1976.

WORLD RECORD - 1976

Temas: 'When She comes', 'A Place to Survive', 'Masks', 'Meurglys III (The Songwriter's Guild)', 'Wondering' (Banton/Hammill)

Temas que fueran editados como Bonus Tracks en la versión expandida y remasterizada por Emi-Virgin del CD World Record, en el año 2005:
'When She Comes'
'Masks'

Versiones grabadas para la BBC el 11 de Noviembre de 1976.

Producido por Van Der Graaf Generator. Todos los temas escritos por Peter Hammill salvo el indicado.

¿El disco de Rock de Van Der Graaf Generator? Puede ser, de hecho hay un mayor trabajo de Hammill con la guitarra eléctrica que en discos anteriores (su Guild negra llamada Meurglys III) lo que en conjunto da una sensación más ortodoxamente rockera al sonido final, a excepción del último track, el bello 'Wondering' (firmado junto a Banton), que se asemeja a los himnos de la primera etapa del grupo.

Estilísticamente no se aleja de los parámetros musicales establecidos en los dos discos anteriores; el tema más interesante es, justamente, 'Meurglys III (The Songwriter's Guild)' extensa composición donde Hammill (sobre una base casi de Reggae) nos brinda un solo de guitarra en un estilo parecido al del Neil Young eléctrico de los largos solos de guitarra junto a los Crazy Horse.

El título del disco, World Record, tiene un doble significado, puede ser tanto 'Record Mundial' como 'Disco del Mundo' (más teniendo en cuenta la ilustración de la portada); en una entrevista concedida a la revista francesa ATEM en Marzo de 1976, Hammill contó lo siguiente: "Mientras que Godbluff y Still Life hablan de una vida espiritual, World Record enfrenta el presente material, la supervivencia, las cosas reales. Es el 'disco de las cosas del mundo'."

El disco fue grabado como los anteriores en los estudios Rockfield entre el 10 y el 30 de mayo de 1976, contando con la particularidad de haber sido ensayado en la famosa granja de Hampshire, 'Headley Grange', muy utilizada por Led Zeppelin para la grabación (con estudios móviles) de sus mejores trabajos.

THE QUIET ZONE / THE PLEASURE DOME - 1977

Temas: 'Lizard Play', 'The Habit Of The Broken Heart', 'The Siren Song', 'Last Frame', 'The Wave', 'Cat's Eye/Yellow Fever (Running)' (Hammill/ Smith), 'The Sphinx In The Face', 'Chemical World', 'The Sphinx Returns'

Temas que fueran editados como Bonus Tracks en la versión expandida y remasterizada por Emi-Virgin del CD The Quiet Zone/The Pleasure Dome, en el año 2005:

'Door'
'Ship Of Fools' (cara B del single francés 'Cat's Eye')
'The Wave' (versión Demo)

Producido por Peter Hammill. Todos los temas escritos por Peter Hammill salvo el indicado.

La formación más efímera de Van Der Graaf (ya sin el Generator) graba lo que prácticamente es un trabajo solista de Hammill. Retirados Hugh Banton y David Jackson (aunque éste último colabore en algunos pasajes del disco) de la banda, se incorpora el violinista Graham Smith (que había participado de la grabación del disco solista Over en el `76) y regresa el bajista Nic Potter.

En esta última encarnación del grupo Hammill nos brinda un puñado de canciones secas y austeras, muchas de las cuales serán revisitadas varias veces en vivo en el futuro con distintos grupos (K Group, trio Hammill/Gordon/Potter, The Noise, phQ), lo cual habla de su apego a ellas.

Es un disco extraño y diverso, de difícil categorización y sonido atemporal, mucho más Hammill que Van Der Graaf. Sonicamente la ruptura con el pasado es casi total, sin organo ni saxo, el sonido de la banda se apoya en la guitarra electrica de Hammill y el violín distorsionado de Graham Smith. Pero el arma secreta de esta encarnación de la banda será el poderoso bajo de Nic Potter, heredero directo de la escuela de John Entwistle.

Los bonus tracks de la reedición del 2005 evidencian a la perfección el nuevo y poderoso rumbo, más primitivo y duro, que la banda estaba encarando con esta formación: son una versión en estudio de 'Door' (tema apareció en el disco en directo Vital), el cuasi Heavy Metal 'Ship Of Fools' (que fue cara B del sencillo francés 'Cat's Eye' y cuya versión en directo abriría el disco Vital) y una maqueta del tema 'The Wave'.

Su eclecticismo también se manifiesta al haber sido grabado en tres estudios (Foel, Morgan y Rockfield) de tres ciudades distintas, algo que no había ocurrido en ninguno de los discos precedentes. Fue grabado entre el 13 de mayo y el 12 de junio de 1977.

VITAL - 1978

Temas: 'Ship Of Fools', 'Still Life', 'Last Frame', 'Mirror Images', 'Medley (Lighthouse Keepers/Sleepwalkers)', 'Pioneers Over C' (Hammill/Jackson), 'SciFinance', 'Door', 'Urban', 'Nadir's Big Chance'

Producido por Guy Evans. Todo los temas escritos por Peter Hammill salvo el indicado.

La furiosa despedida de la banda toma la forma de un disco doble en directo (ambas cosas que no habían realizado en toda su carrera) grabado en el Marquee de Londres el 16 de enero de 1978, con la formación de Quiet Zone/Pleasure Dome (Hammill/Evans/Potter/Smith) más el agregado de Charles Dickie en cello, sintetizadores y piano eléctrico, y la participación especial de David Jackson.

Una formación atípica irá desentrañando viejas glorias y temas nuevos de la banda, más un par de canciones de discos solistas de Hammill y temas inéditos. Todo con una crudeza, fuerza y oscuridad tales pocas veces plasmadas en disco. Una obra potente y visceral, sin ningún arreglo de estudio a los que están sometidos la mayoría de las grabaciones en directo, que casi treinta años después de su edición sigue incomodando a Hammill.

En un artículo que realicé en el año 2004 para la revista Ruta 66 escribí lo siguiente:

"Peter Hammill no logra engañarme; baja esa fachada de austero y educado gentleman inglés, con más pinta de profesor de Oxford que de instigador de salvajes punk-rockers, lleva más de 20 años tratando de 'limpiar' su imagen como uno de los más grandes y verdaderos 'poetas malditos' de la historia del rock, una historia pasada llena de locura, arte, vicio, excesos y caos, que por momentos ha corrido paralela a la desbocada e inclasificable obra de la seminal banda Van Der Graaf Generator (que PH liderara entre 1967 y 1978). Esa década mágica nos señala en forma perfecta de donde viene y de que hechs y sucesos fueron testigos sus ojos: arrancando en los sicodélicos '67 y terminando en los punks '78, con todo lo que hubo en el medio, y con miles de historias, desde ser telonero del Jimi Hendrix Experience, a cimentar el incipiente underground 'progresivo' de comienzos de los setentas, ser apadrinados por un enloquecido Graham Bond, ser echados del parnaso del rock sinfónico (sus 'himnos' provocaban pesadillas o angustias) por oscuros, caóticos y violentos (musicalmente hablando), reinventándose a si mismos como seco combo de 'jazz punk gótico' a mitad de la década y terminar con un testamento sonoro que engloba todo lo hecho hasta el momento, lo encierra en un edificio y lo dinamita con todos adentro: Vital, así se llama el bello monstruo (amado o repudiado por igual), un disco doble en directo grabado en el Marquee de Londres en enero de 1978 y una de las obras mas físicamente densas, filosóficamente perturbadoras y musicalmente caóticas (y no repito este adjetivo sin darme cuenta) de toda la historia del rock. Una Satanic Masterpiece ('Obra Maestra Satánica') como señalara el finado vocalista de Joy Division Ian Curtis. ¿Suena excesivo? Pues 'Caos y Exceso' son dos de las palabras más usadas dentro del vocabulario de Van Der Graaf Generator."

PRESENT - 2005

Temas:

Disco 1: 'Every Bloody Emperor' (Hammill), 'Boleas Panic' (Jackson), 'Nutter Alert' (Hammill), 'Abandon Ship!' (Evans/Hammill), 'In Babelsberg' (Hammill), 'On the Beach' Jackson/Hammill)

Todos los temas escritos por Peter Hammill excepto los indicados.

Disco 2 (improvisaciones instrumentales): 'Vulcan Meld', 'Double Bass', 'Slo Moves', 'Architectural Hair', 'Spanner', 'Crux', 'Manuelle', "Eavy Mate', 'Homage to Teo', 'The Price of Admission'

Todos los temas escritos por Peter Hammill excepto los indicados.

Fruto de una semana de ebullición creativa y de la alegría del reencuentro, Present es el testimonio físico de la sorprendente reunión de la banda. Un primer CD con cinco temas cantados y un magnífico instrumental de Jackson 'Boleas Panic', donde sobresalen la habitual lúcidez lírica de Hammill en 'Every Bloody Emperor' y el potente 'Nutter Alert' -precisamente los dos únicos dos temas del disco que interpretarían en directo durante la gira del 2005- y un segundo con diez improvisaciones grupales instrumentales, que a partir de sucesivas escuchas son mucho más interesantes que lo que parecen a priori.

REAL TIME - 2007

Grabado en vivo en el Royal Festival Hall de Londres el viernes 6 de mayo del 2005.

Disco 1
'The Undercover Man', 'Scorched Earth', 'Refugees', 'Every Bloody Emperor', 'Lemmings', '(In the) Black Room', 'Nutter Alert', 'Darkness'

Disco 2
'Masks', 'Childlike Faith in Childhood's End', 'The Sleepwalkers', 'Man-Erg', 'Killer', 'Wondering'

Bonus Disc de la edición especial japonesa del sello Strange Days Records
"Pilgrims" - (grabado en Paris, 12 Julio 2005)
"When She Comes" - (grabado Amsterdam, 23 Julio 2005)
"Still Life" - (grabado Taormina, 15 Julio 2005)
"Gibberish" - (grabado en la prueba de sonido de Amsterdam, 23 Julio 2005

Temas: 'The Hurlyburly', 'Interference Patterns', 'The Final Reel', 'Lifetime', 'Drop Dead', 'Only in a Whisper', 'All That Before', 'Over the Hill', '(We Are) Not Here'.

Músicos:
- Peter Hammill: Voz, guitarras y pianos
- Hugh Banton: Órgano y bajo
- Guy Evans: Batería y percusión

Grabado entre julio de 2007 en The Gaia Centre, Delabole, Cornwall y mezlado entre agosto y diciembre 2007. Producido por Van der Graaf Generator

Ya sin Jackson a bordo la banda decide seguir lejos de la nostalgia y se reinventa con esta verdadera joya musical. No se reinventa al estilo King Crimson, ya que mantiene parte de su sonido y actitudes que podríamos llamar clásicas o esenciales del grupo, pero si bien hay guiños al VDGG de los setenta también muestran su compromiso con abordar nuevas sonoridades, si bien no extremas. El tema más sorprendente y fresco es 'The Hurlyburly, la canción de apertura. Un instrumental corto, no llega a 5 minutos, con toques de música surf sesentera, incluso con guiños al tango argentino y la música española tradicional pero sin salirse del canon del rock. Le sigue la ortodoxia de su estilo con el gran 'Interference Patterns', con todos los ingredientes que contienen el sonido básico de la banda: ausencia aparente de armonía, ritmos rápidos, y interpretación vocal alocada. Después, dos temas de relax muy propios de la época de 'Still Life': 'The Final Reel' y el majestuoso 'Lifetime' (compuesto en soledad por Hammill), medios tiempos con mucho teclado de fondo y serenidad. La marcha regresa con el potente 'Drop Dead', un temazo rock'n'rollero con órgano clásico de Banton que va progresando hasta terminar en una suerte de blues-rock maravilloso donde Hammill vuelve a demostrar que es un gran guitarrista rítmico. La atmosfera progresiva regresa con 'Only in a Whisper' con Banton añadiendo musculatura al sonido con el bajo y Hammill al piano electrico en una hipnótica puesta al día de sus raices psicodélicas. Con 'All That Before' regresa la añeja "locura" marca registrada de la casa: guitarras abrasivas al frente, la voz por encima y un Evans desatado, un tema hermosamente desquiciado que demuestra que la edad no existe para los verdaderos creadores. Con el tema más largo del disco, 'Over the Hill', de más de 12 minutos, vuelven a homenajear (para delicia de los viejos fans amante de la progresiva de los 70s) su sonido y estructura más clásica. Sin duda uno de los puntos más altos del ya de por si excelente trabajo discográfico.

El broche de oro corre a cargo de la angustiosa y trepidante '(We Are) Not Here', suerte de música de fondo para una pesadilla (de hecho Hammill contó que la concibió en un sueño!) que cierra la placa por todo lo alto sobre un maniaco y repetitivo riff de Banton, en un tema corto pero contundente, donde la banda deja claro que el ahora trio tiene nueva y buena vida para seguir adelante.

LIVE AT THE PARADISO - 2009

Disco 1: 'Lemmings', 'A Place To Survive', 'Lifetime', '(In The) Black Room', 'Every Bloody Emperor', 'All That Before', 'Gog'

Disco 2: 'Meurglys III, The Songwriter's Guild', 'The Sleepwalkers', 'Man-Erg', 'Scorched Earth'

Show grabado en vivo el 14 de abril de 2007 durante la décima fecha de la gira de presentación de "Trisector" en el célebre recinto de Amsterdam, una antigua iglesia que se transformó en una de las grandes venues rockeras de Europa. Del por entonces nuevo disco interpretan dos temas, 'All that before' y 'Lifetime'. Hay grandes cambios en el set list de la formación como cuarteto del 2005, rescatando 'Every Bloody Empeor' del disco de la reunion y dándole un nuevo tratamiento como trio a temas del pasado como

'Lemmings' o 'Meurglys III, The Songwriter's Guild' entre otros, rescatándo solo el tema 'Gog' de la carrera solista de PH.

Interesante souvenir sonoro que dilucidó para muchos cómo sonaba en directo esta nueva version, como trio, de la banda en el siglo XXI

A GROUNDING IN NUMBERS - 2011

Temas: 'Your Time Starts Now', 'Mathematics', 'Highly Strung', 'Red Baron', 'Bunsho', 'Snake Oil', 'Splink', 'Embarrassing Kid', 'Medusa', 'Mr. Sands', 'Smoke', '5533', 'All Over the Place'

Músicos:
- Peter Hammill: Voz, piano, guitarra eléctrica, bajo Ashbory en tema #7
- Hugh Banton: Teclados, órganos, bajo, guitarra en tema #11
- Guy Evans: Batería y percusión, guitarra en tema #12

Grabado entre el 3 y 9 de abril de 2010 en los estudios Propagation House, Holsworthy, Reino Unido. Producido por Van der Graaf Generator, Pat Moran & Hugh Padgham.

Tres años después de "Trisector" VDGG regrsa con un nuevo trabajo de studio como trio encarando nuevos desafíos y cambios en cuanto a la grabación: a diferencia de los dos anteriores lo graban en un estudio profesional, se deciden por temas más cortos (graban trece temas, la mayor cantidad de canciones en un disco suyo) y hasta intercambian instrumentos en varios cortes. También eligen por primera vez a un veteran productor como Hugh Padgham (Police, Sting, Genesis y Phil Collins) para hacerse cargo de las mezclas.

A continuación una reseña del periodista español Pablo M. Beleña (Universidad Complutense de Madrid), originalmente aparecida en el sitio web especializado https://www.rock-progresivo.com

"La apertura corre a cargo de un tranquilo, glamouroso y cuidado tema llamado 'Your Time Starts Now', que recuerda mucho a 'Refugees' o 'Still Life'. Impresiona todavía cómo pueden sonar tan delicados unos teclados, imitando una sección de viento de madera. Realmente increíble. Sólo por escuchar este corte merece la pena el álbum, tal como suena. Y este disco, dedicado como su título indica, a los números y a las matemáticas -de ahí que su fecha de salida fuera el 14 de marzo, que en formato de fechas anglosajonas corresponde a 3,14, el inicio del número pi-, da paso inmediatamente al tema 'Mathematics', que hace referencia a un teorema matemático de Euler. Ya esta canción da paso a los VDGG más frenéticos y caóticos, los dionisíacos, dejando atrás a los VDGG más apolíneos, porque la banda siempre ha tenido estas dos caras, las cuales vienen unidas y son inseparables. Tras esta extraña carta de presentación llega el puro rock progresivo setentero con 'Highly Strung': guitarras, compases imposibles, cambios de ritmo continuos, la voz de Hammill ya desbocada y teclados a modo de pinceladas incoherentes, inconexas. Esto es art-rock puro y duro, con raíces. Y en definitiva, un gran temazo. Le sigue la instrumental 'Red Baron', un juego de bases rítmicas entre Evans y Banton, con teclados de fondo a modo de atmósfera etérea. Otro tema que sólo podía hacer una banda que vivió los 70, en plena psicodelia. Y cuando ya hemos alcanzado el climax, en pleno orgasmo musical, este terceto nos regala 'Bunsho', quizás el otro gran tema del disco. Se trata de un tema que evoluciona tras una entrada serena a un rock marcado por la letra que canta Hammill a su puro estilo libre, alcanzando grandes octavas y recitando estrofas fuera del ritmo del tema. Es su sello de identidad. Puro sonido VDGG clásico que configura un temazo agresivo y directo verdaderamente convincente. Después nos regalan algo de tranquilidad y paz con la al comienzo bucólica 'Snake Oil', que va derivando después en otro esquizoide tema en el que dialogan base rítmica y piano a modo de batalla. El tramo final termina de convencer a los que aún no estaban muy situados en la canción. Otra joya. Para acompañarla, otra instrumental, la segunda del disco, 'Splink', un bello pasaje sonoro de guitarras dulces acompañadas de unos teclados puramente 'vandergraafianos', alocados y fuera de la armonía y la melodía. Por cierto que esos teclados van evolucionando hasta terminar sonando un maravilloso clavicordio del siglo XVIII. Otro lujo por parte de VDGG en este disco tan variado. Variado porque tan pronto escuchamos esta instrumental llega 'Embarrassing Kid', otro rock con alma blues al más puro estilo Peter Hammill. Después de él, la banda sigue jugando con el intercalado de cortes de poca duración. 'Medusa', de apenas más de 2 minutos, es otro mordisco de bella factura del que se echa de menos una mayor extensión, porque prometía, pero se queda en eso: en una pincelada de gran música. Se trata de una trágica, triste y desesperada canción basada en una tranquila base rítmica y un acompañamiento de órgano fantástico. 'Mr. Sands', el siguiente tema, es otro setentero rock donde el órgano lo impregna todo de melodía y ritmo, sonando al más puro estilo inicio de sus andaduras en la década de los 70. Los dos siguientes temas son de corta duración, rompiendo la anterior estructura que prometía reiteración. Son 'Smoke' y '5533', que no llegan a 3 minutos. El primero es una nerviosa composición que transmite esa locura que sólo VDGG saben transmitir, aunque es un tema al más puro estilo carrera en solitario de Peter. En la misma línea está '5533', que si bien ahora hace de nuevo referencia a la temática de los números, sigue la estela del corte anterior.

Y ya para acabar, 'All Over the Place', que ofrece algo nuevo respecto a anteriores. Otro rock acelerado y alocado al estilo '70, donde la novedad es cómo emplea Banton los teclados como instrumento principal de la canción desde los primero segundos de la misma. Sin embargo, sobre la mitad de su extensión, y haciendo honor a la esencia del rock progresivo, muda y se transforma en un tema radicalmente diferente, tranquilo y sosegado, con la voz de Hammill como hilo conductor y gran protagonista. Para finalizar, un tramo épico con guitarras y teclados neoclásicos de nuevo, ya sin voz.”

LIVE IN CONCERT AT METROPOLIS - 2012

Disco 1: 'Interference Patterns', 'Nutter Alert', 'Your Time Starts Now', 'Lemmings', 'Lifetime', 'Bunsho', 'Childlike Faith'

Disco 2: 'Mr. Sands', 'Over The Hill', 'We Are Not Here', 'Man-Erg'

Con cinco años de nueva vida como banda en diciembre de 2010 graban este show en directo para una pequeña audiencia de invitados en el ciclo organizado en los Metropolis Studios de Londres. De las once canciones del show solo tres pertenecen a la década del setenta, centrándose en los tres discos de estudio de la nueva etapa (incluyendo tres temas del aún inédito en ese momento 'A Grounding In Numbers' y sin ninguna canción del repertorio solista de PH. Se edita en formato de doble cd y dvd en el año 2012.

Temas: 'Earlybird', 'Extractus', 'Sackbutt', 'Colossus', 'Batty Loop', 'Splendid', 'Repeat after Me', 'Elsewhere', 'Here's One I Made Earlier', 'Midnite or so', 'D'accord', 'Mackerel Ate Them', 'Tuesday, the Riff', 'Dronus'

Siguiendo el ejemplo del disco dos de Present, VDGG nos vuelve a presenter su faceta más experimental e instrumental en este singular pero muy interesante trabajo donde demuestran que siguen siendo el grupo más arriesgado y valiente del rock ingles. Grabado durante pruebas de sonido y ensayos de los primeros tiempos de la banda como trio el disco se edita 15 meses después de su último trabajo de estudio.

El propio Hammill comentó lo siguiente al respecto: "Este disco 'ALT' no es un disco más de Van Der Graaf Generator (...) Las improvisaciones instrumentales y experimentales son la clave; la mayor parte de la música de 'ALT' fue realizada sin buscarlo, o quizás sólo mientras estaba funcionando el hemisferio izquierdo de nuestro cerebro (...) El álbum es una mezcla de improvisaciones grabadas como pruebas de sonido y también es estudio, y se le puede considerar más como un disco de creaciones sonoras que de música concreta. Las 13 piezas ofrecen un paso fascinante por un mundo sonoro alternativo de Van der Graaf Generator (...) Quizás la comparación más cercana sería la del segundo CD del disco 'Present', pero incluso esa comparación entre ambas grabaciones es arriesgada".

Grabado en vivo durante la gira europea de 2013

Songs: 'Flight', 'Lifetime', 'All That Before', 'Bunsho', 'A Plague of Lighthouse-keepers', 'Gog'

Bonus Disc en la Edición Especial: 'Interference Patterns', 'Over the Hill', 'Your Time starts Now', 'Scorched Earth', 'Meurglys III', 'Man-erg', 'Childlike Faith'

Dos años después de su último trabajo en estudio el trio decidió volver a salir de gira y organizó los conciertos de una manera novedosa, centrando los mismos en una larga pieza épica en cada parte de la gira europea. Para la primera parte eligieron el extenso tema "Flight" (original del disco solista 'Black Box' de PH, quien ya lo había integrado a su repertorio en directo con el K Group) y el mítico "A Plague of Lighthouse-keepers" del legendario 'Pawn Hearts'.

A continuación parte de la estupenda reseña del periodista Cesar Inca Mendoza para el portal https://www.rock-progresivo.com/: "El catálogo de gemas sónicas que recoge "Merlin Atmos" proviene de una gira europea que el grupo perpetró a lo largo de toda la segunda quincena de junio del 2013 y la primera semana del mes siguiente: un concierto en Praga, cinco en otras tantas ciudades alemanas, uno en Amsterdam, cuatro fechas británicas y las tres últimas en sendos escenarios italianos. Al menos tres de las canciones registradas para la edición del CD doble provienen de estas últimas fuentes pues escuchamos la palabra 'Grazie!' de labios de Hammill tres veces.

'Flight', la suite que ocupaba todo el lado B del álbum solista de Hammill "A Black Box" se encarga de abrir el repertorio seleccionado para "Merlin Atmos". Se trata de toda una novedad en la vida Banton tocar esta pieza tan monumental y aportar sus propios arreglos de órgano y pedales a su desarrollo; no es una novedad para Evans, pues él formó parte de THE K GROUP (banda de apoyo de Hammill a inicios de los 80s) y esta magna composición era parte del repertorio de sus dos giras; de hecho, ocupa el cuarto y último lado del disco en vivo "The Margin". El otro tour-de-force de este volumen es 'A Plague Of Lighthouse Keepers', un referente único y decisivo de la magnificencia de la esencia musical de VAN DER GRAAF GENERATOR cuando da rienda suelta a su dimensión más pomposa con toda la liberalidad del mundo. Si en 'Flight' se da la circunstancia de que el trío no cuenta con un bajista tan poderoso como Nic Potter ni un guitarrista de tan electrizante personalidad como John Ellis, entonces Banton asume con buen pulso y pulcro criterio estético los arreglos de su instrumento para generar una nueva vitalidad a la instrumentación global. Si en 'A Plague Of Lighthouse Keepers' se tiene el habitual hándicap de no contar con las labores del vientista David Jackson, el trío se da perfecta maña para reactivar la energía del cuarteto clásico con la nueva ingeniería que elabora como trío. La edición en vinilo que mencionamos en el primer párrafo de la presente reseña incluye a 'Flight' en un lado y a 'A Plague Of Lighthouse Keepers' en el otro. En medio de estas dos catedrales emblemáticas de la vanguardia progresiva de inicios de los 70s y de inicios de los 80s se sitúan tres casas de una urbanización más moderna dentro de la leyenda viviente de VDGG: 'Lifetime', 'All That Before' y 'Bunsho'. El espíritu de 'Lifetime' es intimista pero envuelto bajo un tenue manto de vibraciones distantes, mientras que el de 'All That Before' es abiertamente extrovertido, conveniente para un desarrollo temático ostentoso. 'Bunsho' es una típica manifestación de racionalismo apasionado al más puro estilo Hammilliano. Dos canciones del "Trisector" y una del "A Grounding In Numbers", muestras de la obra más reciente del grupo cuando se reconstruía a paso firme y con inflexible aplomo para hacer de su nuevo formato de trío un recurso estético legítimo. 'Gog' cierra este repertorio al modo de implacable prodigio de combinación de explosividad emocional y racionalidad arquitectónica: este canto oscurantista de temática apocalíptica es manejado por el trío con pulso de hierro y vitalidad feroz, logrando así mostrar al auditorio un clímax rotundo.

El volumen bonus, que recibe justamente el título autónomo de "Bonus Atmos", comienza con la serie de tres canciones de la etapa 2008-2011: 'Interference Patterns', 'Over The Hill' y 'Your Time Starts Now', otra vez dos canciones del "Trisector" y una del "A Grounding In Numbers". Si 'Interference Patterns' está a cargo de instaurar un dinamismo elegante y sobrio, 'Over The Hill' tiene la misión de explorar la faceta fastuosa de la banda con esa mezcla de ceremoniosidad, neurosis e intelectualismo que le caracteriza en las grandes ocasiones; en el caso de esta última pieza, la forma tan heroica con la que Banton llena espacios y la inteligencia logística con que Evans articula los cimientos para los aventureros desarrollos temáticos de los motivos centrales de esta mini-suite gestan un clímax especial dentro del concierto íntegro. Con 'Your Time Starts Now', el grupo se focaliza en su aura intimista e introspectiva a la hora de desarrollar el sencillo motif melódico de base. La intensidad de los viejos tiempos ha de llegar sobre las alas de un emblema de aquellos viejos tiempos: 'Scorched Earth', tal vez la joya máxima del "Godbluff" (1975), que se inicia engarzándose con la nota final de 'Your Time Starts Now". Prácticamente infaltable en las giras que ha hecho VAN DER GRAAF GENERATOR desde los tiempos del "Present", este excelso retrato de las contradicciones autodestructivas del ego que, por mucho que pretende expandirse a través del mundo, no supera su esencial solipsismo y debe pagar un alto precio por ello, sirve como idóneo pretexto para que la banda demuestra fehacientemente que el envejecimiento inexorable de sus integrantes individuales no ha causado mella alguna en su fuerza corporativa.

El repaso de algunas reliquias de los setentas sigue hasta el final, y con lo que nos topamos acto seguido es con la suite del "World Record" 'Meurglys III (The Songwriter's Guild)': toda una sorpresa, pues el grupo no la ha tocado muchas veces en concierto, pero aquí lo tenemos a nuestra disposición. Este himno al solipsismo exigente exigido del autor de canciones y el hermanamiento del músico con su instrumento nos agita con su conmovedora acidez. Las dos últimas piezas de este segundo volumen son 'Man-Erg' y 'Childlike Faith In Childhood's End', otras infaltables enormes de los conciertos del grupo, clásicos inapelables que deleitan siempre y nunca aburren. Como el trío ya lleva varios años trabajando sus ideas nuevas y replanteando sus viejos patrones sónicos con su actual formato, pues no nos debe extrañar que la congregación de Hammill, Banton y Evans sepa dar rienda suelta a una energía refrescada a partir de los aportes individuales sobre los que se enraíza aquélla."

Con respecto al misterioso título, Ph comentó que 'Merlin' era el nombre de loss motores de avión usados en la Ingleterra de la posguerra de la WWII, cuyo sonido banton trató de replicar con su órgano al comienzo y al final del tema 'Flight'. 'Atmos' es una palabra que la banda usa internamente para referirse a las ondas o vibraciones que reciben del público en los conciertos, una suerte de abreviatura de 'Atmosphere', 'Atmósfera'.

DO NOT DISTURB - 2016

Temas: 'Aloft', 'Alfa Berlina', 'Room 1210', 'Forever Falling', 'Shikata Ga Nai', '(Oh No! I must have said) Yes', 'Brought to Book', 'Almost the Words', 'Go'

Grabado en Stage 2 Studios, Terra Incognita, The Organ Workshop, y Over The Hill

Mezclado en Terra Incognita y The Organ Workshop y masterizado en Abbey Road Studios. Arte de portada y diseño Paul Ridout, fotografía por Tamra Gray. Producido por VDGG.

A cuatro años de su último trabajo 'Do Not Disturb' (2016) es el quinto disco de estudio desde que el grupo se reuniera tras casi de 30 años de silencio, y si bien todo indica que podría ser su último trabajo de material original la historia ha demostrado que nunca hay que dar nada por sentado cuando se trata de VDGG. La banda fue premiada en los 'Progressive Music Awards' de ese año con el galardón que reconoce toda su carrera artística, en una entrevista promocional de youtube realizada por Mike Powell, el jefe de Cherry Red Records, el sello que publica el nuevo trabajo, que el premio les empujó a hacer algo especial para la ocasión, y que mientras lo hacían rondaba la idea de que podría ser el último: "Tenemos claro que estamos todos sanos en estos momentos, pero estamos ahora pasando los setenta años Y tal vez ésta es la última ocasión, lo que nos dio especial constancia de lo que íbamos a hacer (...) No estoy diciendo que éste vaya a ser el último álbum que vamos a hacer, pero es algo que nos pasó por la cabeza desde el primer momento, y es algo que no pensábamos, por ejemplo, cuando hicimos los anteriores dos discos".

El trabajo impresiona por lo fresco y la variedad estilística que puede apreciarse dentro de cada tema, con perlas como la apertura de "Aloft", la reminiscencia del propio pasado de la historia de la banda en cortes como "Alfa Berlina" o "Room 1210", el final a puro órgano marca registrada de la casa en "Almost the Words" y esa maravilla guitarrera de "(Oh No! I Must Have said) Yes" cuya vitalidad y pulso pueden poner verdes de envidia a la mayoría de grupos con la mitad de su edad. Si a esto le sumamos que, musical y sonoramente Banton incluye en este álbum un nuevo instrumento para el canon de la banda, el acordeón, el cual en temas como el etéreo instrumental "Shikata Ga Nai" brinda esos toques del admirado (sobre todo por PH) Astor Piazzolla (aunque este tocaba otro instrumento, el bandoneón).

En otra entrevista, en esta ocasión para la revista Prog, Hammill declaró que parte de lo compuesto es "muy exigente técnicamente" y que otros pasajes del disco "se basan en la sensación y la empatía que se ha construido a lo largo de los años". "En su conjunto, se trata de una exploración segura y firme de las posibilidades de un trío moderno. Líricamente, el paso del tiempo y las cascadas de la memoria y la experiencia compartida iluminan las canciones".

El disco se grabó en apenas una semana tras las sesiones de ensayo, otro aspecto importante a tener en cuenta ya que a diferencia en anteriores trabajos entraron al estudio de grabación con todo muy ensayado y afilado.

"Es tiempo de irse, cierra la puerta", canta Hammill en el grave himno 'Go' (donde sólo lo acompañan los teclados casi religiosos de Banton), el tema que cierra el disco. El propio Hammill, que no se caracteriza precisamente por la autoalabanza o la crítica fácil considera a "Do not Disturb" como: "el mejor trabajo que hemos hecho en la era moderna del grupo." Y sin duda lo es, si realmente este disco es su trabajo final de estudio la banda lo hace siendo fiel a su tradición e historia, despidiéndose por todo lo alto.

LIVE AT ROCKPALAST - LEVERKUSEN 2005 (2018)

(2 CD + DVD)

Disco 1: 'The Undercover Man', 'Scorched Earth', 'Every Bloody Emperor', 'Lemmings', 'Darkness', 'Childlike Faith'

Disco 2: 'The Sleepwalkers', 'Nutter Alert', 'Man Erg', 'Killer', 'Wondering'

Grabado a fines de la gira del regreso del 2005, o sea el cuarteto en pleno, es un gran souvenir de aquella época, más teniendo en cuenta que es el único de este período filmado profesionalmente. A diferencia del más emotivo concierto de regreso que tenemos en "Real Time", éste se trata de una aparición más corta dentro de un festival de jazz, que aconteció justamente el día del cumpleaños 57 de Hammill y marcó uno de los últimos conciertos con David Jackson.

Disco 1 - CD: 'Afterwards', 'Orthentian Street (Parts 1 & 2)', 'Running Back', 'Into A Game', 'Ferret And Featherbird', 'Aerosol Grey Machine', 'Black Smoke Yen', 'Aquarian', 'Giant Squid', 'Octopus', 'Necromancer'

Disco 2 - CD:
(1967 Demos, Previously Unreleased) 'Firebrand', 'Sunshine'
(BBC Session - November 1968) 'People You Were Going To', 'Afterwards', 'Necromancer ', 'Octopus' (Previously Unreleased), 'People You Were Going To' (Single Version), Firebrand' (Single Version)

Disco 3 - LP: The Aerosol Grey Machine (180 Gram Gatefold LP (Unissued UK Sleeve)
 - Side 1: 'Afterwards', 'Orthenthian Street', 'Running Back', 'Into A Game'
 - Side 2: 'Aerosol Grey Machine', 'Black Smoke Yen', 'Aquarian', 'Necromancer', 'Octopus'

Disc 4 - 7" INCH SINGLE:
 - Side A: 'People You Were Going To'
 - Side B: 'Firebrand'

Interesante box en edición de lujo de cuatro discos, que comprende un disco de vinilo, dos CD y un sencillo de siete pulgadas, junto con un libro y un póster diseñados por Peter Hammill.

El vinilo, cortado en los estudios Abbey Road, viene alojado en la portada desplegable británica original, y el conjunto de dos CD presenta una gran cantidad de material raro e inédito, incluido un par de demos de 1967, su sesión de BBC Top Gear de 1968 (con la inclusión de la versión que se creía 'perdida' de 'Octopus'), así como un sencillo de siete pulgadas de 'People You Were Going To' y 'Firebrand'. El libro viene con muchas fotografías inéditas, así como una nueva entrevista exclusiva con Hammill.

THE CHARISMA YEARS
BOX SET - 2021

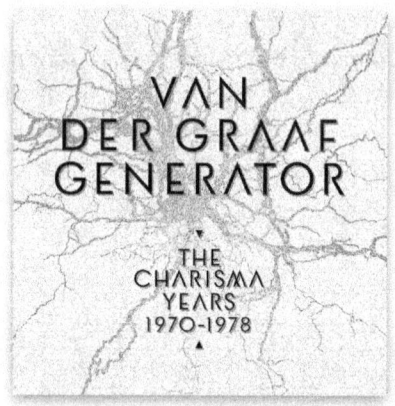

CD 1: The Least We Can Do is Wave to Each Other
Darkness (11/11)
Refugees
White Hammer
Whatever Would Robert Have Said?
Out of My Book
After the Flood

BONUS TRACKS
Refugees (single version) - A-side April 1970
Boat of Millions of Years - B-side April 1970
Darkness (BBC Radio 'Top Gear' session 20 Jan 1970)
After the Flood (BBC Radio 'Top Gear' session 20 Jan 1970)

CD 2: H to He Who Am the Only One
Killer

House with No Door
The Emperor in His War Room
Lost
Pioneers Over C

BONUS TRACKS
Killer (first version) - Previously unreleased - Recorded at Trident Studios in July 1970
The Emperor in His War Room (first version) - Recorded at Trident Studios in July 1970
Lost (BBC Radio 'Top Gear' session 12 Oct 1970) - previously unreleased
Killer (BBC Radio 'Top Gear' session 12 Oct 1970) - previously unreleased

CD 3: Pawn Hearts
Lemmings (including Cog)
Man Erg
A Plague of Lighthouse Keepers:
a) Eyewitness **b)** Pictures / Lighthouse c) Eyewitness d) SHM e) Presence of the Night f) Kosmos Tours g) (Custard's) Last Stand h) The Clot Thickens i) Land's End (Sineline) j) We Go now

BONUS TRACKS
Man Erg (BBC Radio One Sounds of the Seventies session - 10 June 1971)
Theme One (BBC Radio One Sounds of the Seventies session - 10 June 1971)
Vision (BBC Radio One Sounds of the Seventies session - 10 June 1971)
Darkness (BBC Radio One Sounds of the Seventies session - 10 June 1971)

CD 4
Theme One (A-side of single Feb 1972)
W (B-side of single Feb 1972)
Squid / Octopus (from Pawn Heart sessions)
Angle of Incidents (from Pawn Heart sessions)
Ponker's Theme (from Pawn Heart sessions)
Dimunitions (from Pawn Heart sessions)
W (first version) (from Pawn Heart sessions)
Theme One (original mix) (from Pawn Heart sessions)
Man Erg (BBC Radio One John Peel Concert 23 Sep 1971)
W (BBC Radio One John Peel Concert 23 Sep 1971)
Killer (BBC Radio One John Peel Concert 23 Sep 1971)
Refugees (BBC Radio One John Peel Concert 14 Dec 1971)

CD 5: Godbluff
The Undercover Man

Scorched Earth
Arrow
The Sleepwalkers

BONUS TRACKS
Scorched Earth (BBC Radio One John Peel session - 3 July 1975)
The Sleepwalkers (BBC Radio One John Peel session - 3 July 1975)

CD 6: Live in Rimini 9th August 1975
A Louse is Not a Home
(In the) Black Room / The Tower
Forsaken Gardens
Lemmings
Scorched Earth
Man-Erg

CD 7: Still Life
Pilgrims
Still Life
La Rossa
My Room (Waiting for Wonderland)
Childlike Faith in Childhood's End

BONUS TRACKS
Gog (live) - Recorded at the Theatre Gwynedd, Bangor, Wales 10 May 1975
Still Life (BBC Radio One John Peel session - 1 April 1976)
La Rossa (BBC Radio One John Peel session - 1 April 1976)

CD 8: World Record
When She Comes
A Place to Survive
Masks
Meurglys III (The Songwriters Guild)
Wondering

BONUS TRACKS:
When She Comes (BBC Radio One John Peel session - 11 November 1976)
Masks (BBC Radio One John Peel session - 11 November 1976)
Part One (Approx. 35% of) Meurglys III (The Songwriters Guild) - B-side of single Oct 1976 - Previously unreleased on CD

CD 9: Live at Maison de la Mutualite, Paris (6 Dec 1976 - previously unreleased)

Arrow
When She Comes
Masks
Still Life
Lemmings
Childlike Faith in Childhood's End

CD 10: Live at Maison de la Mutualite, Paris (6 Dec 1976 - previously unreleased)

Meurglys III (The Songwriter's Guild)
Gog
Sleepwalkers
Killer
Man-Erg

CD 11: The Quiet Zone / The Pleasure Dome

Lizard Play
The Habit of the Broken Heart
The Siren Song
Last Frame
The Wave
Cat's Eye / Yellow Fever (Running)
The Sphinx in the Face
Chemical World
The Sphinx Returns

BONUS TRACKS

Door
Ship of Fools (B-side of French single from Sep 1977)
The Wave (demo version)
Cat's Eye / Yellow Fever (BBC Radio One John Peel session - 24 October 1977)
The Sphinx in the Face (BBC Radio One John Peel session - 24 October 1977)
(Fragments of) A Plague of Lighthouse Keepers / Sleepwalker's End (BBC Radio One John Peel session - 24 October 1977)

CD 12: Vital (live album)

Ship of Fools
Still Life
Last Frame

Mirror Images
Medley: A Plague of Lighthouse Keepers / Sleepwalkers

CD 13: Vital (live album)
Pioneers Over C
Sci-Finance
Door
Urban / Killer / Urban
Nadir's Big Chance

CD 14: H to He Who Am the Only One (New stereo mix)
Killer
House with No Door
The Emperor in His War Room
Lost
Pioneers Over C

CD 15: Pawn Hearts (New stereo mix)
Lemmings (including Cog)
Man Erg
A Plague of Lighthouse Keepers:
a) Eyewitness
b) Pictures / Lighthouse c) Eyewitness d) SHM e) Presence of the Night f) Kosmos Tours
g) (Custard's) Last Stand h) The Clot Thickens i) Land's End (Sineline) j) We Go now

BONUS TRACKS
Theme One (new stereo mix)
W (new stereo mix)

CD 16: Godbluff (New stereo mix)
The Undercover Man
Scorched Earth
Arrow
The Sleepwalkers

CD 17: Still Life (New stereo mix)
Pilgrims
Still Life
La Rossa
My Room (Waiting for Wonderland)
Childlike Faith in Childhood's End

Blu-ray #1: 'H to He Who Am the Only One' and 'Pawn Hearts'
BOTH ALBUMS IN HIGH RESOLUTION 5.1 SURROUND SOUND MIX / NEW STEREO MIX / ORIGINAL STEREO MIX

H to He Who Am the Only One
Killer
House with No Door
The Emperor in His War Room
Lost
Pioneers Over C
Pawn Hearts
Lemmings (including Cog)
Man Erg
A Plague of Lighthouse Keepers

Blu-ray #2: 'Godbluff' and 'Still Life'
BOTH ALBUMS IN HIGH RESOLUTION 5.1 SURROUND SOUND MIX / NEW STEREO MIX / ORIGINAL STEREO MIX

Godbluff
The Undercover Man
Scorched Earth
Arrow
The Sleepwalkers
Still Life
Pilgrims
La Rossa
My Room (Waiting for Wonderland)
Childlike Faith in Childhood's End

Blu-ray #3: The Video Vaults

Darkness ('Beat Club' - German TV 23 June 1970) - previously unreleased
Whatever Would Robert Have Said ('Beat Club' - German TV 23 June 1970) - previously unreleased
Lost ('Pop Deux' Filmed at The Bataclan Theatre, Paris 18 March 1972 - Previously unreleased)
Killer ('Pop Deux' Filmed at The Bataclan Theatre, Paris 18 March 1972 - Previously unreleased)
 - Octopus ('Pop Deux' Filmed at The Bataclan Theatre, Paris 18 March 1972 - Previously unreleased)

- Theme One ('Pop Shop' Recorded 23 March 1972 for RTBF, Belgium) First official release.
- A Plague of Lighthouse Keepers ('Pop Shop' Recorded 23 March 1972 for RTBF, Belgium) First official release.
- The Undercover Man (Live in Charleroi Palais des Expos - 27 September 1975) First official release.
- Arrow (Live in Charleroi Palais des Expos - 27 September 1975) First official release. Scorched Earth (Live in Charleroi Palais des Expos - 27 September 1975) First official release.
- Sleepwalkers (Live in Charleroi Palais des Expos - 27 September 1975) First official release.
- Wondering (Charisma promotional film 1976) Previously unreleased
- Cat's Eye (Charisma promotional film) Previously unreleased
- Van der Graaf in Concert (The Kohfidisch Open Air Festival, Austria 17 June 1978 recorded by ORF TV). Previously unreleased

Esta monumental caja contiene todo lo grabado por la banda para el sello Charisma Records entre 1970 y 1978. Contiene nada menos que de 17 CD más 3 Blu-ray. La caja incluye todos los álbumes remasterizados (desde 'The Least...' hasta 'Vital', con temas extra, todas las sesiones de la BBC, secuencias de vídeo poco comunes, nuevas remezclas estéreo y versiones en 5.1.

Lo más destacable, además del increíble sonido y las versiones remixadas, estás en el CD 4, que es casi un disco completo de sesiones de Pawn Hearts y la gran sorpresa de un concierto completo recientemente descubierto e inédito grabado en La Maison de la Mutualité de París por la radio francesa en diciembre de 1976. Una completa maravilla que se encuentra en los cds 9 y 10.

Los últimos cuatro CD de The Charisma Years (CD14 a CD17) son nuevas mezclas estéreo de H to He Who Am the Only One, Pawn Hearts, Godbluff y Still Life, que han sido remezclados de las cintas multipista originales por Stephen W Tayler. Hay dos blu-ray que también incluyen estas mezclas estéreo en alta resolución y ofrecen mezclas de sonido envolvente 5.1 de esos cuatro álbumes. Estos también han sido creados por Stephen W Tayler.

Finalmente, esta gigantesca caja concluye con otro blu-ray con secuencias de video raras e inéditas. Aparentemente se trata de "todo el metraje de televisión y películas promocionales de Van Der Graaf Generator supervivientes" e incluye la aparición de la banda en el programa de televisión alemán Beat Club en 1970, una aparición filmada en The Bataclan en París en 1972 para el programa de televisión francés Pop Deux, el famoso show de 1972 en Pop Shop para RTBF Bélgica, las películas promocionales de

'Wondering' y 'Cat's Eye' y un documental de 20 minutos con imágenes en vivo filmadas por la televisión austriaca en el Kohfidisch Open Air Festival, Austria, en junio de 1978. Más allá de que muchos de estos videos han sido anteriormente aparecidos en ediciones semilegales, es fantástico tener todo junto en forma oficial con el mejor sonido e imagen, más allá de algunas perlas prácticamente desconocidas.

Y como si fuera poco The Charisma Years contiene un excelente libro de tapa dura de 68 páginas profusamente ilustrado y documentado.

Imprescindible!

INTERFERENCE PATTERNS
BOX SET - 2022

CD1: Present (disco 1)
1 Every Bloody Emperor
2 Boleas Panic
3 Nutter Alert
4 Abandon Ship!
5 In Babelsberg
6 On the Beach

CD2: Present (disco 2)
1 Vulcan Meld
2 Double Bass
3 Slo Moves
4 Architectural Hair
5 Spanner
6 Crux

7 Manuelle
8 'Eavy Mate
9 Homage to Teo
10 The Price of Admission

CD3: Real Time

Royal Festival Hall - Disc 1
1 The Undercover Man
2 Scorched Earth
3 Refugees
4 Every Bloody Emperor
5 Lemmings
6 (In the) Black Room
7 Nutter Alert
8 Darkness (11/11)

CD4: Real Time

Royal Festival Hall - Disc 2
1 Masks
2 Childlike Faith in Childhood's End
3 The Sleepwalkers
4 Man-Erg
5 Killer
6 Wondering

CD5: Real Time

Royal Festival Hall - Disc 3
Previously unreleased outside of Japan
1 Pilgrims (Paris 7 December 2005)
2 When She Comes (Amsterdam 23 July 2005)
3 Still Life (Taormina 15 July 2005)
4 Gibberish (Soundcheck - Amsterdam 23 July 2005)

CD6: Trisector

1 The Hurlyburly
2 Interference
3 Patterns The Final
4 Reel Lifetime
5 Drop Dead

6 Only a Whisper
7 All That Before
8 Over the Hill
9 (We Are) Not Here

CD7: Live at the Paradiso 14 April 2007 Disc 1
1 Lemmings
2 A Place to Survive
3 Lifetime
4 (In the) Black Room
5 Every Bloody Emperor
6 All That Before

CD8: Live at the Paradiso 14 April 2007 Disc 2
1 Gog
2 Meurglys III, The Songwriter's Guild
3 The Sleepwalkers
4 Man-Erg
5 Scorched Earth

CD9: A Grounding in Numbers
1 Your Time Starts Now
2 Mathematics
3 Highly Strung
4 Red Baron
5 Bunsho
6 Snake Oil
7 Splink
8 Embarrassing Kid
9 Medusa
10 Mr Sands
11 Smoke
12 5533
13 All Over the Place

CD10: ALT
1 Earlybird
2 Extractus
3 Sackbutt

4 Colossus
5 Batty Loop
6 Splendid
7 Repeat After Me
8 Elsewhere
9 Here's One I Made
10 Earlier Midnite or So
11 D'Accord
12 Mackerel Ate Them
13 Tuesday, The Riff
14 Dronus

CD11: Merlin Atmos
1 Flight
2 Lifetime
3 All That Before
4 Bunsho
5 A Plague of Lighthouse Keepers
6 Gog

CD12: Bonus Atmos
1 Interference Patterns
2 Over the Hill
3 Your Time Starts Now
4 Scorched Earth
5 Meurglys III, The Songwriter's Guild
6 Man-Erg
7 Childlike Faith in Childhood's End

CD13: Do Not Disturb
1 Aloft
2 Alfa Berliner
3 Room 1210
4 Forever Falling
5 Shikata Ga Nai
6 (Oh No! I Must Have Said) Yes
7 Brought to Book
8 Almost the Words
9 Go

DVD: Live at the Paradiso 14 April 2007 - DVD

1 Lemmings
2 A Place to Survive
3 Lifetime
4 (In the) Black Room
5 Every Bloody Emperor
6 All That Before
7 Gog
8 Meurglys III, The Songwriter's Guild
9 The Sleepwalkers
10 Man-Erg
11 Scorched Earth

Esta caja celebra, en 13 cds y un dvd, la segunda era de Van der Graaf Generator con todos los álbumes publicados por la banda entre 2005 y 2016 e incluye el álbum doble en vivo, descatalogado hace mucho tiempo y el DVD del concierto 'Live At Paradiso' y el raro CD en vivo adicional publicado anteriormente únicamente en Japón que acompañaba esa edición limitada de 'Real Time'.

Los discos incluidos son Present (2005), Real Time (2007) (con el agregado de las pistas adicionales), Trisector (2008), Live At The Paradiso (2009) (además de su versión en dvd), A Grounding In Numbers (2011), ALT (2012), Merlin Atmos (2015) y Do Not Disturb (2016)

'Interference Patterns' incluye un libro de 96 páginas con un nuevo ensayo extenso y entrevistas de la banda realizadas por Sid Smith. Es de destacar que cada álbum está presentado con réplicas de sus portadas.

**THE BATH FORUM
CONCERT - 2023**

Disc 1 - CD
1 Interference Patterns
2 Every Bloody Emperor
3 A Louse is Not a Home
4 Masks
5 Childlike Faith in Childhoods End
6 Go

Disc 2 - CD
1 La Rossa
2 Alfa Berlina
3 Over the Hill
4 Room 1210
5 Man Erg
6 House With No Door

Disc 3 and Disc 4 - BLU RAY and DVD (same content)
1 Interference Patterns
2 Every Bloody Emperor
3 A Louse is Not a Home
4 Masks
5 Childlike Faith in Childhoods End
6 Go
7 La Rossa

8 Alfa Berlina
9 Over the Hill
10 Room 1210
11 Man Erg
12 House With No Door

En febrero de 2022, Van der Graaf Generator se embarcó en una gira por el Reino Unido que había sido reprogramada varias veces debido a la pandemia de Covid. El espectáculo final de estas fechas tuvo lugar en The Forum en Bath el 1 de marzo y el evento fue capturado por un equipo de filmación y grabación.

'The Bath Forum Concert' es el primer CD y película en vivo totalmente controlado por la banda y captura a Peter Hammill, Hugh Banton y Guy Evans en sus mejores interpretaciones de temas antiguos como 'Masks', 'Childlike Faith In Childhoods End', 'La Rossa', 'Man Erg' y 'House With No Door' junto con piezas más nuevas como 'Interference Patterns', 'Every Bloody Emperor', 'Go', 'Alfa Berlina' y 'Room 1210'.

Este lanzamiento presenta el concierto completo, mezclado por Stephen W Tayler, e incluye dos CD y un video Blu Ray de alta definición sin región con sonido envolvente 5.1 y un DVD NTSC/sin región de esta impresionante película del concierto.

MISCELÁNEA (Sencillos, Recopilaciones, otros)

I - SIMPLES

Existen cuatro simples de VDGG conteniendo temas no incluidos en LP o con versiones distintas a la del álbum correspondiente:

'The People You Were Going To' / 'Firebrand', 1968, Polydor.

'Refugees' / 'The Boat Of Million Of Years', 1970, Charisma.

'Theme One'* / 'W', 1971, Charisma

*tema instrumental compuesto por George Martin (el productor de los Beatles) y que luego fuera usado como intro para el programa 'Friday Rock Show' de la Radio 1 inglesa.

'Cat's Eye' / 'Ship Of Fools' **, 1977, Charisma.

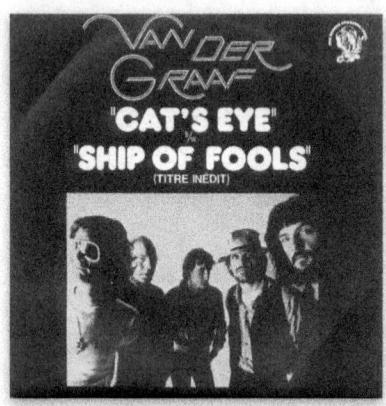

** versión en estudio que fuera descartada a último momento del disco The Quiet Zone (la versión en vivo es la que abre el disco Vital) y fuera editada como cara 'B' de un simple americano.

II - COMPILATIONS

La primer recopilación de la banda fue editada en 1972 por el sello Charisma -tras la disolucion post Pawn Hearts- se llamó 68-71 en Inglaterra y Reflection en Alemania.

Otro vinilo interesante y buscado por los coleccionistas es la recopilación alemana Rock Heavies, lanzada en 1977 con material de la última época de la banda. En 1980 el sello Charisma (dentro de su serie recopilatoria Perspective) edita otra recopilación llamada Repeat Performance - `68/'71, obviamente como las anteriores en vinilo, que contenía como curiosidad dos temas de Aerosol Grey Machine y tres de sencillos. (Lado Uno: 'Afterwards', 'Refugees', 'Boat Of A Million Of Years', 'W', 'White Hammer'. Lado Dos: 'Necromancer', 'The Emperor In His War Room', 'Man-Erg'.)

En 1986 el sello Virgin (que tiene los derechos de Charisma) edita dos CD's recopilatorios llamados **First Generation (Scenes from 1969-1971)**

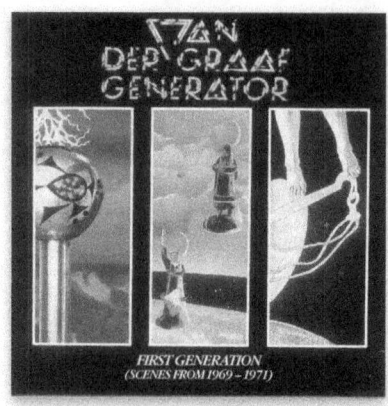

y **Second Generation (Scenes from 1975-1977)**, de los cuales el primero reviste especial interés al contener 'Theme One', inconseguible hasta ese momento en cd o LP

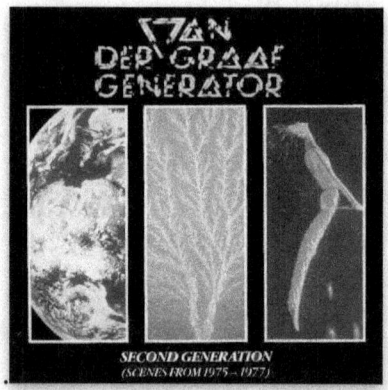

Virgin lanza en 1993, dentro de su serie recopilatoria en cd, Virgin Universal, el más interesante **I Prophesy Disaster**, con diez temas en los cuales sobresalen 'Afterwards' y 'Necromancer' de Aerosol Grey Machine (que recordemos que hasta abril de 1995 no había sido editado en disco compacto), la versión de 'Refugees' del single, su cara 'B' 'The Boat Of A Million Of Years', 'W' (la cara 'B' de 'Theme One') y la versión en estudio de 'Ship Of Fools'.

Finalmente en el año 2000 Emi-Virgin sorprende con el cofre de cuatro cds "The Box", un recopilatorio exhaustivo con material inédito, rarezas y sonido remasterizado.

THE BOX - 2000   *THE BOX - back text*

CD 1: 'People You Were Going To'(BBC 1968), 'Afterwards'(BBC 1968), 'Necromancer'(BBC 1968), 'Refugees'(BBC 1971), 'Darkness (11/11)'(BBC 1970), 'After the Flood'(BBC 1970), 'White Hammer', 'House with no Door', 'Killer'(Hammill/Banton/Smith), 'Lost'

CD 2: 'Theme One'(George Martin), 'W', 'A Plague of Lighthouse-Keepers'(misc.Hammill/Banton/Jackson/Evans), '(In the) Black Room/The Tower', 'Lemmings' (en directo 1975), 'Man-Erg' (live 1975)

CD 3: 'La Rossa', 'Arrow'(Edit), 'Still Life', 'My Room' (Edit), 'Sleepwalkers', 'Pilgrims'(Hammill/Jackson), 'Childlike Faith', 'Scorched Earth'(Hammill/Jackson) (en directo 1975).

CD 4: 'Masks', 'Meurglys III' (Edit), 'When she comes', 'Wondering'(Hammill/Banton), 'The Wave', 'Cat's Eye/Yellow Fever'(Hammill/G.Smith) (BBC 1977), 'Chemical World', 'Door' (versión inédita de estudio), 'Sci-finance', 'The Sphinx in the face' (BBC 1977).

Todos los temas escritos por Peter Hammill salvo los indicados.

Un completo recorrido por la historia de la banda, desde el cuarteto con Keith Ellis hasta la formación de Vital. Compila lo más representativo de la producción de Van Der Graaf Generator, con un sonido remasterizado y la inclusión de interesantes versiones inéditas grabadas para la BBC, un par de tomas en directo, caras B de singles y un par de rarezas.

AN INTRODUCTION - 2000

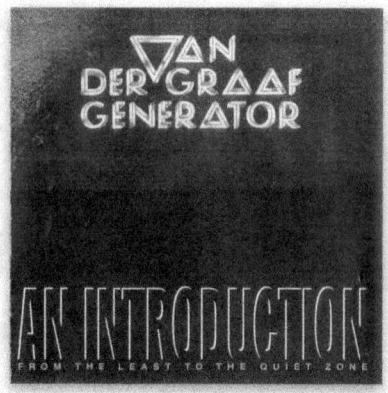

Temas: 'Darkness', 'Refugees', 'Killer', 'Theme 1', 'Man-Erg', 'Sleepwalkers', 'Still Life', 'When She Comes', 'The Sphinx in the Face'

Aprovechando la edición de The Box, se edita una especie de sampler del mismo en un solo volumen.

TIME VAULTS - 1992

Temas: 'The Liquidator', 'Rift Valley' (Hammill/Jackson/Evans). 'Tarzan' (Hammill/Jackson/Evans/Banton), 'Coil Night" (Jackson). 'Time Vaults', 'Drift (I hope it won't)' (Banton), 'Roncevaux', 'It All Went Up', 'Faint And Forsaken', 'Blackroom'

Producido por Peter Hammill. Todos los temas escritos por Peter Hammill salvo los indicados.

En 1992 el sello independiente inglés Magnum Music editó en CD esta verdadera joya para fanáticos, una " 'anti-compilación' para aquellos que son viejos aficionados a VDGG!" como escribió el propio Hammill en el texto del libreto interno.

Se trata nada menos que de demos, ensayos y temas sin terminar compuestos en el período 'perdido' de la banda, la época post Pawn Hearts y pre Godbluff (1972-'75). Un material para expertos o completistas furiosos.

(En 1973 Banton, Jackson, Potter y Evans se unieron para grabar un disco en forma independiente financiado por amigos y fans de Van der Graaf Generator. Se titula The Long Hello y fue reeditado en una edición limitada en CD en 1993 por el sello de Nic Potter Zomart Records. Fue producido por Guy Evans.)

Temas: 'Darkness', 'Man-Erg', 'Scorched Earth' (Hammill/Jackson), 'Sleepwalkers', 'Still Life', 'La Rossa', 'When She Comes', 'Masks'

Tracks 1 y 2 producidos por John Muir para "Sounds of the Seventies", tracks 3 al 8 producidos por Tony Wilson para el "John Peel Show"

Todos los temas escritos por Peter Hammill salvo el indicado.

Nada menos que la edición oficial (circularon durante años en "bootlegs") de las grabaciones en vivo del Van Der Graaf Generator clásico para la BBC de Londres. Los tracks 1 y 2 fueron grabados el 6/10/71, los tracks 3 y 4 el 7/3/75 los 5 y 6 el 4/1/76 y 7 y 8 el 11/11/76.

Disco 1

1. People You Were Going To (Top Gear Session / 1968)
2. Afterwards (Top Gear Session / 1968)
3. Necromancer (Top Gear Session / 1968)
4. Darkness (Top Gear Session / 1970)
5. After The Flood (Top Gear Session / 1970)
6. Manerg (Sounds Of The 70s Session / 1971)
7. Theme One (Sounds Of The 70s Session / 1971)
8. Vision (Sounds Of The 70s Session / 1971)
9. Darkness (Sounds Of The 70s Session / 1971)
10. Manerg (John Peel Concert, BBC Radio 1/1971)
11 W (John Peel Concert, BBC Radio 1/1971)
12. Killer (John Peel Concert, BBC Radio 1/1971)

Disco 2

1. Refugees (John Peel Session / 1971)
2. Scorched Earth (John Peel Session / 1975)
3. Sleepwalkers (John Peel Session / 1975)
4. Still Life (John Peel Session / 1976)
5. La Rossa (John Peel Session / 1976)
6. When She Comes (John Peel Session / 1976)
7. Masks (John Peel Session / 1976)
8. Cat's Eye / Yellow Fever (John Peel Session / 1977)
9. The Sphinx In The Face (John Peel Session / 1977)

10. (Fragments Of) A Plague Of Lighthouse Keepers / Sleepwalkers (John Peel Session / 1977)

Finalmente en el año 2015 se edita este doble cd con todas las canciones de VDGG en la BBC que deja obsoleto el anterior e incompleto 'Maida Vale'.

Sin comentarios, imprescindible!

Versión americana de H To He Who am the Only One

Portada de la edición Americana de The Least We Can Do Is Wave To Each Other

Contraportada de la edición Americana de The Least We Can Do Is Wave To Each Other

La contracara con las letras

Anuncio de la aparición de Present en Marzo del 2005

Peter Hammill

FOOLS MATE - 1971

Temas: 'Imperial Zeppelin' (Hammill/C.J. Smith), 'Candle', 'Happy', 'Solitude', 'Vision', 'Reawakening', 'Sunshine', 'Child', 'Summer Song (In The Autumn)', 'Viking' (Hammill/C.J. Smith), 'The Birds', 'I Once Write Some Poems'

Producido por John Anthony. Todos los temas escritos por Peter Hammill salvo los indicados.

Unos pocos meses antes de grabar junto a Van Der Graaf Generator el impresionante y complicado Pawn Hearts, Hammill se dedica a la tarea de darle forma a su primer trabajo como solista grabando -en una suerte de exorcismo de su material mas pop y antiguo- una serie de temas que hasta ese momento no habían tendido cabida en el esquema de la banda (aunque intentaron grabar un par de ellos Así es como encontramos que la gran mayoría de las canciones elegidas datan de 1967 (únicamente 'Child' fue compuesta en el `71), e inclusive incorpora uno de sus primeras composiciones, 'Candle', escrita en Derby en 1966.

Un disco delicado y amable, casi naif, apartado del caos sonoro de las composiciones de Van Der Graaf Generator, en donde sin embargo colaboran todos sus compañeros (Banton, Evans, Jackson y Potter) mas Martin Pottinger en batería, Rod Clements en bajo y violín, Ray Jackson en arpa y mandolina (estos dos últimos integrantes de Lindisfarne), Robert Fripp en guitarra eléctrica y hasta el ilustrador Paul Whitehead (responsable de varias portadas de los primeros discos de Genesis y de los discos H To He y Pawn Hearts de Van Der Graaf Generator) con percusión en el tema 'Viking'.

Un clima entre distendido y nostálgico, y la aparición de su primera gran canción de amor, el ya clásico 'Vision'.

Fue grabado los días 20/21/27/28 de abril de 1971 en los Trident Studios de Londres.

(La reedición remasterizada del 2005 trae como bonus tracks las versiones que Van Der Graaf Generator grabara como demos en Enero del '71 de 'Reawakening', 'Summer Song (In The Autumn)', 'The Birds', 'Sunshine' y 'Happy'.)

CHAMELEON IN THE SHADOW OF THE NIGHT - 1973

Temas: 'German Overalls', 'Slender Threads', 'Rock And Role', 'In The End', 'What's It Worth', 'Easy To Slip Away', 'Dropping The Torch', '(In The) Black Room'

Producido por John Anthony. Todos los temas escritos por Peter Hammill.

En su segundo disco Hammill ya va construyendo su propia identidad como solista. A pesar de contar nuevamente con la ayuda de sus compañeros de banda (algo que, de una forma u otra continuará hasta el presente) será un disco en el que se apoyará principalmente en la guitarra acústica y algo de piano. La excepciones serán los dos temas donde es acompañado por todo Van Der Graaf Generator: el crudo 'Rock And Role' y el lisérgicamente épico '(In) The Black Room' (que en realidad era un tema escrito para la banda, que esta tocaba en directo antes de separarse e iba a formar parte del disco posterior a Pawn Hearts. Su inclusión en el set list del recital de reunión del 2005 en el Royal Festival Hall legitimiza su pertenencia grupal).

Las letras brindan un enfoque más personal y directo que las de Van Der Graaf Generator, hablando más sobre si mismo en primera persona, sobre temas y situaciones concretas ('Easy To Slip Away' será como una segunda parte de 'Refugees' donde vuelven a aparecer sus amigos Mike y Susie, y en 'German Overalls' (que tiene un correlato directo con la 'Carta a Audi') hablará sobre la angustia de la vida en las giras, nombrando inclusive a Hugh y David, donde "...solo el Tequila puede terminar el aburrimiento"). En otros, como 'Dropping The Torch' donde estamos "...sin posibilidad de escape, enterrados vivos en la seguridad y decadencia", "El enemigo para cada uno es cada uno, adentro." y "... la vida se hace más solitaria y menos real", retomará el gran tema de su lírica: el cuestionamiento existencial.

Un disco, a diferencia del anterior, mucho más sombrío e introspectivo, que anticipa lo que vendrá.

THE SILENT CORNER AND THE EMPTY STAGE - 1974

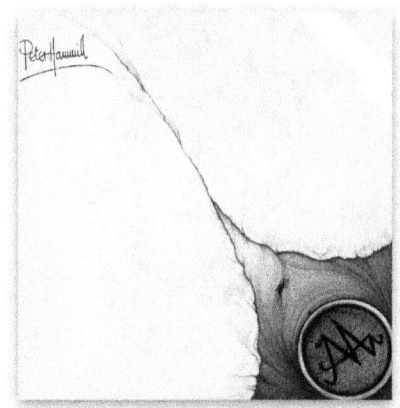

Temas: 'Modern', 'Wilhelmina', 'The Lie (Bernini's St.Theresa)', 'Forsaken Gardens', 'Red Shift', 'Rubicon', 'A Louse Is Not A Home'

Producido por John Anthony y Peter Hammill. Todos los temas escritos por Peter Hammill.

Y llegamos a un trabajo verdaderamente impresionante, uno de esos discos fundamentales que sólo se encuentran muy de tanto en tanto. Su sola existencia ya hubiera erigido la figura de Hammill en el parnaso de los más grandes.

Duro, amargo y majestuoso, todo en él está cargado de un clima oscuro y opresivo como los fantasmas que habitan nuestro interior. The Silent Corner An The Empty Stage es el gran responsable, más que cualquier otro trabajo previo, de la fama de pesimista y hermético que ha rodeado a Hammill por años.

Musicalmente es la culminación de todo lo que venía haciendo hasta el momento, de la forma más estridente, cruda y eléctrica posible; lo acompañan sus compañeros de siempre (Banton, Jackson y Evans) más el agregado del guitarrista Randy California (del grupo de culto americano Spirit) en el espacial 'Red Shift'.

Los siete temas que lo conforman son todas gemas sin desperdicio; cada uno expondrá sus obsesiones básicas en forma clara y contundente. En el sobre interno del disco Hammill anotaría una pequeña guía temática al lado del nombre de cada canción, que vale la pena transcribir:

'Modern'…..(ciudades)
'Wilhelmina' …..(niños)
'The Lie (Bernini's St.Theresa)'…..(religión/sexo)
'Forsaken Gardens'…..(pérdida + esperanza)
'Red Shift'…..(alienación científica)
'Rubicon'….. (elección)
'A Louse Is Not A Home'…..(búsqueda …yo)

En un disco de tanta calidad compositiva general es difícil de señalar un tema que sobresalgo sobre otro, pero sin dudas el último tema, el extenso e intenso 'A Louse Is Not A Home', es una verdadera obra maestra. Es su disco más cercano al universo 'sinfónico/ progresivo' de la época (mucho más oscuro y profundo que la mayoría, y sin perder un ápice de su originalidad), y el más 'Vandergraffiano' de todos sus trabajos solistas.

Un detalle a tener en cuenta es la coproducción de Hammill junto a John Anthony; será su primer trabajo de producción (a partir de éste disco estará permanentemente a cargo) y el último de Anthony (tanto para Hammill como para Van Der Graaf Generator).

A excepción de 'Red Shift', que fuera grabado en los Island Studios en abril de 1973, el álbum fue grabado en los estudios Sofa Sound de Sussex y los ya conocidos Rockfield Studios de Monmouthshire entre septiembre y octubre del '73. Todo fue mezclado en los Trident Studios de Londres en octubre de ese mismo año.

Temas: 'Ferret And Featherbird', '(No More) The Submariner', 'Tape-worm', 'Again'. 'Faint-Heart And The Sermon', 'The Comet, The Course, The Tail', 'Gog/Magog (In Bromine Chambers)'

Producido por Peter Hammill. Todos los temas escritos por Peter Hammill.

Otra joya de amplia variedad estilística, Hammill sigue combinando melancólicas canciones de (des)amor ('Again', y el viejo 'Ferret and Featherbird') con amargas pero (musicalmente) poderosas reflexiones sobre la madurez (el nostálgico ('(No More) The Submariner') y el libre albedrío (el poderoso 'Tapeworm'), destacándose una nueva joya: 'The Comet, The Course, The Tail' ('El Cometa, El Curso, La Cola'), que dice: "¿Cómo puedo saber que la ruta marcada hacia el infierno no lleva hasta el cielo?...En el matadero todos los cadáveres huelen igual, sean reinas, peones o inocentes en el juego...". El disco termina con el experimental (y por momentos aterrador; no es recomendable para escuchar estando solo de noche) 'Gog/Magog (In Bromine Chambers)', pieza de música concreta que es una mezcla de sónico descenso a los infiernos con mal viaje de ácido.

Colaboran Guy Evans, Judge Smith y el ilustrador Paul Whitehead. El disco está dedicado a su hermano Andrew, que durante la grabación del mismo se encontraba en coma después de haber sufrido un accidente.

Grabado en Sofa Sound, Worth, Sussex, entre Diciembre y Abril de 1974. Mezclado en los Trident Studios de Londres en Abril de 1974.

A continuación lo que escribiera el propio PH en su sitio web SOFA SOUND sobre el álbum:

1973. Una época de cambio, como siempre, como nunca antes. Se habían grabado dos álbumes posteriores a VDGG Mk I, "Chameleon" y "The Silent Corner"; ambos contenían elementos de la interpretación de la banda y los primeros esfuerzos de grabación en solitario. Se habían realizado giras, tanto en solitario como en banda. Es hora de marcar otro plano ... es hora de tomarse en serio la grabación en solitario. En ese momento, Sofa Sound, como unidad de grabación doméstica, estaba completamente establecido en una habitación libre en la cabaña de Worth. Esta fue, al menos en parte, la "Cámara" a la que se refiere el título. La máquina de grabación seguía siendo de 4 pistas, pero creo que en ese momento podría haber tenido algo más de una mesa de mezcla / grabación, y posiblemente algunos mejores micrófonos y cosas externas. Sin embargo, todo era todavía bastante primitivo. De todos modos, incluso al principio parecía que este iba a tener que ser un proyecto con el que me ocuparía yo solo ... y que este sería un plan concreto para el futuro. En este punto parecía inconcebible que hubiera alguna actividad futura de VDGG y entonces ... esta iba a ser mi carrera. Se puede decir cómo en el caso estaba al respecto a partir de las notas de la canción siguiente ...

Estaba acostumbrado a grabar en solitario en esta etapa y sin vergüenza por cualquier restricción potencial. Me pareció que la forma debería y podría abarcar todo, desde simples melodías de guitarra hasta puro ruido. ¡Obviamente todavía lo mantengo! La grabación "casera" en ese momento no permitía el lujo de un tiempo u opciones ilimitados. Tampoco hay pista de clic, por lo que a veces la longitud de las barras se vuelve bastante abstracta. Ya había decidido que varias cosas, incluida, en su mayor parte, la voz principal, serían sobregrabadas en la etapa de procedimiento de Trident. Muy, muy abierto. Además, entré a las sesiones con solo dos canciones en estado final: "Ferret & Featherbrid" (escrita en 1969) y "Tapeworm" (1971). El resto me llegó junto con la grabación; otro plan para la metodología futura. Cuando llegué a Trident, hubo una cierta cantidad de incredulidad sobre lo que estaba intentando y un flujo de ingenieros vino para ver al lunático con una sobregrabación (doméstica) de 4 pistas en 24 pistas usando el estado de entonces del -art sintetizador ARP. En ese momento, los sintetizadores eran monofónicos, por lo que se tenía que tocar cada línea de armonía, en lugar de ser un simple cambio de parche. Los sintetizadores y las voces se hicieron muy rápido ... pero supongo que sabía lo que estaba haciendo. Tendría mucha más inquietud por intentar el mismo tipo de cosas hoy ... una cierta audacia estaba involucrada. Y hoy, por supuesto, todos traen el trabajo que han hecho "en casa" para pulir y pulir listo para su lanzamiento. Hay muchos errores, imprecisiones, casi pero no todos en estas grabaciones. Esto era, supongo, siempre inevitable en vista de lo que estaba intentando. Lo pondría como uno de esos que son una curva de aprendizaje en lugar de un producto terminado, al menos en un sentido sonoro. No lo digo como excusa ni como admisión. Creo que siempre he sido bastante claro acerca de aprender en público. De todos modos, no tengo ningún problema con las partes brutales ... solo que las hermosas podrían ser un poco más dulces. No puedes tenerlo todo. ¡Pero mira esa COMPRESIÓN en las guitarras y el bajo! No muy correcto pero muy divertido …

La batería de Guy se superpuso en Trident, aunque no recuerdo en qué habitación. Posiblemente no sea el área principal del estudio, pero en algún lugar más fuera de lo común. De todos modos, tenía un trabajo increíble, en vista de mi enfoque un tanto líquido del tiempo ... en ese momento. David Hentschel también hizo un trabajo fantástico programando el ARP. Siempre fue una especie de bestia inestable; pero satisfizo completamente mis deseos auditivos algo imprecisos. Casi todas las voces se realizaron en una pequeña sala de sobregrabación en la suite de mezclas Trident. Allí no hay tiempo para la preciosidad. Todo esto estaba en la tierra de abofetearlo e imprimirlo. ¿La tapa? Algunos pensaron que era un poco Gary Glitter en ese momento; ciertamente no parece tener mucho que ver con lo que hay dentro, aparte de mostrar mi taza de vez en cuando. Sin embargo, usé la capa, generalmente mientras me apresuraba por el aeropuerto de Gatwick a las tres de la mañana después de haber sido dejado en Victoria después de un espectáculo en el norte. En cualquier caso, creo que mi sensación de la época fue simplemente "mira, aquí estoy, esto es esto...". Las tomas internas (no visibles de ninguna forma en el - ridículamente simplista lanzamiento del CD Virgin) fueron tomadas por Gordian - ¡en las sesiones de Aerosol Gray Machine! En cualquier caso, todo esto es algo por cierto. Lo más importante, personalmente, de estas grabaciones es que poco después de que comencé el final de Sofa Sound, mi hermano se cayó de la bicicleta en Brighton y estuvo en coma durante el resto de la grabación y la mezcla. No había nada que hacer más que seguir adelante con lo que había que hacer. En lo mejor de mi memoria, lo consideraba mi responsabilidad, mi esfuerzo por curarlo, hacer el mejor trabajo que pudiera ... en la habitación, en secreto, en privado. Es por eso que, solo en todo el trabajo, llegó este disco con una dedicatoria, a mi hermano.

Entonces, las canciones:

"Ferret and Featherbird" fue, si mal no recuerdo, algo así como un participante tardío en las listas. Sentí que se necesitaba algo parecido a una canción "dulce" para equilibrar las otras cosas. Por supuesto, originalmente se había grabado para "Aerosol Grey Machine". Ojalá supiera dónde desapareció mi viejo acero de regazo….

"No More (el sub-Mariner)" y "Faint-Heart" están unidos en su tema (hasta cierto punto ... reflexiones sobre el yo pasado / fe / identidad, etc.) y en su uso completo de sobregrabaciones de sintetizadores. Debo haber sabido que algo como estas versiones surgirían de una avalancha intensiva de sobregrabaciones en Trident, pero definitivamente estaba empujando un poco los límites aquí.

"Tapeworm" es evidentemente la canción más convencional aquí y no habría parecido fuera de lugar si la hubiera hecho (en un estilo "Rock & Role", tal vez) uno de los grupos de los dos álbumes anteriores.

"Again" y "The Comet" han sido mis temas en vivo durante años desde estas grabaciones. Supongo que eso significa que tienen una fuerza evidente como canciones puras. Aquí, ambos fueron abordados de manera algo arquitectónica. "The Comet", en particular, fue concebido como una especie de cuarteto de guitarras (todas ellas, por supuesto, tocadas por ellos mismos): bajo, acústica, eléctrica, de 12 cuerdas.

"Gog" fue el punto culminante de la grabación de mi Harmonium y fue una de las melodías con las que me agradó. Muchos de los otros aparecieron, finalmente, en "Usher". También, por supuesto, se incluyó en el panteón de temas VDGG en vivo. ¿Quizás en el curso de hacer esto me liberé de las cadenas que aún me quedaban de no ser realmente músico? Esto es algo salvaje, arremolinado, al borde del control. Todavía lo amo.

Y luego "Magog". Metí a Paul y Judge en el baño y les di pistas preparadas y no tan preparadas. Dos pasadas de cinta, creo ... y luego mucho trabajo. No me pareció tan extraño pegar material concreto como este junto con, digamos, "Ferret". Las reglas son las mismas: tensión y liberación. Uso de accidente, capturado en cinta. El sonido de "sproing" (a falta de un término mejor) que se produce al final (y es la liberación de la tensión) fue, por ejemplo, un efecto de una sola vez al presionar el botón del compresor de graves. Como si necesitaras saber eso. Tales accidentes están esparcidos por todas estas grabaciones y creo que contribuyen tanto a su encanto como a su amenaza de otro mundo. Ya no los hacen así. En realidad, no lo hicieron en ese momento. Entonces, eras un artista concreto serio, o un cantautor sensible, o un rockero total, o un Progmeister, o lo que sea. No eras tú Como ahora ... ¿no es así? ¡Métete en tu jaula o caja! Rogué, lo suplico, diferir. Es justo decir que aquí comenzó una especie de futuro para mí. Futuro, interrumpido. En la sala de mezclas recibí una llamada que me ofrecía un par de programas de apoyo (en solitario) para Genesis en Canadá. Había estado bien lejos de toda esa banda, cosas de los grandes escenarios por un tiempo. Sabrás lo que pasó después ..."

Temas: 'Nadir's Big Chance', 'The Institute Of Mental Health, Burning' (Hammill/C.J. Smith), 'Open Your Eyes', 'Nobody's Business', 'Been Alone So Long' (C. J. Smith), 'Pompeii', 'Shingle', 'Airport', 'People You Were Going To', 'Birthday Special', 'Two Or Three Spectres'.

Producido por Peter Hammill. Todos los temas escritos por Peter Hammill salvo los indicados.

Un disco seminal para la gestación de uno de los fenómenos más importantes de la historia del rock: el movimiento Punk. A fines de 1974 (anticipándose dos años a la movida) Hammill creará una obra que sedimentará las bases musicales de la nueva renovación que comenzaba a formarse.

En un libro que escribí en 1991 sobre la historia del Punk (1977: La Revolución Punk) citaba lo siguiente: "(...) En 1975 Hammill editó su quinto álbum como solista, Nadir's Big Chance, que tuvo poco que ver con lo hecho anteriormente. Disco realmente profético, con un sonido más ortodoxamente rockero que confundió a la crítica del momento y a muchos de sus seguidores, en él Hammill adopta la personalidad de un rocker adolescente llamado Rikki Nadir (¿paródica similitud al Ziggy Stardust de Bowie?), ofreciendo una crítica lúcida y cínica sobre el negocio del rock, su entorno, su estancamiento musical (sinfonismo acartonado, Glam superficial y Hard hueco) y hasta una posible salida. La letra del tema que da título al álbum habla por sí sola:

LA GRAN OPORTUNIDAD DE NADIR

Estuve dando vueltas, esperando mi oportunidad para deciros lo que pienso de la música que fracasó aquella con la que ustedes bailaban como locos francamente, saben que apesta.

Voy a chillar, voy a gritar, voy a tocar mi guitarra hasta que vuestros cuerpos estén rígidos y vean las estrellas.

Mira a todos los idiotas con sus brillantes trajes de lentejuelas,

mariconeando por ahí;

mira a los inútiles con sus botas de cuero con plataformas,

haciéndolo con el sonido Heavy...

Voy a patear el polvo de estrellas y gritar hasta enfermar, si la guitarra no los atrapa, la batería lo hará.

Ahora es mi gran comienzo -dejen que suba al escenario,

les voy a enseñar de qué trata todo; basta de engaños.¡Pateen con furia, volteen las paredes y salgamos!

Somos algo más que simples imbéciles, perpetuamente engañados, así que vengan todos, aplasten al sistema con la canción.

¡Aplasten al sistema con la canción!

Recién revalorizado años después de su aparición, Nadir's Big Chance profetizó, en letra y música, la revolución que dos años después intentaría 'aplastar al sistema' con sus canciones convirtiéndose así en uno de los más importantes eslabones perdidos del surgimiento del Punk."

El propio Hammill, en un texto incluído en el sobre interno del disco, va a darle nombre a la cosa cuando nombra a las 'beefy punk songs' ('musculosas canciones punk') que son parte de la música de su adolescente alter-ego:

"La cosa es así: estaba sentado en la sala de espera cuando gradualmente fui tomando conciencia de que no estaba solo -o que al menos no era un ser singular. De cualquier manera esto duró sólo un momento, y luego mi alterego, Nadir, me tomó, entonces fui ambos, él en cuerpo y yo en observación.

Luz, un curioso e inconexo silencio, algunos momentos de desorientante neodesmaterialización. Una Stratocaster azul hielo girando a través del espacio; Nadir estrellándose a través de distorsionadas maravillas de tres tonos.

La anárquica presencia de Nadir -este ruidoso, agresivo, perpetuo chico de 16 años- estaba temporariamente en completo dominio, y no pude mas que someterme con placer y tocar su música; las musculosas canciones punk, las llorosas baladas, los contoneos Soul.

Este álbum es, más o menos, lo que él toca y lo que él es; ¿cómo podría negarle su simple decir?

Después de todo, con el estado en que está el mundo siempre habrá lugar para otro Nadir."

El tema homónimo de apertura fue compuesto por Hammill a los 16 años (la supuesta edad de Rikki), su primer rock de tres tonos, aunque la letra vendría más tarde. Es posible escuchar en la vocalización de temas marchosos como 'Nobody's Business' el futuro estilo de Johnny Rotten (Lydon), el cantante de los Sex Pistols, confeso admirador de Hammill y Van Der Graaf Generator.

Pero no todo es rock & roll, 'Shingle' o el excelente tema de C. J. Smith, 'Been Alone So Long', son ejemplos del lado gentil del álbum.

Otra circunstancia histórica fue la virtual reunión deVan Der Graaf Generator para la grabación del disco; no fue una colaboración aislada de alguno de los músicos en uno o dos temas, sino el trabajo compacto de todos (Banton/Jackson/Evans y Hammill) en todo el disco. De allí surgió la idea de volver a la carga, después de tres años de separación como grupo.

Al respecto diría el propio Hammill en una entrevista al diario El Clarín de la Argentina, en Junio de 1993:

"(...) Nadir fue un manifiesto contra el estancamiento, pero para nosotros fue también un ejercicio porque primero tocamos juntos ahí y luego reformamos el grupo, y aunque no seguimos esa dirección, obviamente cualquier cosa que haces informa lo que haces a continuación, así que había cierta conexión entre Nadir y lo que hizo Van Der Graaf Generator en su segundo período, quizás más en lo que no hicimos que en lo que hicimos. Porque obviamente había cierta expectativa para que hiciéramos 'el hijo de Pawn Hearts', o 'Pawn Hearts Volumen II', y esperar que volviéramos a hacer el pasado en el presente, así que cuando nos reformamos decidimos que lo que haríamos no sería para nada como Pawn Hearts, y aún en términos de tocar en vivo tampoco haríamos las viejas canciones, porque tienes que cambiar, tienes que moverte hacia adelante."

Como detalle hay que resaltar la reelaboración del tema 'People You Were Going To', la cara A del primerísimo simple deVan Der Graaf Generator en 1968.

Fue grabado entre el 1 y el 4 de diciembre de 1974 en los Rockfield Studios y mezclado en Trident, Londres, entre el 10 y el 13 del mismo mes.

Temas: 'Crying Wolf', 'Autumn', 'Time Heals', 'Alice (Letting Go)', 'This Side Of The Looking Glass', 'Betrayed', '(On Tuesdays She Used To Do) Yoga', 'Lost And Found'

Producido por Peter Hammill. Todos los temas escritos por Peter Hammill.

Una obra maestra salida desde las propias entrañas de Peter Hammill. Compuesta por ocho temas que giran sobre una misma historia, el abandono de una mujer que se marcha con un ¿amigo? (un tema casi tanguero). La cuestión es que aquí no se trata de una situación figurada sino un doloroso hecho real de la vida privada deHammill, quien volcará en este disco toda la amargura y tristeza de su alma en forma catártica. Estamos frente a un trabajo casi sin precedentes dentro de la historia del rock, no porque nadie haya escrito canciones con esa temática (hasta Phil Collins escribió varias de las canciones de sus primeros dos discos solistas después de haber pasado por una experiencia semejante, con otro resultado, por supuesto) sino por la profundidad de la obra y el excelente (aunque esto suene un poco frío dado el sufrimiento que le dio origen) resultado artístico de la misma.

Según Hammill: "Tenía que hacer ese álbum, mi mujer me había abandonado después de diez años y yo estaba destruido. Sin Over no podría haberme recompuesto y seguido adelante. Todas las canciones eran la tentativa extrema de exorcizar el pasado, en él volqué todo lo que me había pasado. Lo más duro fue la composición ya que en el momento de grabarlo la experiencia de alguna manera ya había terminado, así como la relación. Cuando fui a grabar pensé que esa era una experiencia por la que la mayoría de la gente atraviesa, y sin embargo no conocía demasiadas presentaciones de eso en un álbum. Por supuesto que hay tristes canciones de amor, pero usualmente son de auto-indulgencia, o simplemente de pérdida, y no todo el extraño rango de sentimientos que la mayor parte de la gente a menudo siente en ese tipo de crisis."

El título Over -que significa 'Terminado' y tambien 'por encima'- juega con el estado de ánimo al componer las canciones y el fin de la experiencia dolorosa al grabarlas, abre con 'Crying Wolf' ('Lobo Llorando') un rock a la Hammill de feroz autocrítica: "...pensaste que eras un hombre-lobo / pero realmente eres tan solo una oveja.", al cual sigue 'Autumn' ('Otoño', donde por primera vez aparece el violinista Graham Smithjunto a Hammill) la única historia que parece no tener un contacto directo con el resto y 'Time Heals' ('El Tiempo Cura') donde la letra ya entra de lleno en su conflicto amoroso ("El tiempo cura, el tiempo cura / oh, pero aún cargo con las heridas."), para llegar a 'Alice' ('Alicia', sin ocultamientos, el verdadero nombre de la mujer en cuestión), Hammill a solas con su guitarra acústica cantándole, sin metáforas, a la que se fue, exponiendo culpas (de ambos lados) y pesares en una forma tan íntima que el oyente se siente un intruso: "Pasamos siete años juntos a nuestra propia manera, no puedo creer que esta historia termine hoy así...". (Ni bien terminó de grabar la parte vocal de este tema -en los Foel estudios de Dave Anderson- un espectacular rayo cayó a unos metros de donde estaba Hammill, dejando un círculo negro de hierba quemada en el suelo y luego otro ingresó por la puerta abierta del estudio, haciendo saltar por los aires las consolas del mismo.)

'This Side Of The Looking-Glass' ('De Este Lado Del Espejo', guiño al 'Alicia a través del Espejo' de Lewis Carroll), donde, acompañado por una orquesta, Hammill nos canta una dulce canción de tristeza infinita, atípica en su explícito romanticismo, que no hubiera desentonado en una película de los años cuarenta compuesta por Gershwin: "Las estrellas en sus constelaciones, / cada una tristemente vacila y cae... / sin tí ellas no significan nada."

'Betrayed' ('Traicionado') es tan contundentemente clara como su título, una canción de ira y angustia, con Hammill acompañado otra vez por Graham Smith y descargando toda su bilis: "Amigos - todos ocultando cuchillos para clavártelos en la espalda...".

Con '(On Tuesday's She Used To Do) Yoga' ('(Los Martes Ella Acostumbraba Hacer) Yoga') balancea todo con otra implacable autocrítica cotidiana, para llegar al redentor final de 'Lost And Found' ('Perdido y Encontrado'): "Soy libre al fin / Estoy enamorado al fin / Estoy perdido y encontrado", donde un solo de guitarra eléctrica salido de sus entrañas parece exorcizar definitivamente los fantasmas del pasado.

Sin ser tan barroco como The Silent Corner..., tan acústico como Chameleon..., crudo como Nadir's... o tener experimentos avant-garde como In Camera, Over combina todos los elementos de la música de Hammill dando como resultado el trabajo más integral de su carrera.

Acompañan nuevamente a Hammill, además del citado Smith, Guy Evans y Nic Potter en cuatro temas; la conducción y arreglos orquestales corrieron por cuenta de Michael Brand.

El disco (que en un comienzo iba a llamarse Over My Shoulders -Sobre Mis Hombros- incluso llegó a prensarse con ese título en Francia), fue grabado en los Foel Studios, en Gales, entre el 27 de junio y el 4 de julio de 1976, mientras que la mezcla final y las grabaciones orquestales se realizaron en los Rockfield Studios, entre el 5 y el 14 de julio del mismo año.

THE FUTURE NOW- 1978

Temas: 'Pushing Thirty', 'The Second Hand', 'Trappings', 'The Mouse-trap (Caught In)', 'Energy Vampires', 'If I Could', 'The Future Now', 'Still In The Dark', 'Mediaevil', 'A Motor-Bike In Africa', 'The Cut', 'Palinurus (Castaway)'

Producido por Peter Hammill. Todos los temas escritos por Peter Hammill. Grabado en Sofa Sound, Surrey, del 18 de Marzo al 26 de Abril de 1978, y mezclado en Rockfield, Monmouth, entre el 27 de Abril y el 3 de Mayo de 1978.

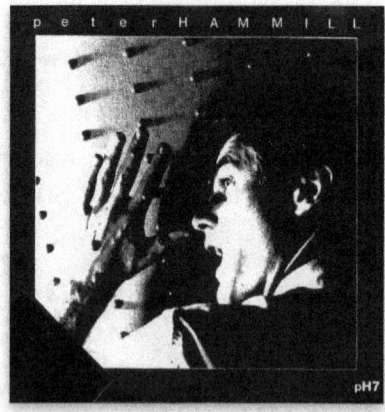

Temas: 'My Favourite', 'Careering', 'Porton Down', 'Mirror Images', 'Handicap and Equality', 'Not For Keith', 'The Old School Tie', 'Time For A Change' (C. J. Smith), 'Imperial Walls' (Anónimo Sajón del siglo VIII/Hammill), 'Mr. X (Get Tense)', 'Faculty X'.

Producido por Peter Hammill. Todos los temas escritos por Peter Hammill salvo los indicados. Grabado en Sofa Sound, Wiltshire, y mezclado en Rockfield, Monmouth, durante la primavera de 1979.

A BLACK BOX - 1980

Temas: 'Golden Promises', 'Losing Faith In Words', 'The Jargon King', 'Fogwalking', 'The Spirit', 'In Slow Time' (Hammill/Ferguson), 'The Wipe', 'Flight: Flying Blind / The White Cave Fandango / Control / Cockpit / Silk Worm Wings / Nothing Is Nothing / A Black Box'

Producido por Peter Hammill. Todos los temas escritos por Peter Hammill salvo el indicado. Grabado en Sofa Sound, Wiltshire, entre Noviembre de 1979 y Abril de 1980, y mezclado en Crescent Studios, Bath, entre el 6 y el 13 de Abril de 1980.

En 1978 (después de algo tan emocionalmente fuerte como Over y con Van Der Graaf agonizando) Hammill abre una etapa como solista, que durará hasta el final de la década, en la cual nos brinda una trilogía donde ahondará su búsqueda como músico y ampliará la temática de su lírica. Según el crítico español Paco B. Peiro (en la introducción al libro 'Canciones de Peter Hammill', Ed Fundamentos, España, 1989, páginas 6 y 7): "En Over, Hammill somete las premisas de sus cinco primeros discos a una operación de madurez y contención, convirtiendo las atmósferas expresionistas en fragmentos de adusto impresionismo. Con los tres siguientes discos, el autor apunta hacia sonidos menos crispantes. Sin dejar de lado el intimismo subyacente que protagonizan guitarra y piano, se aboca en una concienzuda labor de músico por encima de la de escritor de canciones; y si la experimentación ya estaba presente en toda su obra anterior, aquí evidencia y enriquece su discurso personal, llegando en 1980 a la edición de A Black Box, donde el tema 'Flight' emerge con esa modernidad casi obscena propia de los verdaderos clásicos."

Subrayé lo de 'sonidos menos crispantes' porque en ese punto disiento con la opinión de Peiro, ya que se hace evidente que justamente en estos discos es donde Hammill experimenta con sonidos y efectos ('Fuzz', acoples y saturación) que unos años más tarde formarían parte del Noise. (¿Habrán escuchado los Jesus And Mary Chain el tema 'The Cut' de The Future Now?).

Sin dejar de lado nunca el formato de canción, salpicando cada uno de los discos con bellos exponentes ('If I Could' en The Future Now, 'My Favourite', 'Mirror Images' y 'Time For A Change' en pH7, y 'Losing Faith In Words' en A Black Box), lo que caracteriza a esta suerte de trilogía es el eclecticismo y la experimentación (inclusive coincidiendo hasta en el lugar físico, ya que los temas más arriesgados están ubicados en la parte final de los discos).

Si bien ocasionalmente cuenta con la ayuda de los 'conocidos de siempre' (la única novedad es en A Black Box donde cuenta con el aporte de David Ferguson en sintetizadores), Hammill ahondará más su trabajo como multi-instrumentista (llegando a tocar la batería en A Black Box) y diversificará la temática de sus canciones abordando contundentemente la crítica político-social en temas como 'Mediaevil', 'The Future Now' o 'Porton Down' (donde canta: "Ellos tienen bacterias para tirarnos donde estemos / Ellos tienen enfermedades aún deconocidas para el hombre", años antes del conocimiento masivo sobre el Sida).

Muy importante para el futuro será la vinculación musical, iniciada a partir de A Black Box, con el productor (Peter Gabriel IV) y músico David Lord.

A continuación lo que escribiera el propio PH en su sitio web SOFA SOUND sobre los álbumes The Future Now y pH7:

THE FUTURE NOW

"En los primeros días de enero de 1978, con el tren de Van der Graaf acercándose rápidamente a Crisis Junction, si no descarrilamiento, me mudé de Londres a una casa alquilada en Byfleet con la intención específica de grabar "The Future Now". Después del pequeño asunto de ensayar y grabar "Vital", seguido de una gira en solitario por Estados Unidos en febrero, finalmente pude comenzar a trabajar en esto a mediados de marzo. Tenía poco menos de dos meses disponibles para completar el álbum, ya que la próxima (y, como sucedió, la última) gira de VdG ya estaba reservada para comenzar el 12 de mayo. Para estas grabaciones había dado el salto al analógico de 8 pistas, usando una máquina ITAM que era básicamente una Revox "apilada". Era ruidoso y grueso pero bastante confiable. También obtuve algo más de una mesa de mezclas de la que tenía anteriormente, posiblemente un trabajo de Alice de 8 canales, pero mi memoria es confusa en este punto. Cosas muy mínimas, en cualquier caso. Mi piano de cola Gors & Kallman y mi armonio volvieron a vivir conmigo desde el almacenamiento y tenía mis guitarras y amplificadores, así como el sintetizador analógico monofónico (poco confiable por decir lo menos) que había sido hecho a medida por un amigo de Charles Dickie. . Además, tenía una caja de ritmos de Roland primitiva pero deliciosamente idiosincrásica, una Revox de baja velocidad y varias cajas de efectos. Esa fue la suma del equipo disponible. Evidentemente, al entrar en las grabaciones, mi planeta y yo estábamos en un tremendo estado de cambio. Los VdG estaban colgados de nuestras uñas y "Vital" realmente era esencial para nuestra supervivencia futura. Charisma no quería o no podía vernos grabando otro álbum de estudio como banda y mucho dependía de lo que surgiera de esta grabación en vivo. Yo, por otro lado, todavía estaba firmado como solista, aunque mi propia carrera futura con Charisma no era una certeza bañada en oro en este momento ...

A la luz de esto, quizás sea sorprendente que entré en este proyecto. con poco preparado. Que yo recuerde, sólo cinco o seis de las canciones fueron escritas antes de empezar; Confié en el destino y el trabajo duro para guiarme a través del descubrimiento del resto. Evidentemente, mi confianza no estaba en su punto más bajo en esta etapa, evidentemente. Van der Graaf todavía estaba en marcha y, esperábamos en ese momento, aún podría sobrevivir; pero había un enfoque diferente para esta grabación en solitario que para cualquier otra que había hecho mientras la banda existía. "Fool's Mate" y "Nadir" se habían compuesto de canciones "ligeras", o al menos cortas; "Over" fue evidentemente una declaración personal y emocional. Con "The Future Now" comencé a trazar una forma alternativa, en solitario, de trabajar que, si bien "seria", no se inclinaba ni hacía referencia al trabajo y estilo del grupo. Estaba parcialmente entusiasmado con los eventos del 77 en la música y había llegado a la conclusión de que, si bien sería palpablemente absurdo para mí intentar trabajar o presentarme como perteneciente al Punk o al New Wave, al menos apareció la oportunidad. estar allí para ampliar los límites de la canción pop, tanto en su contenido musical y lírico como en su composición. Es por esta razón que varias de las canciones aquí contenidas se mueven hacia temas "sociales"; sentí que era el momento adecuado para versiones no dogmáticas de cosas como estas ... También había aprendido lo suficiente sobre la grabación, Supongamos que, para finalmente ensayar el "algo diferente surgirá si sólo registro por mí mismo" el espíritu hasta su conclusión lógica. De ahí la creación de ruido crudo y concreto - previamente "separado" como en, por ejemplo, "Magog". Las limitaciones físicas de la grabación fueron algo graves. El sistema de calefacción central de la casa enviaba clics a la red eléctrica, así que tuve que apagarlo durante el tiempo que duraba la grabación y me envolví en muchas capas de ropa, con solo mis manos heladas extendidas en el frío, para pasar las cosas. La mayor parte del tiempo no vi a nadie más que a Cracky Jones, el ex-roadie de VDGG, que vivía al final de la calle, y los habitantes de los pubs locales, donde iba a escribir letras en los descansos para el almuerzo. Trabajé continuamente; esta era la única forma en que se iba a hacer.

En cuanto a las canciones ...

"Empujar los treinta" parece estar muy lejos ahora, por supuesto. Sin embargo, el sentimiento aún se mantiene. Honestamente, no sabía que todavía estaría haciendo esto a los cincuenta o más; pero "divertirse" sigue siendo un ingrediente importante de todo. "The Second Hand" surgió de la improvisación del bajo sobre la caja de ritmos antes mencionada; más cosas de tiempo. "Adornos" ... puedes completar cualquier superestrella que te guste aquí. Las limitaciones de la grabación de 8 pistas significaron que el B. Vox tenía que empezar muy pronto; esto fue útil en términos de dejar la canción comparativamente desnuda. Mi guitarra, o al menos mi confianza en ella, evidentemente se había beneficiado de las responsabilidades que recaían sobre mis hombros en VdG.

"The Mousetrap" fue una de las canciones que tenía cuando empecé. Ese sintetizador inestable está en primer plano en el arreglo. Ecos de la sobregrabación de sintetizadores en Trident en la era "In Camera", creo. Esto se convirtió en algo así como un elemento básico vivo en ese momento; evidentemente me refería tanto a un cantante como a un actor ...

"Energy Vampires" fue un término acuñado por Graham Smith, por lo que es apropiado que juegue con él. No es la última vez que la inspiración proviene de las repeticiones específicas del Revox; una sucesión de extravagantes ediciones de varias pistas (¡el placer de la hoja de afeitar!) redujo lo que había sido una larga improvisación inicial a esta forma de canción. Una palabra general sobre este. Sí, nos hemos encontrado con Energy Vampires a lo largo de los años; se sienten atraídos por la fuente de energía que rodea cualquier actividad, como la música ... el deporte es otra área donde la mente y la materia se dirigen de manera similar. Sin embargo, la mayoría de las personas ("fans" o lo que sea) NO son vehículos eléctricos. En general, he descubierto que conocer gente se lleva a cabo sobre una base comprensible, aunque difícil y a veces nerviosa.

"Si pudiera" se escribió casi al mismo tiempo que el material de "Zona tranquila". Sigo feliz con este arreglo escaso y particularmente con los BV. He tocado esta canción muchas, muchas veces y todavía parece encontrar una resonancia con ella.

"The Future Now" en sí mismo todavía suena, para mí, como nada más y este tipo de sonido, sin presumir de músicos y con contrastes improbables, era, creo, el tipo de cosa que había estado buscando para dirigirme desde el comienzo de mis grabaciones individuales.

"Still in the Dark" presenta una instancia muy temprana de la guitarra e-bow que se usa de manera orquestal junto con sintetizadores. en este sentido, es un modelo para gran parte de mi trabajo más reciente. En retrospectiva, creo que he subestimado esta canción; eso'

Las siguientes tres canciones, "Mediaevil", "A Motor-bike in Afrika" y "The Cut" son la tríada verdaderamente experimental aquí. Todos vinieron de pura confusión con cintas y sonidos, las canciones en sí mismas tenían que ser "encontradas" fuera del ruido reunido. Esta es una parte natural del proceso de composición de canciones, pero normalmente se trabaja con material más lógico. Después de hacer estos tres, me sentí realmente liberado en mi enfoque de la composición y la producción: "todo vale", cualquier cosa puede ser parte constitutiva de una canción, ha sido mi lema desde entonces. También sigo disfrutando trabajando con sonido y grabando como si todo fuera arcilla, como aquí. Cada decisión, cada edición, cada sobregrabación es una parte imposible de erradicar y uno no ve completamente hacia dónde va hasta que finalmente está hecho. Ni, cuando uno está finalmente allí, ¿recuerda necesariamente exactamente qué ruta se tomó o de dónde vino el ímpetu original? En los días en que trabajaba con cinta analógica, se conservaba algo de recuerdo cuando la cinta de edición rebotaba frente a las cabezas; en el mundo digital, incluso estos momentos de decisión pasados se vuelven invisibles. Sin embargo, estos principios de trabajar hacia, más que sobre, canciones datan de esta época y sigo aplicándolos hasta el día de hoy.

"Palinurus" lo cierra. Una rara aparición de armónica, que fue mi primer instrumento (sic); Nunca llegué tan lejos con eso. Sigo buscando esa nota blanca y, de hecho, siendo consciente de los sentimientos de la última línea ...

Notas de cierre: las fotografías de portada deben haber sido tomadas el 17 de mayo. Me afeité la mitad de la barba en Liverpool después del show en el club de Eric. Todos sabían que iba a hacerlo, excepto Graham Smith, por alguna razón. Pensó que me había derrumbado genuina y finalmente cuando me encontró en el vestíbulo del hotel al día siguiente. Hice un espectáculo medio barbudo, en Bangor y luego tomé el tren a Londres. Después de haberme visto bastante ridículo y / o extraño en varios momentos de mi vida, puedo decir honestamente que nunca he tenido reacciones tan extrañas. El resto de la barba desapareció un par de días después..."

pH7

"pH7" fue, por supuesto, el octavo álbum en solitario, no el séptimo. Como medida de acidez / alcalinidad, pH7 significa un perfecto equilibrio neutro; pero estas grabaciones no son neutrales ni equilibradas. El álbum es, por tanto, tanto jocoso como disfrazado. Estilísticamente, las canciones son una continuación de "The Future Now" en términos de temas, arreglos y presentación. Ahora, por supuesto, la banda finalmente se había retirado y yo estaba efectivamente en el camino de la carrera (?) Que ha continuado hasta el día de hoy. A estas alturas nos habíamos mudado a Wiltshire y Sofa Sound, como estudio, tenía su entorno más estable hasta la fecha. El sistema seguía siendo el de 8 pistas y gradualmente comencé a acumular fuera de borda, efectos e instrumentos, incluida una pequeña batería. Comencé a grabar con más canciones terminadas o casi terminadas que las que tenía para "TFN", pero todavía había espacio para muchos descubrimientos de improvisación. Como resultado, el álbum se divide más o menos uniformemente entre el trabajo tradicional y el radical.

"My favorite", el abridor, es algo así como una canción liviana, teniendo como centro el concepto de favorito como preferencia y como apuesta. ¡No hay nada de malo en una canción pop, en lo que a mí respecta! Esta es probablemente la primera vez que me siento lo suficientemente seguro como para instruir a Graham para que interprete un papel exacto; en otras palabras, el comienzo de la orquestación per se.

"Careering" incluye el mejor pedal Wah-wah del mundo. Es un Electro-harmonix y todavía va fuerte.

Solía pasar el desvío de "Porton Down" cada vez que iba a Londres. Entonces, naturalmente, vino a la mente el tema. No me da el menor atisbo de satisfacción que ahora, a fines de 2001, las armas químicas y biológicas estén en la mente de todos. Este material nos ha estado mirando a la cara durante décadas; Siempre lo creí más una amenaza para la humanidad que la nuclear y sigo haciéndolo. Jackson & Smith tuvieron que sobregrabar sus partes simultáneamente y en una sola toma para esto. Otra pieza encontrada / recuperada que me gusta mucho. Esta, por cierto, fue la primera pieza mía que John (Fury) Ellis encontró.

"Mirror Images" apareció en "Vital". No sentí que esa versión hiciera justicia a la canción, del todo, de ahí esta revisión. A menudo se toca en vivo y todavía de alguna manera * no hay * una versión definitiva.

"Handicap & Equality" es casi una canción popular y sus sentimientos son bastante claros. Sónicamente es notable por mi órgano "cha-cha en la sala de estar" ... ¡definitivamente no es un Hammond!

"No para Keith". En otro lugar he señalado que le debo mucho a Keith Ellis. Fue el primer músico real con el que trabajé y debo haber probado su paciencia. Sin embargo, su generosidad de espíritu lo llevó a enseñarme mucho. Definitivamente no estaba hecho para la mediana edad. Murió a mitad de gira por Alemania.

Ah, sí, ¿el mundo de la política se ha vuelto cada vez más parecido al que se describe en "The Old School Tie" o qué? Esos b jóvenes correctos ...

"Es hora de un cambio" era una vieja canción de Judge. Parecía encajar naturalmente con las otras cosas aquí. Nuevamente, a menudo lo toco en vivo.

Como la grabación estaba llegando a su fin, con la mezcla inminente, todavía no había encontrado ninguna letra para "Imperial Walls", todavía trabajando exclusivamente en el Sonix. En una visita a los baños romanos en Bath vi el texto inscrito en la pared; aparentemente se había escrito sobre Bath después de que los romanos la abandonaran. Lo escribí en el acto, volví al estudio y encajó en su lugar de inmediato. Sólo más tarde recordé que lo conocía desde hacía muchos años, desde mi enamoramiento juvenil por las cosas anglosajonas (y, de hecho, islandesas).

"Mr. X" y "Faculty X" son una transición. Quizás estos fueron los primeros gestos tentativos hacia la escritura de lo que podríamos llamar "epopeyas" a la VDGG. Hasta este punto, me había mostrado algo reacio a acercarme a este territorio. "Mr X" sigue siendo contemporáneo, creo; "Faculty X" toma como base el trabajo de Colin Wilson. Un montón de bucles y esas cosas, de nuevo puro ruido exuberante. La percusión es bastante extraña, lo admito ... ¡pero quería averiguarlo! En ese momento, estaba impulsando el método de grabación en solitario de 8 pistas hasta donde podía llegar ... No, en general, las grabaciones que Charisma quería de mí para "avanzar en mi carrera". De hecho, este iba a ser mi último álbum para ellos. Sin embargo, gracias a la gracia, la suerte y un cierto grado de terquedad, el camino futuro estaba ahora marcado. Como par de grabaciones, "pH7" y "The Future Now" fueron tanto una liberación como una señal segura de lo que debería intentar en el futuro.

Y una nota de portada. Todas las fotografías fueron tomadas a altas horas de la noche en Nueva York. Cuando dejamos la casa de Dan en busca de un taxi, Graham y yo nos encontramos con algunos problemas de los que, francamente, tuvimos la suerte de escapar. De tan extraña casualidad todo depende.

SITTING TARGETS - 1981

Temas: 'Breakthrough', 'My Experience', 'Ophelia', 'Emperor's Clothes', 'Glue', 'Hesitation', 'Sitting Targets', 'Stranger Still', 'Sign', 'What I Did', 'Central Hotel'

Producido por Peter Hammill. Todos los temas escritos por Peter Hammill.

Hammill inaugura la década del ochenta con esta obra de transición entre dos trilogías -la anterior de 'Future Now/ph7/Black Box' y la próxima del K Group- (quisiera dejar claro que el establecimiento de estas trilogías es un recurso de clasificación del autor, no siendo intención la intención del artista realizar ninguna en particular/ NdA), un disco más compacto y uniforme que los precedentes, con un saldo de mayor energía entre la introducción con esa especie de historia de ciencia ficción llamada 'Breakthrough' y el rock a la Nadir (pero con caja de ritmo) de 'Central Hotel'. Entre ambos extremos hay joyas como 'Ophelia' y 'Stranger Still' (verdadero tour de force en directo).

Colaboraron Guy Evans, David Jackson, Phil Harrison en sintetizadores y la percusión de Morris Pert -del grupo Brand X, con el cual Hammill había compartido una gira- en dos temas ('Empress's Clothes' y 'What I Did').

Primer trabajo completamente grabado en el Sofa Sound de Bath, mezclado en los Crescent Studios (futura Terra Incognita) de David Lord -quien ofició de ingeniero de grabación- entre noviembre del `80 y marzo del `81.

ENTER K - 1982

Temas: 'Paradox Drive', 'The Unconscious Life', 'Accidents', 'The Great Experiment', 'Don't Tell Me', 'She Wraps It Up', 'Happy Hour', and 'Seven Wonders' (sólo en la edición en CD)

PATIENCE - 1983

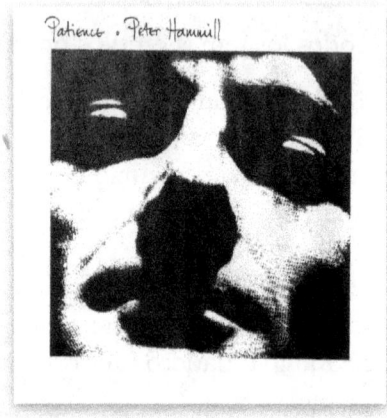

Temas: 'Labour Of Love', 'Film Noir', 'Just Good Friends', 'Jeunesse d'Orée', 'Traintime', 'Now More Than Ever', 'Comfortable?', 'Patient'

Producidos por Peter Hammill. Grabados en Sofa Sound y Crescent Studios, Bath, entre (entre 1982 y 1983); mezclados en Crescent Studios. Ingenieros: David Lord y Peter Hammill.

THE MARGIN / LIVE - 1985

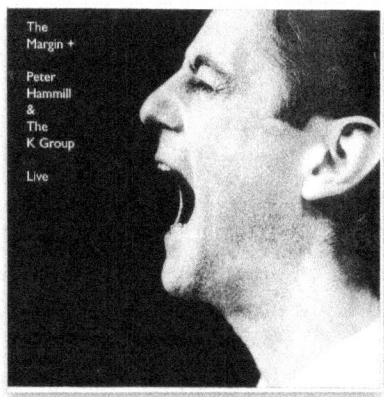

Temas: 'The Future Now', 'Porton Down', 'Stranger Still', 'Sign', 'The Jargon King', 'Empress's Clothes', 'The Sphinx In The Face', 'Labour Of Love', 'Sitting Targets', 'Patient', 'Flight'

Producido por Peter Hammill. Grabado en vivo en Glasgow, Edinburgo y Londres en diciembre de 1983; mezclado en Sofa Sound. Todos los temas escritos por Peter Hammill. Grabado por Paul Ridout.

La primera mitad de la década del ochenta va a encontrar a Hammill conformando nuevamente una banda, bajo el nombre de The K Group, con el cual grabará tres discos (dos en estudio y uno en vivo) de una sobria modernidad y moderada accesibilidad rítmica. Fue lo más cercano a un beat group que Hammill nunca estuvo en su carrera (escuchar 'She Wraps It Up', puro 'Hammillpop').

Sumándose a Hammill en guitarra, teclados y voz (apodado K en esta empresa) encontramos a Guy Evans (Brain) en batería, Nic Potter (Mozart) en bajo, y John Ellis (Fury) en primera guitarra (Ellis fue fundador del grupo punk The Vibrators y tambien guitarrista de Peter Gabriel). En los discos de estudio colaboraría ocasionalmente David Jackson (Jaxon) en saxo y flauta. (En el segundo, Patience, colaborarán en un tema David Lord en teclados y el futuro colega de Hammill Stuart Gordon en violín).

Dos discos imaginativos pero sin rebuscamientos; luminosos, con un sonido compacto y fuerte, sin la sequedad de Sitting Targets y en donde Hammill afilará sus dotes de narrador, abordando mayor cantidad de letras 'desde afuera', como en el período Van Der Graaf Generator.

Sobresalen del conjunto composiciones como 'The Unconscious Life', 'Don't Tell Me', 'Happy Hour', 'Just Good Friends', 'Traintime' y 'Patient', muchas de las cuales integrarán una porción destacada del futuro repertorio solista de Hammill.

The Margin, el disco en directo grabado en la gira británica del `83 pero recién editado en 1985, será un desparejo testamento de la banda en vivo, donde curiosamente tocan sólo dos temas ('Labour Of Love' y 'Patient') grabados originalmente por el K Group. Fueron borrados de la mezcla los aplausos y gritos del público, lo que le confiere al disco una extraña sensación de frialdad, a lo cual no colabora (para el resultado final) la un tanto molesta e inusual percusión electrónica que por esa época usaba Guy Evans. En el año 2002 Hammill lanza una reedición remasterizada y aumentada a la cual titula The Margin +, y ese plus será justamente un segundo cd que contiene los temas: 'The Second Hand', 'My Experience', 'Paradox Drive', 'Modern', 'Film Noir', 'The Great Experiment', 'Happy Hour', 'Central Hotel', 'Again', e 'If I Could'.

A continuación lo que escribiera el propio PH en su sitio web SOFA SOUND sobre el álbum Enter K:

ENTER K

"Enter k" es en gran medida un conjunto híbrido de grabaciones que forma un par con "Patience". En el momento de la grabación, el grupo k estaba en pleno efecto, habiéndose formado para realizar una gira con canciones de "Sitting Targets" y "A Black Box". Como he dicho en otra parte, no es exactamente un Beat Group, pero probablemente el conjunto más cercano al que he estado alguna vez entraría en esa categoría. El personal de "k" es, por supuesto, el grupo k, con contribuciones adicionales de David Jackson. Sin embargo, a pesar de nuestro estado de preparación para la carretera como grupo, no estaba del todo listo para hacer una grabación de estudio completa. Tampoco tenía realmente material disponible que fuera adecuado para un enfoque en vivo (-ish) en el estudio. En cambio, me decidí por un enfoque mixto: la mitad del material se trabajaría en un solo familiar al estilo de Sofa Sound, para sobregrabar más tarde; el resto se ensayaría y grabaría como en los viejos tiempos. Esto pareció hacer que las opciones tanto para la experimentación como para la garantía fueran lo más amplias posible.

De las canciones de Sofa Sound, "The Unconsciente Life" y "Don't Tell Me" son las neo-baladas de piano y, en la medida en que existen, se ajustan estructural y sonoramente a los conocidos planos de Hammill. "She Wraps it Up" se acerca a la canción pop (en mi comprensión del término) y la parte de órgano en particular asiente con la cabeza hacia el "bop shoo-wop de bop bop shoo-wop" s de la década de 1960. "Accidentes" es algo completamente diferente y en construcción y ejecución tiene una deuda pasajera con la experimentación de la era "The Future Now" / "pH7". Brain, Mozart y Fury aplicaron ornamentación, que a veces se volvió casi estructural, con simpatía intuitiva a todas estas piezas una vez que se transfirieron de 8 pistas a 24 en lo que entonces era Crescent, que luego se convertiría en Terra Incognita. Tuvimos un mes para grabar y mezclar en Crescent; aproximadamente el período de tiempo adecuado para darnos un poco de libertad pero mantener la presión. Muchas fotos polaroid; un adorno diario de la sala de control con flores ... más vestidor que Summer of Love, esto; y una nota clavada sobre la mesa de mezclas que dice "Día 3", etc. Si el destino era algo desconocido, al menos el paso del tiempo estaba marcado. La lista de pistas (ausente en los lanzamientos de CD anteriores pero presente en la versión recién remasterizada) es una réplica exacta de una escrita a mano que también se publicó en la sala de control de Sofa and Crescent durante todo el tiempo. Si la memoria no me falla, ensayamos las canciones "en vivo" en el estudio; Ciertamente no recuerdo pasadas en ningún otro lugar. Así que la frescura del rendimiento fue impulsada por los recién aprendidos, así como por la energía innata. Probablemente tocamos todas estas melodías con un efecto más poderoso más adelante, cuando estaban completamente encajadas (como en "The Margin +"), pero ciertamente había algo que decir sobre la pasión del descubrimiento inmediato. Para un disco "beat group", el contenido lírico es bastante desafiante y neofilosófico. Hay mucho aquí sobre la naturaleza de la vida inconsciente, ya sea sub-despierto o en modo de sueño. La inexorabilidad de los accidentes y los cambios repentinos (deliberados) de la vida también son muy importantes. En cuanto a las canciones de la "vida real", "Don't Tell Me" siempre ha sido para mí una especie de guión balear, con esa extraña sensación isleña de estar en más de un espacio y tiempo simultáneamente en primer plano; "Happy Hour" es un vistazo a un espejo más oscuro. El bar en particular que tenía en mente estaba en Hamburgo, por cierto. "She Wraps it Up" es, francamente, bastante loco para una canción pop: a veces la gente explota frente a tu cara, posiblemente considerando la observación de la explosión como una especie de regalo ... Claramente, este es el anverso de la moneda del vampirismo energético; y más exigente que menos. Evidentemente, los masters estaban originalmente destinados al vinilo, siendo el único juego en la ciudad en ese momento. En la nueva remasterización he intentado aplicar el mismo procesamiento sónico que se usó en el conjunto de VDGG Box y, de hecho, "The Margin +"; Espero que el resultado final devuelva algo de empuje analógico a la experiencia digital. El álbum fue lanzado en la recién acuñada etiqueta Naive de Gordian Troeller (que duró, oh, un buen par de años más o menos). En ese momento estaba dirigiendo Orchestral Manouvres in the Dark, lo que debe haber sido un bendito alivio después de los años de VDGG. No hace falta decir que los gráficos no se vieron afectados por su apariencia. Esto sigue siendo bueno. Y el grupo k realmente era otra cosa ...

Oh, finalmente, ¿por qué "k"? El profeta de las aventuras inverosímiles; la constante desconocida. Graham Smith me dio el nombre; dijo que podía ver una misión "k" a la vista por la mirada en mis ojos. Espero que algo de eso permanezca incluso en mi próxima vejez.

SKIN - 1986

Temas: 'Skin', 'After The Show', 'Painting By Numbers', 'Shell', 'All Said And Done', 'A Perfect Date', 'Four Pails' (C. J. Smith / M. Hutchinson), 'Now Lover'

Producido por Peter Hammill. Todos los temas escritos por Peter Hammill salvo el indicado.

Después de casi tres años sin editar nuevas canciones (haciendo la salvedad del cassette Loops And Reels del `84) Hammill regresa con un sonido renovado y rítmico. Su mayor interés por las nuevas tecnologías (evidente desde su digitalizado rostro de la portada) tiene mucho que ver con la colaboración del técnico (y artista, ya que será responsable del diseño gráfico y portadas de casi todos los discos de Hammill a partir de The Margin) Paul Ridout.

Desde el casi bailable 'Skin' hasta el 'vandergrafiano' 'Now Lover', (pasando por la irresistible 'Shell' o la impresionante poesía de Judge Smith de 'Four Pails' –tema escrito por Judge Smith y musicalizado por Max Hutchinson, que originalmente formaba parte de una obra musical llamada The Ascent of Wilberforce III, y que Hammill ya había incorporado a su set en directo antes de grabarlo) el disco nos ofrece un fresco abanico sonoro en el cual colaboran los habituales Guy Evans, David Jackson y Stuart Gordon mas la presencia de David Coulter en didjeridu (un instrumento nativo australiano), el cantante David Luckhurst y la gran sorpresa de nada menos que Hugh Banton (ausente desde Nadir's…) aportando un sonido de cello con el teclado sobre el final de 'A Perfect Date'.

Un trabajo interesante que inaugura una nueva etapa en la saga creativa de Hammill. Grabado en Sofa Sound y The Wool Hall en 1985.

AND CLOSE AS THIS - 1986

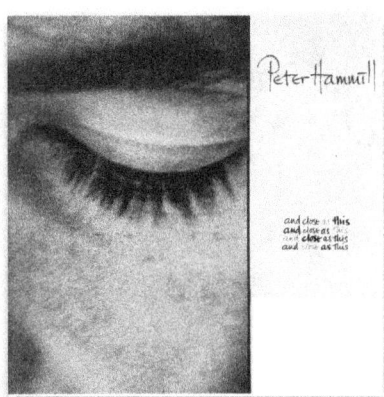

Temas: 'Too Many Of My Yesterdays', 'Faith', 'Empire of Delight' (Emerson/ Hammill), 'Silver', 'Beside The One You Love', 'Other Old Clichés', 'Confidence', 'Sleep Now'

Producido por Peter Hammill. Todos los temas escritos por Peter Hammill salvo el indicado.

Aparecido el mismo año que Skin, And Close As This nos presenta a Hammill en la máxima de las soledades: sólo su voz y teclados. El ritmo y la frescura de su predecesor parecen estar a miles de kilómetros de este disco despojado pero de inmenso lirismo.

La bellísima angustia del impresionante 'Too Many Of My Yesterdays', "No trates de decirme que nada ha cambiado, no trates de decirme que nada es nuevo, demasiados de mis ayeres te pertenecen", (donde uno puede percibir el fantasma de Alice), es seguida por su dulce contrapartida en 'Faith', "Yo creo en ti, yo tengo fe en ti", hasta llegar a la estremecedora ternura del padre que le canta a sus tres hijas dormidas en el 'Sleep Now' final.

Como hecho anecdótico de este singular trabajo podemos señalar la composición del tema 'Empire Of Delight', compartida junto al tecladista Keith Emerson (el de Emerson Lake & Palmer).

(Para mayores detalles técnicos sobre la parte técnica de la grabación de 'And Close As This' leer el apartado 'Las Cartas de Sofa Sound' en el capítulo III: 'Mondo Hammill'; con respecto a la colaboración Hammill/Emerson hay un comentario en la entrevista 'II) 1996/2000', del capítulo IV 'Las Entrevistas'.)

IN A FOREIGN TOWN - 1988

Temas: 'Hemlock', 'Invisible Ink', 'Sci-Finance (Revisited)', 'This Book' (Hammill/ Colombo/Ameli), 'Time To Burn', 'Auto', 'Vote Brand X', 'Sun City Nightlife', 'The Play's The Thing', 'Under Cover Names', 'Smile' (Gronemeyer/Hammill), 'Time To Burn (Instrumental)'

Producido por Peter Hammill. Todos los temas escritos por Peter Hammill salvo los indicados.

Otro trabajo puramente solista, sin ningún músico invitado, pero a diferencia de And Close As This en éste agrega todo el andamiaje tecnológico ausente en el anterior, además de una mayor extroversión en las letras (varias abordando la ácida crítica a temas políticos y financieros, como 'Hemlock', 'Sci-Finance', 'Vote Brand X' o 'Sun City Nightlife'), como no realizaba desde The Future Now.

Hay dos temas que son resabios de dos trabajos previos realizados para artistas extranjeros como el español Miguel Bosé ('This Book') y el alemán Herbert Gronemeyer ('Smile') y el remake de un tema que originalmente apareciera en vivo en el disco Vital de Van der Graaf, 'Sci-Finance'. (Hammill había colaborado realizando traducciones y con algunos coros en el disco Bandido de Miguel Bosé).

'Time To Burn' (una despedida a su productor y amigo Tony Stratton Smith, quien había fallecido pococ antes) tal vez lo mejor del disco, aparece curiosamente en dos versiones, una convencional y otra instrumental cerrando el disco.

En resumen, un disco parejo, sin grandes picos, que destila un sonido tecno que hace agua en las bases rítmicas (el propio Hammill confesaría haber pagado cara   su inexperiencia en la materia, o mejor dicho aprendizaje,   con los errores de este disco) al cual le falta la calidez de Skin.

Fue grabado en Sofa Sound entre Octubre de 1987 y Enero de 1988, y mezclado en los Crescents Studios entre Enero y Febrero de 1988.

A continuación lo que escribiera el propio PH en su sitio web SOFA SOUND sobre el álbum:

IN A FOREIGN TOWN

Por consenso general, este parece ser el menos favorecido de mis álbumes en solitario. Tengo que estar de acuerdo en que algunas de las opciones de reproducción, grabación y sonido también me parecen un poco torpes en estos días. No obstante, este es un conjunto de grabaciones absolutamente crucial en términos de mi desarrollo y es seguro decir que si no las hubiera realizado exactamente de esta manera y con este resultado, gran parte de mi trabajo posterior no se habría realizado. En los registros anteriores, "Skin", "And Close as this" y, de hecho, "Spur of the Moment", Paul Ridout, que trabajaba como programador en ese momento, me introdujo en el mundo de la secuenciación. (Estos eran los días en que ese rol - estar a cargo de todo MIDI - era el dominio exclusivo de los especialistas). Después de estas experiencias me di cuenta de que este era el camino del futuro y que era mejor que me metiera en esa curva de aprendizaje del PDQ. En ese momento mi computadora era un Atari y el software Pro-24 de Steinberg. En términos de hoy, muy primitivo, pero lo suficiente para que yo me familiarice con él. Evidentemente, no me dediqué a usar SOLAMENTE secuencias (las guitarras aparecen por todas partes en estas grabaciones), pero creo que, efectivamente, fueron la pista de acompañamiento para cada pieza aquí. Control, pensé; pero todavía no había aprendido a aflojar el control de esos controles y esto es lo que conduce a cierta cuadratura en los resultados. Mi mayor error aquí radica en las pistas de ritmo. Simplemente no se mueven, me temo, y levanto la mano en pleno reconocimiento del hecho. Quizás también podría haber variado la instrumentación más de lo que hice; pero en este punto estaba interesado en usar una paleta musical específica y esto condujo a una cierta uniformidad de sonido. Suficiente de los aspectos negativos: estaba aprendiendo todo el tiempo, particularmente en el área de unir partes de teclado y guitarra en un todo estructurado, y la continua evolución e importancia de Backing Vox. De hecho, también estaba haciendo un recorrido acelerado a través del arreglo de cuerdas (Time to Burn "). David (Lord) iba a hacerlo, pero se quedó sin tiempo, así que la responsabilidad (¡y el miedo!) Recayeron sobre mis hombros. ..

Las canciones son un conjunto diverso. Varios están "socialmente conectados", la única vez que mi escritura se ha desviado en esta dirección, aparte de la era "Future Now" / "pH7". Algunos son muy personales: "Time to Burn" es una especie de adiós a Tony Stratton-Smith, que murió justo antes de esto; "This Book" y "Auto" son, efectivamente, viñetas de mis días de gira. Tanto "Este libro" como "Sonrisa" son portadas. La última es una canción de Herbert Gronemeyer que traduje, la primera de las piezas de Miguel Bose. Otras cosas: un muy esperado homenaje a Shakespeare y, como siempre, un par de piezas de misterio / identidad / memoria, "Invisible Ink" y "Under Cover Names". Una de las cosas que aparece en estas grabaciones y que se desarrolló más tarde (además del método de grabación) es el intento de uso de música de sistemas de una manera emocional; más notable en "Hemlock" e "Invisible Ink" pero también presente en otras canciones. Ahí tienes. No es el pináculo del logro o incluso del rendimiento, pero, como he dicho, una etapa de puesta en escena absolutamente crucial en el camino.

Notas finales finales: ambas fotografías están tomadas en Italia... la piscina en Toscana y la vista del escenario en Roma, tomada por Armando Gallo.

Notas posteriores: varias personas han insinuado que estoy siendo un poco duro conmigo mismo / este álbum aquí ... que tiene buenas canciones y que la instrumentación y el estilo de grabación eran de su época. Estoy de acuerdo con esto y no pretendo dar la impresión de que estoy desconociendo estas grabaciones. Como he dicho anteriormente, sin hacerlos no habría podido continuar por caminos posteriores. Me parece, sin embargo, que en todo caso debería pecarme por el lado de la dureza en estas evaluaciones autocríticas ... con la condición de que todo tenía sentido para mí en ese momento y continúa haciéndolo, aunque de manera diferente, hoy. . No sería útil ni informativo para mí decir simplemente "Todos estos son maravillosos", ¿verdad? Aunque lo sean ...

OUT OF WATER - 1990

Temas: 'Evidently Goldfish', 'Not The Man', 'No Moon In The Water', 'Our Oyster', 'Something About Ysabel's Dance' (*) 'Green Fingers', 'On The Surface', 'A Way Out'

Producido por Peter Hammill salvo (*) producido por Peter Hammill y David Lord. Todos los temas escritos por Peter Hammill.

Siguiendo la linea estilística del anterior pero dando un paso gigante para adelante, tanto en la parte técnica como en la artística, Out Of Water es un disco clave en la carrera discográfica de Hammill, marcando un antes y un después. El propio Hammill escribiría en su sitio de internet que este disco es: "Un punto de inflexión, o más bien unos cuantos puntos de inflexión. El puente entre todo lo que fue antes y todo lo que es ahora; definitivamente el comienzo de Lo Nuevo."

Si bien sigue haciéndose cargo de la mayoría de los instrumentos, en está ocasión Hammill volverá a rodearse de invitados: John Ellis, Nic Potter, David Jackson y Stuart Gordon (de destacada labor en 'Ysabel', que dicho sea de paso fue la primera grabación enteramente digital de su carrera).

Sobresalen el tema de amor (aunque para muchos sea una especie de nota de suicida) 'A Way Out', con un trabajo en guitarra de Ellis sutilmente espléndido y 'Our Oyster', inspirado en la represión China en Tiananmen: "Ellos están tocando Música Étnica en la plaza de Tiananmen / El silbido de las balas en el aire."

La canción de apertura, 'Evidently Goldfish', esta originada en un viejo tema que había compuesto en 1967, llamado 'Kandahar'.

En este disco iniciará un estilo de orquestación de guitarras eléctricas y sintetizadores que se emparenta directamente con varios trabajos posteriores, sobre todo con Everyone You Hold y None Of The Above.

Será el primer disco grabado y mezclado en los nuevos estudios de Terra Incognita, entre enero y agosto de 1989.

A continuación lo que escribiera el propio PH en su sitio web SOFA SOUND sobre el álbum:

OUT OF WATER

Un punto de inflexión, o cualquier número de puntos de inflexión. El puente entre todo lo que había pasado antes y lo que es ahora; definitivamente el comienzo de The New. (No es que lo hubiera pensado, particularmente, en ese momento; en la forma de las cosas, uno avanza y avanza y solo ve que un momento, una canción, un disco, fue fundamental en retrospectiva). Es axiomático que no podría hacer lo que hago, lo que he hecho, sin un poco de confianza en mí mismo. En estas grabaciones estaba positivamente imbuido del material. Quizás esto vino como resultado del análisis de lo que estaba bien y lo que estaba mal en "En una ciudad extranjera". En cualquier caso, ahora me sentía en la cima de la tecnología y podía usarla como parte de la paleta, en lugar de tener que luchar contra ella. Como resultado, aquí se ofrecen todo tipo de formas híbridas de trabajo, composición y temática.

Algunas de las características principales: comencé a tocar cada vez más la guitarra eléctrica ... aunque la mayor parte del material principal todavía se debía a Fury. Gran parte de esta guitarra era de color más que estructural. La mayor parte del trabajo de sintetizador pertenecía a la misma categoría. (Creo, por tanto, que este fue el inicio del estilo con el que más me he ocupado en los últimos CD, en particular "Everyone you Hold" y "None of the Above".) No sentí la compulsión de pegue partes rítmicas en todo; esto fue un regreso a las teorías anteriores ("Chameleon", por nombrar uno) Donde hay percusión todavía hay un poco de bultos, ¡pero mejor que en los últimos esfuerzos! Me sentí mucho más seguro acerca de los arreglos de cuerdas (después de "Time to Burn"). Después de todo yo estaba en lo cierto en la zona de "Porqué una canción tiene que ser de una cierta manera o tiene que ser construida de cierta manera, o ser sobre ciertos temas?".

Las canciones.

"Goldfish" se originó a partir de una melodía que había escuchado desde 1967 a más tardar, pero nunca había empezado a funcionar. (Originalmente llamado "Kandahar", amantes de las trivia ...).

"Not the Man" es lo más parecido a una canción pop aquí. Hay un grado de ambivalencia al respecto ... sí, por supuesto que es "una canción de amor", pero también hay una medida de dirigirse a ti, al público en ella. Si ahora no soy percibido como el hombre que era, ¿entonces qué? Sin culpa. De la misma manera, ahora creo que "Green Fingers" es tanto una advertencia para mí como para cualquier otra persona (aunque tenía a alguien más en mente ...): tengo que seguir comprometido, tengo que seguir apasionado, tengo que quedarme en lo real. "No LUNA" es el primero de (ha habido una sucesión posterior) lo que podríamos llamar himnos zen. El tema es uno de los koans de carne zen, huesos zen. (No es que sea un partidario total o quiera hacer proselitismo de alguna manera, ¿entiendes?) La pista de fondo deriva de pura experimentación y edición.

"Our Oyster" todavía habla por sí mismo ... y las cosas no parecen haber mejorado significativamente desde que en los diversos campos que aborda. "Ysabel" fue otra melodía que tomó algún tiempo para establecer hacia dónde se dirigía líricamente ... originalmente estaba ambientada en los disturbios de París del 68. Bien, sé que Tijuana no es exactamente un lugar turístico, ¡pero ahí es donde fue Mingus! Supongo que "en la superficie". flotando entre sueño / esperanza / conciencia / destino, encaja perfectamente en mis preocupaciones líricas de larga data.

Y no voy a hablar de "A Way Out".

Cosas técnicas. Notarás que las ubicaciones grabadas y mixtas son un poco inusuales. Cuando comenzó el proyecto, todavía tenía el estudio en casa y Crescent todavía funcionaba en Bath. Tomé la decisión inicial de trabajar en cada canción individualmente, grabando y mezclando una por una en lugar de terminar el proceso de grabación y luego hacer la mezcla. (Por cierto, corté y cambio entre estos métodos hasta el día de hoy.) Así que un par de canciones fueron terminadas en Sofa y mezcladas por David en Crescent. Entonces el estudio tuvo que cerrar (por obras viales que tardarían un año ...) y yo me hice cargo del contrato de arrendamiento, momento en el que nació Terra Incognita, en el antiguo local de Crescent.

Al mismo tiempo, cambié mi mesa de mezclas y comencé a usar (bastante primitivo en comparación con el SSL que había estado en Crescent) la automatización de mezclas ... y, por lo tanto, comencé a supervisar cada vez más toda la cadena de ingeniería yo solo y yo mismo. Todos estos fueron GRANDES MOVIMIENTOS.

"Ysabel" fue también la primera grabación digital que hice. David Lord se había mudado a su sala de control arriba y compartimos entre nosotros un cupé de máquinas estéreo X-80. Por lo tanto, decidimos hacer esta canción como un trabajo de una sola toma ... Toqué y canté en una máquina y Stuart luego dobló, también en una toma, en la otra. Esta fue una forma loca de trabajar, ¡pero auténtica!

Oh, debería decir algo sobre la base musical de sistemas de "On the Surface". En los sistemas (de la forma clásica moderna), la música (a mi entender), una secuencia de notas o un ritmo se distiende, altera, se repite, se coloca sobre sí misma para producir patrones de interferencia. Como un riff visto a través de un caleidoscopio. Los elementos de este enfoque han estado ahí desde VDGG, pero esta canción en particular es su presentación más desnuda, al tiempo que intenta hacer una "canción" con ella. La cadena de responsabilidad del patrón de notas se mueve de un instrumento a otro en el transcurso de la pieza, pero ~ creo que tengo razón al decir que ningún instrumento lo toca nunca en su totalidad ... ellos ' También está cambiando de ronda de jugar hacia adelante a hacia atrás y así sucesivamente ... y termina más o menos atrás donde comenzó. Solo un poco de diversión, ¿sabes?

Espero que todo lo anterior sea de algún interés.

Por cierto, sí: "Creí todas las palabras de las canciones populares". (la referencia es a "Not the Man" ....)

IN A FOREIGN TOWN &
OUT OF WATER - 2023

En el año 2023 Peter Hammill lanza una revision de los dos discos precedentes. Este conjunto de 2 CD presenta nuevas reelaboraciones de dos de los álbumes emblemáticos de Peter lanzados originalmente en 1988 y 1990 respectivamente. 'In a Foreign Town / Out of Water 2023' es un nuevo proyecto de Peter Hammill. que presenta nuevas reelaboraciones de dos de los álbumes emblemáticos de Peter lanzados originalmente en 1988 y 1990 respectivamente. 'In a Foreign Town' se lanzó en su forma original en 1988 con elogios de la crítica y presentó material con un toque político y vio a Hammill explorar el uso de la tecnología MIDI en el estudio y contó con contribuciones del violinista Stuart Gordon.

'Out of Water' fue un ligero cambio de dirección, presentando un enfoque más orientado a la banda con contribuciones y presentando un enfoque más seguro por parte de Peter con respecto al dominio de la tecnología de estudio del momento.

A lo largo de los años, la reacción a las versiones originales de ambos álbumes se ha mezclado, y algunos fans elogiaron el material pero encontraron que el estilo de producción de los 80 no era de su agrado. Peter se ha referido a 'In a Foreign Town' como si tuviera canciones fuertes pero con un estilo de producción de su época, y describió el álbum como "un conjunto de grabaciones crucial en términos de mi desarrollo musical". La incertidumbre que rodea a los derechos de ambos álbumes originales llevó a Hammill a revisar ambos trabajos en el estudio, reelaborándolos y regrabándolos mientras utilizaba elementos del material original con un efecto sorprendente. Los resultados finales son notables y demuestran la fuerza de las composiciones originales. Ya no están destinadas a ser vistas como "un producto de su tiempo", estas nuevas reelaboraciones de 2023 de 'In a Foreign Town' y 'Out of Water' pueden verse como grabaciones vitales en la extensa obra de Peter Hammill.

ROOM TEMPERATURE
LIVE - 1990

Temas: 'The Wave', 'Just Good Friends', 'Vision', 'Time To Burn', 'Four Pails' (C. J. Smith/M. Hutchinson), 'The Comet, The Course, The Tail', 'Ophelia', 'Happy Hour', 'If I Could', 'Something About Ysabel's Dance', 'Patient', 'Cat's Eye/Yellow Fever(Running)' (Hammill/G. Smith), 'Skin', 'Hemlock', 'Our Oyster', 'The Unconscious Life', 'After The Show', 'A Way Out', 'The Future Now', 'Traintime', 'Modern'

Producido por Peter Hammill. Todos los temas escritos por Peter Hammill salvo los indicados.

Correcto disco doble en directo que contiene el equivalente a un recital completo (bises incluidos) de Hammill grabado durante la gira de comienzos de 1990. Una gira muy particular ya que no fue realizada con una banda ni técnicamente solo, sino acompañado por Nic Potter y Stuart Gordon (en bajo y violín), lo cual brinda una aproximación diferente a los temas.

Grabado entre Febrero y Marzo de 1990 en las ciudades de Cleveland, Chicago y Los Angeles en USA, Quebec y Montreal en Canadá, y Leeds en Inglaterra.

FIRESHIPS - 1992

Songs: 'I Will Find You', 'Curtains', 'His Best Girl', 'Oasis', 'Incomplete Surrender', 'Fireships', 'Given Time', 'Reprise' (Hammill/ Lord), 'Gaia'

Producido por Peter Hammill y David Lord. Todos los temas escritos por Peter Hammill salvo el indicado.

La edición de Fireships significa el comienzo de una nueva etapa en su carrera, el primer disco para su propia compañía 'Fie! Records' ('Fie!' es una expresión del inglés antiguo, circa Shakespeare, que significa algo así como "¡Lo Haré!"), lo cual atestiguaba la mayor responsabilidad a la que el artista debía enfrentarse a partir de ese momento: "Mi responsabilidad era pensar por adelantado para este disco, ya que a menudo lo que hacía en el pasado era juntar varias canciones, grabarlas, y ¡listo el álbum! Con Fireships me pasé un largo tiempo componiendo antes de empezar, porque yo no compongo todo el tiempo, compongo por un período de seis meses, ya que no me gusta tener muchas canciones esperando ser grabadas. En esta oportunidad había compuesto un montón de canciones, cerca de veinte, antes de ponerme a grabar. El proceso de selección lo compartí junto a David Lord, el coproductor del disco, y como la mayor cantidad de temas eran canciones lentas, tranquilas, algunas con cierta influencia clásica (Lord es un gran entendido en la materia), pensamos que sería más interesante dejar las canciones fuertes de lado y sacar un disco que tuviera el mismo clima. En el pasado las hubiera mezclado."

Fireships (textualmente 'Barcos de Fuego'; el título hace referencia a un procedimiento muy usado por la marina inglesa en el siglo XVII que enviaba barcos viejos llenos de pólvora, ardiendo, al cruce de la flota enemiga) es un conjunto de canciones calmas e intimistas, más basadas en los teclados, donde Hammill demuestra haber alcanzado una exquisita madurez como narrador (la pareja al borde de la disolución de 'Curtains', la mujer entrampada de 'His Best Girl'), además de sus habituales reflexiones existenciales ('Given Time', 'Fireships') y su incuestionable original maestría con las canciones de amor ('I Will Find You', un verdadero clásico).

Acompañado por sus incondicionales John Ellis, Stuart Gordon, David Jackson, Nic Potter y las orquestaciones y teclados de David Lord, Hammill demuestra haber asimilado finalmente todos sus conocimientos técnicos de los últimos años (sequencers, samplers, etc) subordinándolos a su arte de componer y grabar canciones.

Grabado y mezclado entre noviembre de 1990 y agosto de 1991 en los estudios de Terra Incognita, Bath.

THE NOISE - 1993

Temas: 'A Kick To Kill The Kiss', 'Like A Shot, The Entertainer', 'The Noise', 'Celebrity Kissing', 'Where The Mouth Is', 'The Great European Department Store', 'Planet Coventry', 'Primo On The Parapet'

Producido por Peter Hammill. Todos los temas escritos por Peter Hammill.

La contrapartida del disco anterior, un disco más espontáneo y fuerte, con mayor protagonismo de la guitarra eléctrica y canciones con una mayor dosis de rabia y denuncia (el 'triunfador' de 'A Kick To Kill The Kiss', el consumismo de Grandes Tiendas de 'The Great European...', el egocentrismo en 'Like A Shot...'): "Pienso que si hay un concepto unificador a lo largo del disco es tratar de ir al corazón de las cosas, lo que está detrás de las aparentes certezas.", comentaría Hammill en 1993.

En esta oportunidad los habituales músicos invitados se transformarán en 'banda' (con la cual inclusive saldrá de gira), dándole una mayor cohesión al sonido global del disco; sobre todo por la inclusión del baterista Manny Elias (ex-baterista de Tears For Fears, quien había colaborado en la regrabación de 'Just Good Friends' para Love Songs) de un estilo totalmente diferente a Guy Evans (hasta entonces el 'eterno' baterista de Hammill). El resto de la banda estaba compuesta por David Jackson, Nic Potter y John Ellis.

La remasterización del 2004 le ha hecho ganar varios enteros en cuanto a sonido.

Grabado y mezclado entre enero y septiembre de 1992 enTerra Incognita, Bath.

THERE GOES THE
DAYLIGHT - 1993

Temas: 'Sci-Finance (Revisited)', 'The Habit Of The Broken Heart', 'Sign', 'I Will Find You', 'Lost And Found', 'Planet Coventry', 'Empress's Clothes', 'Cat's Eyes/Yellow Fever (Running)' (Hammill/Smith), 'Primo On The Parapet', 'Central Hotel'.

Producido por Peter Hammill. Todos los temas escritos por Peter Hammill salvo el indicado.

Excelente documento en vivo de la gira europea del `93 junto a la banda de The Noise (con algunos cambios: sin Jackson ni Ellis, pero con Stuart Gordon en violín y guitarra); ¡la primer gira de Hammill con batería en diez años!

Hasta el momento de su edición podía ser considerado como el mejor disco en vivo oficial de Hammill como solista, impecablemente grabado por David Lord durante un solo concierto realizado en el teatro The Grand de Londres, el 29 de abril de 1993. Los temas del disco The Noise suenan impresionantes (destacadísima la versión de 'Primo On The Parapet.'), y de los viejos sobresale el tema final de Over, 'Lost And Found' (una lástima que no incluyeran 'Crying Wolf', tema que formaba parte del repertorio de esa gira), y una potente versión de 'Sign' que hace empalidecer la de Sitting Targets. (Lo único que se le puede cuestionar al disco es su extremada pulcritud, ya que los que tuvimos la oportunidad de apreciar la gira en directo podemos atestiguar que eran mucho más crudos y salvajes.)

Una mención de honor para el trabajo de Nic 'Mozart' Potter (aunque su trabajo este muy suavizado en la mezcla), un bajista de los que ya no se encuentran.

ROARING FORTIES - 1994

Temas: 'Sharply Unclear', 'The Gift Of Fire', 'You Can't Want What You Always Get', 'A Headlong Stretch', 'Your Tall Ship'

Producido por Peter Hammill. Todos los temas escritos por Peter Hammill.

Los 'bramadores cuarenta' (Roaring Forties) del título parecen hacer tanto alusión a la edad de Hammill como a esos permanentes vientos del sur del planisferio que los marinos aprovechan todo el año para navegar.

A los 45 años de edad Hammill continua demostrando que lo suyo sigue siendo la búsqueda y el cambio permanentes (para él mismo, para no aburrirse) y que los que esperaban otro trabajo de estudio en la linea tranquila de Fireships (que en el libreto del CD se presentaba como el primer trabajo de la serie 'Be Calm') después de la electricidad de The Noise (que a su vez se presentó como número uno de la serie 'A Loud') se encontrarán con un disco inclasificable, con canciones balanceadas entre sus dos tendencias principales más la presencia de un largo tema ('A Headlong Stretch' de casi veinte minutos (subdividido en siete partes), algo que no realizaba desde A Black Box.

 Según Hammill: "Finalmente, después del disco en vivo no seguí ninguna de las dos series que había comenzado, lo cual no quita que lo haga más adelante... o nunca jamás. (risas) The Roaring Forties es una mezcla de lo eléctrico y lo acústico. Hay tres canciones de formato duramente eléctrico, otra con más piano y órgano, y una pieza de 19 minutos realmente complicada, que combina varios sonidos y diferentes signaturas de tiempo. Creo que, salvo Usher, es la canción más compleja que he trabajado."

El disco abre con la densa 'Sharply Unclear' (con un riff inicial de guitarra que recuerda al 'She's So Heavy' de los Beatles), un comienzo espectacular y potente, con una base bien marcada (cortesía nuevamente del tándem Potter/Elias) y una letra que es una ácida mirada al arquetipo social post-moderno: "Eras tan perfecto que te hiciste a ti mismo transparente / Y transparentemente oscuro."

Después del rítmico 'The Gift Of Fire' (que tiene una breve introducción instrumental), los nostálgicos de Van Der Graaf Generator quedarán satisfechos al escuchar el fortísimo 'You Can't Want What You Always Get...', con un endemoniado David Jackson (sobre todo en la coda instrumental) como no se lo escuchaba desde Godbluff.

El extenso 'A Headlong Stretch' es un mosaico compuesto por siete piezas de variados matices, con el cual Hammill retorna a su veta más orientada a lo experimental, hasta llegar a la melancólica nostalgia de 'Your Tall Ship', el tema final.

Como músicos invitados estuvieron presentes Stuart Gordon, Manny Elias, David Jackson, Nic Potter, y Simon Clarke en órgano Hammond (en el tema 'The Gift Of Fire').

Fue grabado entre agosto del `93 y mayo del `94 en Terra Incognita, Bath.

Temas: 'A Better Time', 'Amnesiac', 'Ram Origami', 'A Forest of Pronouns', 'Earthbound', 'Narcisuss (Bar & Grill)', 'Material Possession', 'Come Clean'

Producido, grabado y mezclado por Peter Hammill. Todos los temas escritos por Peter Hammill.

Hammill encaró su 26 álbum solista como otra especie de híbrido entre las dos tendencias anunciadas en Fireships: un conjunto de canciones cortas que no son ni decididamente calmas ni fuertes; un justo término medio con un sonido de grabación en directo distinto al anterior trabajo. Muchas de las canciones fueron concebidas y escritas antes de comenzar la grabación, lo que le da una mayor cohesión al resultado final.

Le acompañan -en distintas combinaciones- Stuart Gordon, David Jackson y Manny Elias (con quienes se presentaba en directo como el phQuartet).

La temática lírica versará sobre el Tiempo y la Memoria, lo cual queda evidenciado en las dos versiones (una a capella y otra con acompañamiento instrumental, abriendo y cerrando el álbum respectivamente) de 'A Better Time'. Siempre estamos viviendo en el Presente (nos canta un Hammill como siempre obsesionado por el Tiempo), el resto es producto de la memoria, y esta no es fiable.

Fue grabado digitalmente en un sistema ADAT de 24 canales en Sofa Sound durante 1995.

EVERYONE YOU HOLD -
1997

Temas: 'Everyone You Hold', 'Personality'(P Hammill/H Hammill), 'Nothing Comes', 'From the Safe House', 'Phosphorescence'(Cosentino/Hammill), 'Falling Open', 'Bubble', 'Can Do', 'Tenderness'.

Producido por Peter Hammill. Todos los temas escritos por Peter Hammill salvo los indicados.

Un trabajo grabado entre Abril de 1995 y Junio de 1997, con una escasa participación de invitados (Manny Elias en cuatro temas, Gordon en dos, David Lord en uno y Hugh Banton con su órgano en otros dos), lo cual lo diferencia de el mayor trabajo grupal del anterior. Este tiene un mayor acercamiento a la propuesta de Fireships y And Close As This, con canciones más íntimas y directas que en X My Heart; un disco serio, grave pero positivo.

En el tema firmado junto a Saro Cosentino, 'Phosphorescence', es acompañado coralmente -por primera vez en disco- por sus dos hijas, Holly y Beatrice, en una performance realmente sobrecogedora. La ausencia de Jackson obligó a Hammill a esmerarse más en la guitarra eléctrica, lo cual se nota y agradece, ya que realizó un trabajo exquisito, tanto en orquestación, soundscapes o solos (como por ejemplo el de 'Personality').

La excelente fotografía de la portada (y las del interior del libreto) fue tomada en la ciudad de Buenos Aires, durante una visita a la ciudad porteña en Julio de 1997, por el fotógrafo Argentino Leo Vaca.

Temas: 'Frozen in Place (fragment)', 'Unrehearsed', 'Stupid', 'Since the kids', 'Nightman', 'Fallen (the City of Night)', 'Unready (fragment)', 'Always is Next', 'Unsteady (fragment)', 'The Light Continent'

Producido por Peter Hammill. Todos los temas escritos por Peter Hammill.

El disco número cuarenta de Hammill, editado a sus cincuenta años de edad, después de treinta años de carrera; todos números redondos para un disco que el autor se plantea en forma especial, tratando de abarcar todos los estilos y géneros que caracterizaron su obra a través de los años. Así encontraremos temas acústicos, instrumentales, furia eléctrica, temas largos, improvisaciones, un poco de todo.

El personal del disco está compuesto por los miembros del phQuartet (Gordon, Elias y Jackson) pero a diferencia del aporte más grupal de X My Heart, en éste las contribuciones de los músicos son más individuales.

Las letras están fundamentalmente centradas en el tema del paso del tiempo, lo cual no es ninguna novedad en cuanto a las obsesiones temáticas del inglés.

En 'Unrehearsed' Hammill rinde tributo a Van Der Graaf rascando por la mitad del mismo un sucio riff con la eléctrica, y el extenso tema final, 'The Light Continent', compone una especie de corte épico-experimental, muy distinto en su estructura y confección a los otros temas largos de su carrera.

Fue grabado y mezclado en Terra Incognita, Bath, entre Enero y Julio de 1998.

A continuación lo que escribiera el propio PH en su sitio web SOFA SOUND sobre el álbum:

THIS

Cuando se grabó este álbum y salió por primera vez, me cautivó mucho la sincronicidad de los números: el cuadragésimo álbum, en mi quincuagésimo año y así sucesivamente. Supongo que era inevitable que así fuera, especialmente porque al principio de las cosas (o al menos en el momento en que se me ocurrió la idea de que * podría * estar haciendo esto durante un período de tiempo considerable) había pensado que un objetivo de hacer cincuenta álbumes a lo largo de una carrera podría ser un objetivo decente. A la distancia de unos pocos años, esto parece una especie de albatros que cuelga del cuello del CD, lo que implica un grado de conciencia y significado sobre su fabricación que de alguna manera está en desacuerdo con el contenido real. En verdad, hice este disco como todos los demás, siendo arrastrado hacia arriba, hacia abajo y dentro de cada canción por las propias canciones. Por muy dispar que sea una colección, me parece ahora que estas piezas se suman a un todo coherentemente consistente. El personal del álbum son los miembros del cuarteto pH, pero aquí sus contribuciones son mucho más individuales que en el caso de "X my heart"; este no es en ningún sentido un disco de "banda". Dado que había tomado como objetivo hacer un conjunto de canciones que cubrieran la mayoría de las bases que componen mi estilo (si tal cosa existe), era inevitable que los factores unificadores fueran la canción y la voz en lugar de la instrumentación.

Sería justo decir que las canciones se dividen en tres categorías: construidas, encontradas y descubiertas. La construcción es la forma más normal de escribir una canción, por supuesto: una melodía, secuencia de acordes o idea lírica se da a conocer y luego se trabaja hasta que se convierte en una canción completa. "Sin ensayar", "Nightman" y "Fallen (la ciudad de la noche)" entran en esta categoría. "Unrehearsed" es la canción que más se acerca a los estilos "épicos" y de banda aquí. (Quizás sea extraño, por lo tanto, que este sea el que más he tocado de este álbum en vivo, en formato solo y en dúo). Hay una forma inexorable en este y la huella de pHQ es bastante clara. Tal vez debería haber reducido un poco la sección del riff, pero fue muy divertido de tocar y también había algunas formas constructivas que exigían que durara tanto tiempo. Juego muy comprensivo de todos los interesados. Como suele ser el caso, la amonestación dada a una segunda persona del singular también podría entenderse dirigida a mí. "Nightman" es una melodía de guitarra acústica directa. Todavía puedo recordar el momento específico que lo inspiró, cuando me desperté en la oscuridad de la noche y me senté afuera, pensando que estaba pensando en las cosas, pero sabiendo que recordaría poco o nada a la mañana siguiente. Al menos recordé lo suficiente como para documentar la sensación del momento ... que, creo, no es algo que no tenga que ver solo conmigo personalmente. "Fallen" tiene una resonancia extraña, posterior al 11 de septiembre. Pero no es solo con eventos dramáticos que las ciudades cambian bajo nuestros pies y ante nuestros ojos inconscientes. Por supuesto, estaba escribiendo sobre Londres, después de (otra) caminata en la niebla por calles que una vez conocí bien pero que ahora me son ajenas. Llevamos las ciudades de nuestro pasado en la memoria; las ciudades reales son otra cosa, sobre todo de noche. (Y la referencia a caminar en la niebla no es accidental). Y la noche misma es una ciudad diferente. Bueno, no voy a entrar en las densidades de las letras aquí, más allá de la obvia noche caída, ciudad caída, preste atención al elemento de fondo. Pero no soy profesor, ¿verdad? Sólo un cambio de trucos entre la palabra y la música ... Un propósito del cual ... un poco (¡creo!) De Krebs Technik para salir de los coros y llegar al final, que tardó una eternidad en sentarse exactamente bien. Puede parecer extraño decir que "Since the Kids", a todos los efectos una melodía de piano deliberada, se "encuentra", pero de hecho es el caso. La canción surgió de una larga improvisación en el piano, unos veinte minutos si no recuerdo mal. Luego llevé esto al estudio y procedí a editarlo sin piedad hasta obtener la forma completa. Solo entonces me puse a buscar la letra. Por cierto, mi intención en estos era ser absolutamente positiva, pero realista, sobre el proceso de crianza. "Stupid" (pero dulce al mismo tiempo) se encontró simplemente jugando con pistas rítmicas. Finalmente, la forma se impuso. Una extraña colisión de guitarra instintiva con mis primeras incursiones en el mundo de los sintetizadores suaves. La voz salvaje, por supuesto, era solo eso, un lamento indisciplinado. "Siempre es el siguiente" surgió a partir del pulso del bajo. Todas las guitarras y la melodía finalmente se fusionaron en torno a eso, aunque tomó mucho tiempo controlarlo, infundido con un espíritu retro de Nadir tal como es. Las imágenes de Son of Sam-ish me tomaron completamente por sorpresa (sí, descubrir de qué se trata una canción puede ser así ...) pero fue completamente acertado. Y en el rincón "descubierto" tenemos "El continente de la luz". Esto fue totalmente improvisado en lo que a música se refiere. Comencé a tocar una mañana con un estado de ánimo completamente abierto, aunque algo ansiosamente reflexivo y sombrío. Simplemente "estoy haciendo música", en un sentido libre. (Resultó que mientras estaba haciendo esto, cosas sombrías y cambiantes estaban sucediendo en otros lugares, pero esa es otra historia que elijo mantener como privada ...) Interpreté mis partes ... mi actuación ... en una pasada continua, ajustando las diversas fuentes de sonido que estaba usando a medida que avanzaba. Una vez más, un proceso de edición le dio a la pieza una forma (ciertamente larga). Para entonces, la línea vocal, el tema y la letra ya estaban en marcha. (Desde el principio tuve una especie de sentimiento por el desapasionado vacío blanco del Polo Sur. ...) Las contribuciones de David y Stuart se hicieron bajo reglas estrictas: solo se les permitía dos pases cada uno. La primera fue sin haber escuchado la música en absoluto; los únicos puntos de referencia que les di fueron "Tiene 14 minutos de duración y es la Antártida". Estoy muy feliz con esta pieza. También se descubren los tres fragmentos que aparecen en el disco como pasajes de enlace. Su presencia es esencial para unir todo. A menudo ocurre que, mientras se graba, se escuchan pequeñas secciones o loops de música fundamentalmente de respaldo que son pepitas fascinantes en sí mismas, pero que nunca llegarán a ser el centro del escenario. Durante tres de esos momentos, esta fue la oportunidad de recibir atención individual.

En la portada, aparte de la colección de objetos "propios del artista" de Paul Ridout que incrustan o significan el tiempo, Stuart arrancó el disco del tacógrafo de la máquina a alta velocidad en uno de los muchos paseos por la banda europea, para hilaridad general, y el reloj era de mi padre. Se detuvo en mi muñeca un día después de que me hiciera cargo de su uso. Hay muchas cosas en este disco y va a lugares extremos, pero en general tiene, para mí, una cualidad reflexiva que reconoce y lamenta simultáneamente el paso del tiempo y lo pequeños que somos en la gran corriente. Pero siempre es el siguiente (pronto llegará), así que será mejor que sigamos ahora ...

Este disco se hizo en 1998, pero me parece que fue hace más tiempo. Desde entonces, han sucedido muchas cosas inesperadas; pero esencialmente las canciones aquí dicen "acepta lo que está sucediendo ahora mismo y ve con él (incluso si ya pasó, incluso si sabes que será pasado)". Entonces ... siempre que se hizo, se hace. Créame, no pretendo tener nada más que una visión general, en lugar de una visión general. En el transcurso de estas grabaciones, creo que aprendí lo suficiente para sostenerme durante (al menos) los siguientes diez años de trabajo ... mientras no prestaba demasiada atención al aprendizaje.

TYPICAL - 1999

Temas: 'My Room', 'Curtains', 'Just Good Friends', 'Too Many of my Yesterdays', 'Vision', 'Time to Burn', 'The Comet, the Course, the Tail', 'I will find you', 'Ophelia', 'Given Time', 'Modern', 'Time for a Change' (Smith), 'Patient', 'Stranger Still', 'Our Oyster', 'Shell', 'A Way Out', 'Traintime', 'The Future Now'

Producido por Peter Hammill. Todos los temas escritos por Peter Hammill salvo el indicado.

Primer disco oficial en directo del Hammill más especial: aquel que está completamente solo sobre un escenario. Grabado durante la gira Europea de 1992 -la que realizó al editar Fireships- ofrece un estupendo muestrario de toda su carrera hasta el momento, bastante representativo además de lo que es un show del 'Vampiro de Bath' en solitario.

Lo genial de este doble CD es que durante esta gira la parte del show dedicada a la guitarra fue tocada con eléctrica, lo cual le dió una dimensión totalmente distinta a los temas que arremete con ella ('Modern' o 'Patient', por ejemplo), mutando a una performance completamente incandescente y por momentos desmadrada. ¿Hammill 'Guitar Hero'? Más vale decir 'Guitar Madness', ya que cuando comienza a juguetear con la electricidad el inglés pierde su compostura de gentleman británico, conecta con el más primitivo espíritu 'Hendrixiano' (que, recordemos, mamó de la fuente) y hace empalidecer a más de un rabioso roquero de hojalata. Los bises (nada menos que 'Afterwards', 'Darkness' y un demoledor 'Central Hotel', los tres sin acreditar en la carátula y escondidos al final del segundo compacto) son otra muestra de la faceta más cruda y por momentos salvaje de Hammill. Una verdadera joya, impecablemente grabada.

NONE OF THE ABOVE - 2000

Temas: 'Touch and Go', 'Naming the Rose', 'How Far I Fell', 'Somebody Bad Enough', 'Tango for One', 'Like Veronica', 'In a Bottle', 'Astart'

Producido por Peter Hammill. Todos los temas escritos por Peter Hammill.

Un trabajo calmo, melancólico y triste, cuyas letras son en su mayoria historias en tercera persona (aunque en algunas Hammill asuma la primera persona como narrador, en una

185

forma casi teatral) con casi nula participación de otros músicos, (solo Gordon en tres temas y Elias en uno) y nuevamente la participación de los coros de sus hijas Holly y Beatrice para dos canciones.

Más allá de cierto sentimiento oscuro que destilan las letras de los primeros siete temas -el matrimonio sin hijos que cultiva una rosa en reemplazo de ser padres, pero la muerte impide que la mujer pueda ponerle nombre a la flor en 'Naming The Rose', el solitario viejo de 'How Far I Fell' haciendo una amarga síntesis de su vida o la mujer maltratada por su pareja de 'Like Verónica', el tema más enérgico del disco a nivel musical- por lo menos en el último, 'Astart', Hammill nos deja el consuelo de que "cada final puede ser un nuevo comienzo".

Un disco difícil, de lenta 'digestión', en gran parte debido a su aparente monotonía.

Fue grabado y mezclado en Terra Incognita, Bath, entre Junio de 1999 y Febrero de 2000.

WHAT, NOW? - 2001

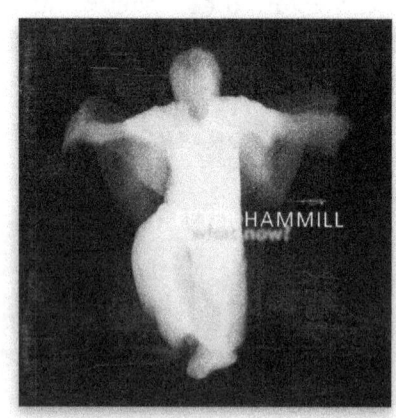

Temas: 'Here Come the Talkies', 'Far-flung (across the sky)', 'The American Girl', 'Wendy and the Lost Boy', 'Lunatic in Knots', 'Edge of the Road', 'Fed to the Wolves', 'Enough'

Producido por Peter Hammill. Todos los temas escritos por Peter Hammill.

Sigue la linea estilistica del anterior, pero con mucho más vigor, energía y el regreso de David Jackson (genial en el extenso 'Edge Of The Road'), ausente en None Of The Above. Es probable que Hammill se haya imbuido del espíritu de Van Der Graaf Generator al pasar tantos meses remasterizando el material para The Box, ya que en este estupendo trabajo encontramos permanentemente ecos de la banda -muy en la onda The

Quiet Zone- desde el primer tema, 'Here Comes The Talkies', una joya que va creciendo en intensidad hasta explotar en uno de esos típicos riffs de guitarra a la Nadir que de tanto en tanto desmelenan (saludablemente) la obra Hammilliana. Otro temas imbuidos del espíritu del 'generador' son 'Lunatics In Knots' (donde destaca el violín de Stuart Gordon) y el tétrico 'Fed To The Wolves', donde bajo un manto de distorsionadas guitarras eléctricas (un mar de feedback surgido de improvisaciones previas) Hammill se mete en el escabroso terreno del abuso infantil por parte de los sacerdotes católicos: "Ellos deberían estar a salvo en la Casa del Señor, pero allí no hay piedad, sólo abuso. / Y el daño provocado es peor que impiadoso."

Del lado amable del disco sobresale 'Wendy And The Lost Boy', y su añoranza por la niñez perdida: "el niño está vivo, el niño está dentro del hombre."

Uno de sus mejores trabajos en años, que crece y crece con cada escucha.

CLUTCH - 2002

Peter Hammill

Temas: 'We are Written', 'Crossed Wires', 'Driven', 'Once you called me', 'The Ice Hotel', 'This is the Fall', 'Just a Child', 'Skinny', 'Bareknuckle Trade'.

Producido por Peter Hammill. Todos los temas escritos por Peter Hammill.

En Clutch (que significa asir o agarrar) Hammill da un giro brusco en el timón con respecto a sus últimos trabajos discográficos y plasma una obra integramente ejecutada con la guitarra acústica (nada de eléctricas ni teclados aquí). Sólo Gordon y Jackson le acompañan en algunos temas.

Si bien el tono de los temas sigue siendo bastante oscuro (exceptuando la dulce canción dedicada a su hija mayor, 'Once You Called Me', con un exquisito arreglo de cuerdas de Gordon) -"No es un álbum folk, ni una ligera colección de temas de amor", se apresuró a dejar claro Hammill en el momento de su lanzamiento- lo que mas sobresale y agradece al escucharlo es ese regreso a un primer plano absoluto de la voz, bien al frente en la mezcla.

Un trabajo parejo y estupendo, donde sobresale el extenso último tema, 'Bareknucle Trade', con un Gordon que brilla con su violín electrificado (wah wah incluido).

En los agradecimientos incluidos en el libreto del Cd se incluyen a Alison Goldfrapp y Will Gregory, del grupo Goldfrapp, quienes utilizaron los servicios de Stuart Gordon para su famoso disco debut, Felt Mountain, y luego compartieran Terra Incognita con Hammill para la grabación de su segundo disco, Black Cherry.

Fue grabado y mezclado en Terra Incognita, Bath, entre Agosto de 2001 y Julio de 2002.

INCOHERENCE - 2004

Si bien esta es una pieza única y continua de 41 minutos de duración, el propio Hammill la separó en 14 subtemas: 'When Language Corrodes', 'Babel', 'Logodaedalus', 'Like Perfume', 'Your Word', 'Always and a Day', 'Cretans Always Lie', 'All Greek', 'Call That A Conversation?', 'The Meanings Changed', 'Converse', 'Gone Ahead', 'Power of Speech', 'If Language Explodes'.

Producido por Peter Hammill. Todos los temas escritos por Peter Hammill.

Hammill vuelve a romper el molde con este trabajo conceptual de cuarenta y un minutos -acorde a otros trabajos épicos como 'A Plague Of Lighthouse Keepers', 'Flight' o 'A Headlong Stretch', aunque no se parece a ellos en cuanto a estructura, ya que la de Incoherence tiene una mayor semejanza a Usher- que trata sobre los defectos y problemas del lenguaje.

Si bien es una obra larga y compleja como las citadas (con pasajes extremadamente difíciles de tocar) carece de instrumentos de percusión (como la remake de Usher); Hammill toca todos los instrumentos y voces, aunque contiene el esporádico aporte de los siempre presentes Gordon y Jackson

Otro gran trabajo que da muestra concreta de la siempre vigente e inquieta creatividad del músico inglés.

Fue grabado y mezclado en Terra Incognita, Somerset, entre Marzo y Diciembre de 2003.

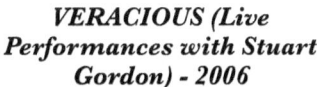

VERACIOUS (Live Performances with Stuart Gordon) - 2006

Temas: 'A Better Time', 'Gone Ahead', 'Driven', 'Nothing Comes', 'Amnesiac', 'Nightman', 'Like Veronica', 'Bubble', 'Easy to Slip Away', 'Primo on the Parapet', 'Shingle Song', 'A Way Out'.

Producido por Peter Hammill. Todos los temas escritos por Peter Hammill.

Otro hueco que cubrir en su discografía: un trabajo en directo acompañado unicamente por Stuart 'Hooly' Gordon (su habitual compañero de escenario de los últimos años.)

Un excelente documento sonoro, con un Hammill en pleno control y magnifica voz, y un Gordon que se acopla a la perfección tanto a los particulares temas del inglés como a su impredecible y original manera de presentarlos en directo. Las versiones de 'Amnesiac' y 'Like Veronica' son demencialmente bellas, en la más pura tradición 'desmadre a lo Hammill', donde se aprecia más que en ningún otro lado la compenetración que los dos músicos han logrado a través de los años sobre un escenario.

Fue grabado en tres recitales diferentes entre 1999 y 2004. El título del CD es en homenaje al violín de Gordon, que responde al nombre de Vera.

SINGULARITY - 2006

Temas: "Our Eyes Give it Shape", "Event Horizon", "Famous Last Words", "Naked to the Flame", "Meanwhile My Mother", "Vainglorious Boy", "Of Wire, of Wood", "Friday Afternoon", "White Dot"

Todas las canciones de Peter Hammill. Producido y grabado por PH en Terra Incognita, Wilts, entre enero y agosto del 2006. Este es sin dudas uno de los mejores trabajos de PH del siglo XXI, importante también en su discografía justamente por tratarse del primer disco grabado después del grave ataque al corazón que hiciera temer por su salud. Es por lo tanto una obra destacada también en su cronología de vida (como lo fuera también su regreso a las actuaciones en directo en el histórico concierto en la lonja medieval de la ciudad de Sos del Rey Católico en Zaragoza, España, el 12 de agosto del 2004, donde tuve el honor de hacer la presentación del mismo, como se relata en otro capítulo de este libro). Un disco que grabó completamente solo, tocando todos los instrumentos, incluida la batería, con un destacado trabajo en la guitarra eléctrica (a puro riff en el abrasivo "Vainglorious Boy", lo más "rockero" de PH en años!) algo que repetiría luego en la versión de trio de VDGG. Ya en la apertura con el fuerte optimismo de "Our Eyes Give It Shape" hay versos que pintan su estado de ánimo después de haber superado ese mal trago en su salud: "I'm so glad I'm still here to see this, the break of day at the end of the long dark night..." ("Estoy tan orgulloso de estar aquí todavía para ver esto, la irrupción del día después de una larga y oscura noche") o "A simple pleasure in the simple things makes life great." ("El simple placer de las cosas simples hace la vida mejor."). A pesar de ser un trabajo más accesible (dentro de los cánones de PH por supuesto!) que los últimos hay también lugar para la experimentación y lo épico (tomar nota del grande finale con ""White Dot").

Con motivo de ser este un disco tan especial hemos decidido cederle directamente la palabra al propio PH (a través del comentario que escribiera para su página en el momento de edición del trabajo) con respecto al mismo: "Cuando comencé a grabar el último álbum en solitario, era plenamente consciente de cuánto habían cambiado las cosas para mí en los últimos dos años. Significativamente, por supuesto, esta fue la primera vez que asistí a sesiones de grabación desde mi ataque al corazón en 2003. En la medida en que hay un hilo continuo en todo mi trabajo, seguramente hago un esfuerzo para documentar algunos de los pasajes. de la vida por la que pasamos la mayoría de nosotros mientras los experimento y los observo. Difícilmente podría dejar de abordar la insinuación extrema de mortalidad que me trajo mi episodio cardiaco. (…)De manera igualmente significativa, comencé este trabajo luego de la reunión de VDGG. Por supuesto, este había sido un evento inmensamente agradable y edificante en un sentido musical en todo momento. Como experiencia humana, fue igualmente estimulante en su primer período: la calidez y el entusiasmo que sentimos al tener la oportunidad de volver a entrar en este extraño escenario fue genuinamente encantador. Sin embargo, al final, mucho se había echado a perder a escala humana y durante las últimas semanas del año me sentí agotado en mente, cuerpo y espíritu. Sin embargo, una vez que llegó enero, Guy, Hugh y yo determinamos que habría un futuro continuo VDGG como trio y esto fue un gran estímulo para todos nosotros. Como si la reunión de VDGG, y sus consecuencias, no fueran suficientes para desencadenar pensamientos sobre el trabajo en el pasado y el presente, también había remasterizado recientemente los álbumes "Fireships" y "Enter k", en los cuales hay importantes historias de fondo. A medida que avanzaba el 2006, también iba a asumir la responsabilidad de remasterizar todo el catálogo solista de Virgin, todos mis primeros discos solistas. No había escuchado muchas de estas grabaciones durante años y, por supuesto, al hacerlo me trajo recuerdos de los tiempos que me inundaron, así como también quedaron al descubierto los caminos técnicos y estilísticos que recorrí entonces y que me han llevado a donde estoy hoy. En resumen, entonces, sentí que no podía simplemente tropezar con la realización de "otro" disco en solitario de PH. (¡No es que vaya a grabar con ese tipo de actitud, para ser honesto!) Igualmente, especialmente considerando la naturaleza de estos eventos recientes, estaba claro que necesitaba continuar trabajando y reaccionando tanto instintivamente como con cierta consideración. si lo que iba a emerger iba a ser consistente con el Hammill Way siempre no declarado. En resumen, ser, al menos a mis ojos, cualquier bien, de algún interés; además, con cierto nivel de conciencia de mi propia historia y del camino que he tomado -muchas veces inconscientemente- para llegar hasta aquí. Desde una etapa temprana, tenía muchas ganas de hacer de este un disco absolutamente en solitario. Esta idea se reforzó cuando trabajé en las remasterizaciones en solitario del sello Charisma; el espíritu de muchas de las primeras grabaciones había sido a menudo de trabajo en solitario, incluso si otros músicos contribuyeron con partes en etapas posteriores. Sin embargo, debo decir que no comencé la remasterización del material de Virgin hasta que estuve muy avanzado en las nuevas grabaciones, por lo que algunas de estas ideas evidentemente ya estaban en su lugar para entonces. Tal vez ya me sentía atraído por este enfoque desde el principio. Como suele ser el caso, comencé a descubrir lo que estaba tratando de hacer en el curso de la práctica. También tenía muchas ganas de encontrar nuevas facetas en mi panorama musical. Incluso después de todos estos años y todas estas canciones, todavía espero encontrar algo inesperado en lugar de simplemente volver a recorrer viejos caminos. Naturalmente, ahora tengo varios rasgos estilísticos que son tanto la firma como el patrón y, hasta cierto punto, la creación de la novedad depende de combinarlos en diferentes formas en lugar de comenzar con una tabula rasa. Esta vez quise ir un poco más allá hacia lo (¿familiarmente?) extraño, animado, quizás, por el espíritu de aventura (aunque equilibrado por una gran falta de experiencia) que habitaba muchos de mis primeros trabajos. Al mismo tiempo, deseaba permanecer en contacto con los principios fundamentales y perdurables de La Canción, que, naturalmente, sigue siendo mi principal preocupación en toda su seductora complejidad. No estoy diciendo que estaba tratando de hacer un "Chameleon", un "Future Now", un "In Camera": esos eran entonces y yo era ese yo, es imposible (y, de hecho, indeseable) volver y desaprender todo lo que ha pasado desde entonces. Sin embargo, quería que las cosas fueran un poco más toscas y listas, en contraste con la mayor parte de mis grabaciones recientes en las que, en parte gracias a la tecnología moderna, ha habido una tendencia a mejorar y pulir. Tomé la decisión consciente de *no* exagerar las cosas, tomar decisiones y apegarme a ellas. No digo que estaba tratando de hacer un "Chameleon", un "Future Now", un "In Camera": esos eran entonces y yo era ese yo, es imposible (y, de hecho, indeseable) volver atrás y desaprender todo lo que ha pasado desde entonces. Sin embargo, quería que las cosas fueran un poco más toscas y listas, en contraste con la mayor parte de mis grabaciones recientes en las que, en parte gracias a la tecnología moderna, ha habido una tendencia a mejorar y pulir. Tomé la decisión consciente de *no* exagerar las cosas, tomar decisiones y apegarme a ellas. No digo que estaba tratando de hacer un "Chameleon", un "Future Now", un "In Camera": esos eran entonces y yo era ese yo, es imposible (y, de hecho, indeseable) volver atrás y desaprender todo lo que ha pasado desde entonces. Sin embargo, quería que las cosas fueran un poco más toscas y listas, en contraste con la mayor parte de mis grabaciones recientes en las que, en parte gracias a la tecnología moderna, ha habido una tendencia a mejorar y pulir. Tomé la decisión consciente de *no* exagerar las cosas, tomar decisiones y apegarme a ellas. Entonces... la textura instrumental de las grabaciones es comparativamente simple, aunque los estilos de las nueve piezas son tremendamente diferentes entre sí; nuevamente, esto refleja la composición de álbumes anteriores en lugar de posteriores. Alrededor de la mitad de las canciones se basan en un núcleo de guitarra acústica o piano... canciones "tradicionales", se podría decir. En varios momentos en el curso de la grabación, las cosas se desvían hacia la música concreta y, en otros lugares, hacia el sonido de algo que se acerca a una banda. Así que no es un esfuerzo de un cantautor en solitario, exactamente. Hay bastante guitarra eléctrica, parte de ella en el extremo excéntrico de la escala; es aquí, en particular, que me he estado inclinando hacia el elemento instintivo. Por supuesto, todo el mundo sabe que estoy muy lejos de ser un Dios de la Guitarra... pero a mi manera modesta creo que tengo algo que decir en esos trastes. Bueno, jejeje, describir la música es como tratar de explicar el olor a queso, ¿verdad? Todo lo que puedo decir es que creo que esta vez se me han ocurrido cosas musicales nuevas. Algunos momentos de (aparente) calma y algunos rayos caídos del cielo... Pero como siempre, ahora sé demasiado y demasiado poco sobre el contenido para poder hacer un comentario absolutamente objetivo. Como siempre, estoy un poco reacio a hacer el más mínimo movimiento hacia la exposición o explicación de la letra en esta etapa. Por supuesto, aparecerán en el sitio después de un intervalo decente desde la fecha de lanzamiento. En general, sin embargo, supongo que puedo decir que la mayoría de estas canciones son cuentos de advertencia. Las insinuaciones de mortalidad están presentes en casi todas las líneas, como cabría esperar de las experiencias de los últimos dos años. Algunas de estas son representaciones directas y personales, algunas observacionales; la mayoría de las imágenes se extraen directamente de la vida. Espero que todos estén imbuidos de un espíritu positivo en lugar de uno de negación y negatividad. Es cierto que algunas de estas canciones están mirando el lado oscuro de las cosas; pero no mirar no haría que ese lado dejara de existir. También encontrará un buen grado de advertencia en algunos lugares aquí y ciertamente algo de esto se aborda externamente; pero, como de costumbre, muchas cosas están destinadas y dirigidas a mí mismo. Esa es una dualidad que ha estado presente en mis cosas desde hace años, como estoy seguro que sabrás. Por cierto, creo que algunas de las técnicas de la voz son bastante innovadoras... Debería decir algo sobre el título y las cosas asociadas con él. "Singularidad" es un término que ha generado extraños significados en los últimos años, algunos de ellos demasiado modernos para las palabras. Para mí tiene dos significados principales: en lo personal, idiosincrásico, inusual; en lo científico, un Agujero Negro. Una tercera definición también es de interés, la matemática, pero (quizás) no vayamos allí, ya que es donde se rompen todas las reglas. Un par de letras aquí se refieren, aunque fugazmente, a la teoría cuántica y a los agujeros negros y, al final, el título en sí se convirtió en un candidato singular. Porque yo era singular. Me acosté boca arriba, después de un ataque al corazón, consciente del hecho de que necesitaba i) permanecer despierto cuando estaba despierto y ii) descansar, absolutamente, cuando no estaba despierto; figurativamente consciente de flotar justo fuera de la gravedad final de una Gota. No me caí, así que no sé si eso es lo que se sentirá al final, si se me otorgará (o se me maldecirá) la conciencia al final (mi personal). Ciertamente tuve la sensación de que me esperaba en esos momentos en que las posibilidades de que mi vida continuara dependía de las monedas que giraban en el aire, había una especie de agujero negro, un vórtice que no me liberaría si me adentraba demasiado en sus garras. He tratado de expresar algunos de esos sentimientos aquí. Sí, es un conjunto serio de grabaciones. Como siempre, no seré capaz de tener una perspectiva decente sobre ellos durante algún tiempo; sin embargo, creo que he puesto un marcador en cuanto a mi trabajo tanto para lo que (espero) va a venir como para diferenciarlo de lo que ha pasado. Creo que esto es algo fuerte y sustancial. Por lo que vale, no es que esto sea necesariamente un tipo de recomendación, no creo que nadie más esté trabajando en este territorio. Lo que también quiere decir, no tengo idea de qué tipo de música es esta, excepto que es de un tipo que tiene sentido para mí…"

THIN AIR - 2009

Temas: "The Mercy", "Your Face on the Street", "Stumbled", "Wrong Way Round", "Ghosts of Planes", "If We Must Part Like This", "Undone", "Diminished", "The Top of the World Club".

Todos los temas escritos por Peter Hammill. Producido y grabado por PH en Terra Incognita, Wilts, entre agosto del 2008 y marzo del 2009 (salvo las guitarras acústicas del tema "Stumbled", grabadas en el Hotel Ercilla, Bilbao, España, en mayo del 2008).

Al igual que en su lanzamiento anterior Hammill se encarga nuevamente de tocar todos los instrumentos, además de producir el álbum, aunque a diferencia del anterior hay menos percusión (se destaca "Ghost on planes" con PH nuevamente en batería) y su uso de la guitarra eléctrica es mucho más moderado. El tema principal del álbum es la desaparición, como dijo Hammill a la revista musical británica Mojo en febrero de 2009: "Se hizo evidente con bastante rapidez que los fuertes vínculos temáticos estaban presentes en las letras de las canciones: desaparición, cambio, pérdida, distorsión en diversas formas fueron bordados a través de todos ellos". Según François Couture en su crítica del sitio de AllMusic, Thin Air: "... puede ser menos experimental que Singularity , pero más sombrío, y una propuesta artística más cohesiva y consistente". Las canciones contienen "casi nada de percusión, solo guitarras acústicas, piano, algunas líneas de guitarra eléctrica retorcidas, bajo y esos coros combinados y entrelazados que se han convertido en su firma".

Thin Air lo encuentra nuevamente reflexionando sobre uno de sus temas favoritos, la fugacidad de la vida. "La permanencia no es una característica de la vida humana. De ello se sigue que la desaparición es una función totalmente natural de nuestra existencia. Es la esperanza de que algunas de estas canciones documenten algunas de las manifestaciones de la ausencia total. Marcamos nuestros pasajes tanto por la forma en que desaparecemos, todo sin previo aviso, como por nuestras grandes entradas planificadas.", afirma el propio Hammill en su escrito sobre este trabajo en el boletín de junio del 2009 en su sitio web.

Otro trabajo maravilloso y variado que encima nos deja una de sus más bellas baladas en años, la magnifica "Undone".

PNO GTR VOX - 2011

CD 1 - "What if I forgot my guitar?"
1. Easy to slip away
2. Time Heals
3. Don't tell me
4. Shell
5. Faculty x
6. Nothing Comes

7. Gone ahead
8. Friday afternoon
9. Traintime
10. Undone
11. The Mercy
12. Stranger Still
13.Vision

CD 2 - "What if there were no piano?"
1. Comfortable?
2. I will find you
3. Driven
4. The Comet, the Course, the Tail
5. Shingle Song
6. Amnesiac
7. What's it worth?
8. Ship of fools
9. Slender threads
10. Happy hour
11. Stumbled
12. Central hotel
13. Modern
14. Ophelia

Edición corriente en dos cds con una selección del Box de siete.

PNO GTR VOX BOX - 2012

Se trata de un Box Set de edición limitada con siete CDs de la misma gira que el disco anterior.

Sobre este trabajo ver la entrevista del 2013 para Innerviews en el capítulo "Entrevistas"

Temas: "Eat my Words, Bite my Tongue", "That Wasn't What I Said", "Constantly Overheard", "Your new Pen-Pal", "Close to Me", "All the Tiredness", "Perfect Pose", "Scissors", "Bravest Face", "A Run of Luck"

Todos los temas escritos por Peter Hammill. Producido y grabado por PH en Terra Incognita, Wilts, entre fines del 2011 y principios de 2012.

Con éste trabajo, un tanto más oscuro que los dos anteriores, Hammill cierra una suerte de trilogía, no en lo temático pero si en lo estilístico. Hay un menor trabajo en lo percusivo en éste, donde PH nuevamente toca todos los instrumentos. En general, la línea de la melodía se toca en la guitarra o los teclados usando mucha reverberación o eco en la mezcla, lo que aumenta una sensación minimalista a la que agrega ocasionales toques de sobregrabaciones disonantes de guitarra eléctrica o múltiples arreglos vocales que crean ásperas armonías en una llamada y respuesta a la voz principal, como lo venía haciendo en los últimos años, añadiendo una mayor profundidad a las canciones. Según el periodista Dave Thompson: "Consequences es una escucha brutal, su tema son las consecuencias de una comunicación descuidada, ya sea abierta o no. "New Pen Pal" y "Scissors" son especialmente melancólicos, mientras que la manera casi hablada de Hammill de un (¿ficticio? ¿Alegórico?) encuentro con un admirador acechador (en "New Pen Pal", N.d.A) es realmente escalofriante. Equilibrando eso, sin embargo, "Perfect Pose" tiene una melodía maravillosa; es una creación "típica" de Hammill en muchos sentidos, y tan hermosa que puedes pasar de aquí a casi cualquiera de los otros clásicos de su carrera, y la majestuosa continuidad de su producción general es cegadora." Para los amantes del pasado destaca la balada "Constantly Overheard", gentilmente llevada adelante por su guitarra, y el ascético tema final, "Run Out Of Luck", con Hammill solo con su piano.

Temas: "In overview", "The last time", "Never wanted", "As for him", "Nowhere special", "Piper Smile", "Wanted to belong", "This might...", "Inklings, darling", "Be careful", "Alien Clock","Drifting through", "Washed up", "Rumpled sheets", "Fool-proof", "Can't get home", "Washed away", "Back road", "The line goes dead", "He turns away", "Hooks"

Todos los temas escritos por Peter Hammill. Producido y grabado por PH en Terra Incognita, Wilts, entre 2013y 2014.

Estamos aquí ante uno de los trabajos más ambiciosos y originales de toda la discografía de PH. No se trata este de un disco de canciones convencionales, aunque los fragmentos a partir de los cuales se formó provienen originalmente de ejemplos discretos de la forma estándar. Escrito y grabado durante un período de 18 meses, el más largo para un trabajo en solitario de PH, el álbum pasó por muchas transformaciones antes de llegar a su forma final. No se trata de un álbum conceptual como tal, pero su uso de paisajes sonoros irregulares y tramas escurridizas lo colocan más cerca de un mundo cinematográfico que de una canción narrativa. La paleta sonora consiste en guitarras, sintetizadores, ritmos contracturados y, por supuesto, voces insistentes. Esto es diferente a todo lo que Peter ha intentado antes, aunque algunos críticos han hallado alguna lejana similitud a trabajos anteriores como "Incoherence" o la opera "The Fall of The House of Usher".

El álbum se compone de tres partes (estamos hablando de la versión que viene en una cajita de tres cds). La música se elaboró originalmente como diez canciones individuales, independientes pero con un hilo narrativo sumergido que las atraviesa, una serie de tomas cinematográficas de una relación. Durante una gira por Japón en 2013, Hammill produjo un CD de "trabajo en progreso" de 40 minutos que presentaba una mezcla continua de las canciones tal como estaban entonces. Habiendo absorbido el material de esta forma, a Hammill se le ocurrió la idea de cortar las canciones completas en pedazos, reordenándolos y presentando los fragmentos reordenados como un todo continuo. Es esta llamada versión Ciné, la que el propio Hammill considera el nudo principal de la obra y que es lo que se presenta en la edición estándar de un solo CD y la que ocupa el disco 1 de la edición integral de 3CDs. Esta versión "Ciné" es como una película para los oídos, con segmentos cortos que entran y salen en una secuencia continua. Los personajes de Hammill son un hombre y una mujer atrapados en una tormentosa historia de amor. Su relación se narra en una serie de escenas alusivas y de miradas, contadas principalmente desde el punto de vista masculino. A veces lírico, reflexivo y conversacional, el texto de Hammill arroja a los protagonistas a un inframundo de zonas sombrías e iluminadas con neón. Como dicen las primeras líneas de la primera canción, "En resumen, la luz expiró y con ella se fue la narrativa que siempre había anhelado". Aquellos que anhelan una narrativa encontrarán poco consuelo aquí, excepto por una escena final en la que "a pesar de que sabía que esto era un adiós para siempre, no podía decírselo, simplemente no podía encontrar las palabras para decir". El segundo Cd del box, "Songs", presenta el material en un formato de canción individual relativamente convencional, aunque hablando de PH se sabe que siempre hay poco de convencional en sus composiciones! El tercer CD, llamado "Retro", son versiones instrumentales de las pistas básicas.

Según el periodista Thom Jurek en su review del sitio All Music: "La sensación general de la música es nocturna, solitaria e incluso seductora (escuchar "Never Wanted" e "Inklings, Darling"), aunque con una sensación de temor que ocasionalmente estalla de manera más contundente como en "Alien Clock", "Fool Proof" y "The Line Gone Dead". All That Might Have Been es provocativo en el mejor sentido posible. Su final no es realmente una conclusión, sino otro comienzo. Todo el procedimiento hace muchas más preguntas de las que responde: en un momento, en el penúltimo corte del set, "He Turns Away", Hammill canta la frase del título repetitivamente, pero continuamente la sigue con "... y la historia no ha terminado..." Este es un trabajo fascinante, avanzado y brillante en todos los sentidos."

LIVE AT ROCKPALAST - HAMBURG 1981 (K Group) - 2016

2 CDS +DVD

AUDIO

CD1-1	The Future Now
CD1-2	Losing Faith In Word
CD1-3	Stranger Still
CD1-4	Sign
CD1-5	My Experience
CD1-6	Modern
CD1-7	The Second Hand
CD1-8	Sitting Targets
CD1-9	The Sphinx In The Face
CD2-1	Flight
CD2-2	Central Hotel
CD2-3	The Spirit
CD2-4	Door
CD2-5	My Room

VIDEO

DVD-1	The Future Now
DVD-2	Losing Faith In Words
DVD-3	Stranger Stll
DVD-4	Sign
DVD-5	My Experience
DVD-6	Modern

DVD-7	The Second Hand
DVD-8	Sitting Targets
DVD-9	The Sphinx In The Face
DVD-10	Flight
DVD-11	Central Hotel
DVD-12	The Spirit
DVD-13	Door
DVD-14	My Room

Pirateado durante años en audio y video finalmente en el año 2016 se editó comercialmente esta histórica presentación del K Group para la TV alemana que contiene una versión completa en vivo del épico "Flight".

FROM THE TREES - 2017

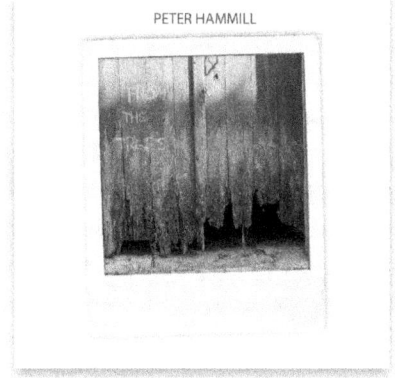

Temas: "My Unintended", "Reputation", "Charm Alone", "What Lies Ahead", "Anagnorisis", "Torpor", "Milked", "Girl to the North Country", "On Deaf Ears", "The Descent"

Grabado en Terra Incognita, Wilshire, entre fines del 2016 y julio de 2017. Producido por PH, arte de tapa y foto por Paul Ridout.

Se trata de 10 cortes intimistas que pueden verse como un repaso por distintos personajes que caminan hacia su ocaso, con momentos de realización y resignación. El propio Hammill comentó: "Una vez más, toco y canto todas las partes en las canciones y, por supuesto, algunas de ellas ya han sido presentadas en directo (...) todos ellas están concebidas como sencillas y bastante convencionales, o al menos, lo más convencional que pueden ser. En el tercer acto de la vida es hora de mirar con una visión clara dónde hemos estado y hacia dónde nos dirigimos".

X / TEN (LIVE) - 2018

Temas: "My Unintended", "Reputation", "Charm Alone", "What Lies Ahead", "Anagnorisis", "Torpor", "Milked", "Girl to the North Country", "On Deaf Ears", "The Descent"

Una verdadera rareza, PH nos presenta desnudas versiones en directo, tema por tema, del disco 'From The Trees', grabadas en distintos conciertos durante sus giras de 2017 y 2018. "Por primera vez, creo que interpreté todas las canciones de mi último álbum en el transcurso de mis giras a finales de 2017 y durante 2018. Esta colección consiste en presentaciones en directo en solitario de todo el álbum 'From The Trees', con los arreglos que los originales del disco, fieles al espíritu original en el que fueron escritos", explica.

¿Por qué no?

THE K BOX - 2019

Hermoso box en forma de libro que contiene los dos discos en estudio y el disco en directo (la edición doble por supuesto) que conforman las obras completas del K Group de principio de los ochentas. Como únicas rarezas contiene una versión alternativa e inédita del tema "Four Pails Of Water" (originalmente aparecido en el disco 'Skin, la versión del simple de "Paradox Drive", la cara B del mismo "Now More Than Ever" y una versión editada e inédita de "She Wraps It Up" editada para un posible lanzamiento en single que nunca sucedió.

NOT YET, NOT NOW - 2019

Monumental caja de material en directo. El material fue grabado desde noviembre de 2017 hasta mayo de 2018 en sus giras por Italia, Bélgica, Holanda, Suecia, Reino Unido y Alemania. En total son 101 temas de su vasto repertorio (sin repeticiones y acompañado sólo por su piano y guitarra, sin invitados) en 8 CD, con cada disco en caja propia, además de un libreto de 24 páginas. Los primeros 5 discos se corresponden a sus shows en Berlín, Nuremberg, Dortmund, Italia, Reino Unido y los 3 restantes, con mezclas de varios países y fueron editados para que duren todos aproximadamente una hora cada uno.

Trabajo que es 'primo/hermano' del otro box en directo 'Pno Gtr Vox' del 2012, cuya diferencia fundamental es que el anterior estaba organizado en una forma temática.

Como señalara el propio Hammill en el librillo interno, no se trata de versiones definitivas aunque si podríamos agregar que hay muchas que son memorables.

Una verdadera fiesta para los seguidores más acérrimos.

Temas: "The Folks Who Live On The Hill" (Kern/Hammerstein), "Hotel Supramonte" (de André/Bubola), "Oblivion" (Piazzolla/Tarenzi), "Ciao Amore" (Tenco), "This Nearly Was Mine" (Rodgers/Hammerstein), "After A Dream" (Fauré/Bussine), "Ballad For My Death" (Piazzolla/Ferrer), "I Who Have Nothing" (Magati/Mogol/Leiber/Stoller), "Il Vino" (Ciampi/Marchetti), "Lost To The World" (Mahler/Rückert)

Grabado enTerra Incognita, Wiltshire, entre marzo y diciembre del 2020. Grabado, tocado y producido por Peter Hammill.

"In Translation", por Alfredo Rosso (*)

En más de 50 años de trayectoria, el legendario músico inglés Peter Hammill nunca había hecho un disco de versiones. Ahora acaba de sorprender con In Translation, un álbum de canciones traducidas que respeta y enaltece la esencia de las diez composiciones elegidas. Los creadores versionados son sorprendentes: desde Luigi Tenco hasta Oscar Hammerstein, pasando por Fabricio de André, Gustav Mahler y el mismísimo Astor Piazzolla con "Balada para mi muerte". Las traducciones al inglés, además, las hizo todas el propio Hammill. Son canciones que en mayor o menor medida hablan de confusión, pérdida, y de una especie de futuro imaginado o esperado; canciones elegidas y grabadas en plena pandemia con una gran sutileza emotiva.

En los albores de la década del '70, el género progresivo-sinfónico enriqueció de un modo trascendental a la música de rock: por ambición musical, por la temática de sus letras, por la instrumentación, por los arreglos y hasta por un empleo mucho más creativo del estudio de grabación. Por más que la explosión punk haya afilado sus uñas criticando una supuesta pomposidad de ciertos exponentes progresivos, el paso del tiempo posibilitó el poner las cosas en su justa perspectiva. Paradójicamente, el movimiento progresivo y el punk tuvieron algo en común: sirvieron para abrir la puerta a muchos artistas y manifestaciones que no tenían cabida dentro del status quo de las escenas musicales que les precedieron. Y de la misma manera en que el punk primal de los Sex Pistols allanó el camino para la aparición de los sonidos sofisticados de Magazine o XTC, la movida progresiva había posibilitado unos años antes la emergencia de una música tan estimulante y original como la de Van der Graaf Generator, bajo la conducción de su principal nervio motor, Peter Hammill.

En 1969, en los días iniciales de la historia de Van der Graaf Generator, Hammill puso por primera vez de manifiesto esa característica que seduce o aterra (o ambas cosas a la vez) al oyente desde la primera vez que su caudal vocal cuasi operístico brota de los parlantes del equipo de música. No es solo el tono de su voz, sino también su rango expresivo, que puede llevarlo de una frase introspectiva emitida casi en un susurro a un desesperado tsunami de frases encendidas, en cuestión de segundos. El otro aspecto que lo destacó de entre sus contemporáneos fue la erudición y el amplio espectro de sus letras. Tan peculiar como su voz y su lenguaje son los tópicos de sus canciones, en las que podemos hallar referencias a leyendas y mitos antiguos, choques entre culturas y creencias, dilemas existenciales, y hasta alusiones a los misterios de la astrofísica, como en el tema "Red Shift", donde se vale del fenómeno conocido como "corrimiento al rojo" – que los astrónomos detectan en el espectro de colores al observar las galaxias que se alejan de la nuestra, corroborando así la teoría de un universo en expansión– para dejar latente el insondable enigma sobre el origen del cosmos y de nuestra propia existencia. Desde que Hammill editó "Red Shift" en su tercer álbum, The Silent Corner and the Empty Stage, de 1974, su carrera ha recorrido un largo camino, a través de un buen número de álbumes editados por Van der Graaf y de una muy prolífica discografía como solista, además de varias aventuras en colaboración con músicos tan diversos como Roger Eno y Gary Lucas, y la concreción de un álbum conceptual sobre el cuento de Edgar Allan Poe "La caída de la casa Usher", un proyecto tan caro a su corazón que su afán perfeccionista lo llevó a grabarlo dos veces. Pero Peter nunca había editado un disco de temas ajenos... hasta ahora. Este año apareció In Translation, una colección de canciones que debe haber tomado por sorpresa a más de un fan de este músico inglés de 72 años, ya que entre los autores se encuentran tres músicos italiano: Luigi Tenco, Fabrizio de André y Piero Ciampi, y hay también dos temas de Astor Piazzolla: "Oblivion" (Olvido) y "Balada para mi muerte".

La selección poco ortodoxa del material de In Translation era esperable, tratándose de un artista que nunca se caracterizó por caer en lugares comunes. Puede parecer curioso que apenas tres de los diez temas sean originalmente en inglés, y que el propio Hammill se haya encargado del trabajo más arduo de traducción. Sin embargo, este artista plurilingüe está acostumbrado a dicha tarea, gracias a varios proyectos previos en los que escribió canciones para artistas no anglosajones. "Mi enfoque ha sido siempre hacer traducciones culturales, en vez de estrictamente lingüísticas, de forma tal que se transmita el espíritu de las canciones en lugar de su narrativa literal. Es el mismo método que apliqué en In Translation". Cuando un artista le pone su impronta a su versión de un tema ajeno, suele decirse que "lo hizo suyo". En el caso de In Translation, más que adueñarse de las canciones, Hammill se metió en la columna vertebral de las emociones que transpiran estos temas. Y no es casual que la naturaleza de las letras y los climas musicales estén sólidamente emparentados con los dos grandes tópicos que el músico inglés ha abordado de muchas formas a lo largo de su extensa trayectoria: las intrincadas vicisitudes del amor y el desamor, y los múltiples enfoques de nuestros dilemas existenciales. Ambas cuestiones se entrelazan en "Ciao amore", que fue un hit del torturado músico italiano Luigi Tenco en 1967, aunque no lograse que el jurado del Festival de San Remo lo proclamase ganador, desaire que –se cree– motivó la muerte por propia mano de Tenco, tan solo horas después de conocido el veredicto. El tema cuenta la historia de un muchacho que asfixiado por la vida rutinaria y sin futuro que le depara su pueblo, deja atrás el campo y a su chica para buscar fortuna en la gran ciudad. Pronto se da cuenta que es un paria en medio de la alienación de la urbe, pero a la vez siente que el retorno es imposible. La naturaleza efímera de la pasión y de la vida misma están presentes en otros dos temas de autores italianos: "Hotel Supramonte", de Fabrizio de André, e "Il vino", de Piero Ciampi, donde el noble producto de la vid es celebrado como paliativo frente al aguijón constante del memento mori. No hay tal consuelo en "Ballad for my death", donde Hammill captó de modo sublime el cóctel de añoranza y resignación ante el destino que la letra de Horacio Ferrer le sumó al dramatismo Piazzollano en "Balada para mi muerte". Peter Hammill despliega en In Translation su don peculiar para retratar situaciones extremas a la que nos conduce nuestra naturaleza y así concebir una obra cuasi conceptual. Si el resultado final no peca de claustrofóbico para el oyente, es por la misma humanidad de los protagonistas de estos temas; su fe en lo que son pero también en lo que pudieron haber sido. En "The Folks Who live On The Hill" –una canción de los años '30 del siglo pasado, creada por Jerome Kern y Oscar Hammerstein II– uno intuye que esa gente privilegiada que habita "la cima de la colina" está atrapada en la idealización del Gran Sueño Americano, pero al mismo tiempo, el oyente no puede evitar conmoverse por esa ensoñación de vida idílica. Otro tanto sucede con "This Nearly Was Mine", tema del film musical-bélico South Pacific, ambientado en época de la Segunda Guerra Mundial, en cuya letra el protagonista imagina la vida alternativa que pudo haber tenido en tiempos de paz. Ese fugaz rayo de ilusión, frente al destino incierto, resulta extrañamente catártico.

El carácter ecléctico de In Translation se acentúa con dos composiciones clásicas: "After A Dream" (Après un reve), del poeta y cantante Romain Bussine y el compositor Gabriel Fauré –artistas que colaboraron en la Francia de principios del siglo XX– y "Lost To The

World" (Ich bin der Welt abhanden gekommen) de Gustav Mahler, sobre un poema de Friedrich Rückert. Ambas obras tienen en común el tópico de los sueños; la primera es el típico caso de despertarse de un sueño feliz y querer, en vano, volver a esa dulce inconciencia; mientras que el poema de Rückert y la partitura de Mahler transmiten el espíritu del artista romántico y soñador, solitario y apartado del mundo y sus distracciones. Hammill percibió en ambas piezas una conexión con esa sensación de "mundo en suspensión" que originó la pandemia y ese encontrar solaz y evasión, así fuese momentánea, en la tierra de los sueños.

Respecto de la forma en que los diferentes temas parecen vincularse entre sí, Hammill observó: "Este álbum contiene composiciones que parecen encajar justo entre sí; forman un conjunto. Y uno de los motivos es que la mayoría son canciones que en mayor o menor medida hablan de confusión, pérdida, y de una especie de futuro imaginado o esperado, que nunca llegó. Muchos de estos temas no me resultaban familiares antes de encarar este proyecto. Un descubrimiento me condujo a otro y así sucesivamente. Las circunstancias de las canciones son también interesantes y algunos de estos compositores e intérpretes vivieron en circunstancias particularmente dramáticas. Me sacó el sombrero ante estas vidas, muchas veces complicadas. Espero haber encarado el material y a sus creadores con el debido respeto. Es inevitable, sin embargo, que les haya dado un giro que es exclusivamente mío. Quiero subrayar, además, que estas grabaciones fueron hechas, por supuesto, en pleno auge del Covid y de la cuarentena. Pero también a sabiendas que el Brexit –en todo su horror– se acercaba más y más. Así que estas performances de canciones, en su mayor parte europeas serán mis últimas como intérprete europeo, con todos los derechos y privilegios que eso me ha traído durante tantos años."

El paso de los años no ha conseguido aminorar la potencia ni el amplio rango de voz de Peter Hammill. Quienes han presenciado sus recitales de los últimos años son testigos de que sigue intacta su capacidad de mutar de un tono calmo y confesional a un alarido maníaco en cuestión de segundos, pero el clima general de In Translation es más recoleto: un muestrario de tópicos afines a esa sensación ecuménica de pérdida y aislamiento que nos resulta bien familiar en tiempos de pandemia. El álbum opera con parámetros más sutiles respecto de los súbitos crescendos de intensidad emotiva que caracterizaron a muchos clásicos de Van der Graaf o de su carrera solista. En In Translation, Hammill pone de manifiesto, una vez más, esa madura elegancia, sin rasgos de impostación, que ha caracterizado su carrera reciente. Y aunque aquí transmite sentimientos del corazón y la pluma de otros, no puede evitar desnudar su propia alma en el proceso, con esa mezcla exquisita de suave melancolía e instinto dramático que llevan su sello único. (*) (aparecido originalmente en el diario Página 12 el 19 de septiembre de 2021)

Complementamos el excelente artículo que el colega Alfredo Rosso (uno de los más brillantes periodistas de rock de Latinoamérica) nos ha cedido gentilmente para utilizar en este libro, complementamos con las notas internas del cd donde el propio Hammill habla sobre la gestación del mismo:

Cuando comenzó el aislamiento a principios de 2020, me encontré, por supuesto, en un estado tan desequilibrado e incierto que realmente no me sentía capaz de escribir o grabar material nuevo. En cambio, para mantener mi mano adentro y estar ocupado, me puse a trabajar en una serie de versiones de portada. No tenía un plan específico al principio y solo elegí una serie de canciones en las que sentí que podría tener una oportunidad decente. Me volví más serio sobre la empresa cuanto más se prolongó. Al final, las piezas presentadas en esta colección parecieron encajar como un grupo, sobre todo porque la mayoría de ellas tienen que ver con medidas de dislocación, de pérdida, de un futuro imaginado que no llegó. Que ver con la experiencia 2020, en definitiva. Solo tres de las canciones aquí estaban originalmente en inglés y he traducido el resto. He tenido un poco de experiencia en la traducción de canciones a lo largo de los años, del italiano, alemán, francés. Mi enfoque siempre ha sido realizar traducciones culturales en lugar de estrictamente lingüísticas, de modo que se traduzca el espíritu de la canción en lugar de su narrativa precisa y he seguido usando ese método aquí. (Fui por la traducción de las canciones porque, cualesquiera que sean los méritos o fallas de mis interpretaciones vocales en estas grabaciones, definitivamente no podría haberme imaginado a mí mismo creando un trabajo convincente mientras lidiaba simultáneamente con la entrega de una pronunciación auténtica). Muchas de estas canciones tenían orquestaciones completamente desarrolladas en sus versiones originales y para poder llegar a mis propios arreglos, inicialmente tuve que averiguar cómo funcionaban, aunque era un territorio desconocido para mí. Trabajar con los puntos nunca ha sido mi fuerte. A partir de entonces pude elegir qué retener, qué omitir, parafrasear o deformar. Una vez hecho esto, terminé, aunque de manera algo inconsciente, con una instrumentación algo uniforme en todo el proyecto.

Agregar piano y darle un papel estructural central movió las cosas hacia mi paleta de sonido normal, al igual que una pizca de guitarras acústicas. Los instrumentos orquestales son, por supuesto, samples; en ocasiones, estos se intercambian o aumentan con sonidos de sintetizador. Las guitarras eléctricas a menudo tienen un papel de autoridad que desempeñar. Aquí y allá surge un poco de oscuridad sónica / FX / pad-dom y también hay un lugar para un par de momentos de glock. Finalmente, algunos B Vox hicieron acto de presencia. Hasta ahora, PH y espero haber logrado encontrar un punto de encuentro entre la configuración original y las normas de mi propio mundo sonoro. A su vez, he hecho todo lo posible para ser fiel al espíritu esencial de las canciones en mi propia interpretación vocal, en lugar de buscar algo diferente o extremo por sí mismo. Muchas canciones aquí son del canon italiano y no había tenido conocimiento de varias de ellas antes de este proyecto. He estado en una búsqueda del tesoro de canciones, escritores, cantantes italianos y ha sido muy esclarecedor. En particular, vale la pena señalar que muchos artistas del país han tenido un momento espectacularmente más dramático que sus equivalentes en otros lugares. Tenía un indicio de esto en mi experiencia anterior, pero ahora está completamente reforzado. Me quito el sombrero ante estas vidas a veces complicadas. En todo esto, espero haber abordado el material, los escritores, los artistas originales, con el debido y debido respeto. Inevitablemente, aquí hay un giro: mío todo mío.

La gente que vive en la colina (Kern / Hammerstein)

Esta pieza de Kern / Hammerstein de 1937 tiene en su corazón una sensación agridulce de pérdida, en este caso una sensación de Estados Unidos. La gente, la colina y la configuración son, por supuesto, en gran medida desde una perspectiva blanca: valla blanca, películas de Jimmy Stewart, pinturas de Rockwell. Esta fue una visión que Estados Unidos se vendió a sí misma, pero también a aquellos de nosotros que crecimos en Europa después de la guerra. La familiaridad acogedora que se esperaba en la canción no duraría mucho en el próximo siglo. En cualquier caso, me parece que hay algo de malestar, de que falta algo, en la perspectiva de una vida libre de golpes que se ve en las letras. Quién sabe lo que traerá el mañana…

Hotel Supramonte (de André / Bubola)

En 1979, Fabrizio de Andre, una estrella importante en el firmamento italiano, y su novia Dori Ghezzi fueron secuestrados de su casa en Sardegna, adonde acababan de mudarse, y llevados a las montañas donde los retuvieron para pedir rescate durante cuatro meses. Después de su lanzamiento, de Andre compuso esta canción, con la salvedad de que no se trataba específicamente de su experiencia, sino que debía tomarse con un espíritu alegórico. (Oh, sí, el hecho de que los escritores hayan tenido ciertas experiencias no debe entenderse como que siempre escriben de una manera estrictamente autobiográfica sobre ellos). En el orden de las canciones, por supuesto, esta pareja vive de manera bastante diferente "en la colina ".

Oblivion/Olvido (Piazzolla / Tarenzi)

En su mayor parte, la música de Astor Piazzolla es instrumental y, de hecho, hay varias versiones de esta canción sin voz. Es más conocido en una versión francesa como una canción de antorcha y esa es la base de gran parte de esta interpretación. Sin embargo, hay otras versiones en español, más argentinas en espíritu y en tono filosófico. Uno de estos evoca el vacío de la Pampa como encarnación del olvido mientras que otro, en el que he basado aquí la estrofa final, ve al Oblivion como un ser malévolo, esperando borrar nuestros recuerdos y con ellos, hasta cierto punto, nuestro muy vidas. El tango, y el tango de Astor en particular, ha sido una gran influencia para mí durante muchos años. Ha sido un placer (y un desafío) para mí hacer que este enfoque para tocar y cantar sea algo real.

Ciao Amore (Tenco)

Sea como sea, mi carrera algo inestable no ha estado marcada por muchos premios. Sin embargo, he recibido un par de premios en Italia. En 2004, el Premio Tenco, que ha tenido una mezcla ecléctica de destinatarios a lo largo de los años, llegó a mi manera en San Remo. Tradicionalmente se le da a cantautores que se mueven un poco más allá de lo normal y ha ido a muchos artistas famosos, así como, ejem, a algunos más oscuros.

Luigi Tenco fue un cantautor de considerable pasión e intensidad. En 1967 su canción "Ciao Amore" fue una entrada en el festival de San Remo, entonces como ahora un evento importante del que dependían el éxito y la carrera en curso. La canción no pasó a la consideración final para el premio y la mañana después de esta decepción fue encontrado muerto por una herida de bala en su habitación de hotel. Se encontró una nota de suicidio con él. Aunque el suicidio sigue siendo la explicación más probable de su muerte, quedan algunas dudas al respecto. La canción en sí trata sobre el viaje de un contadino (campesino) desde su vida agrícola en el "camino blanco" hacia el mundo alienante de la gran ciudad, un viaje que habían hecho muchos en Italia, particularmente de sur a norte. Una vez en la metrópoli, el protagonista está alienado por la extraña modernidad del mundo pero sabe que no puede volver, ni a su antigua vida, ni a su antiguo amor. La versión original es curiosamente optimista, diseñada para el éxito en la competencia de composición y las listas de éxitos. Aquí me he tomado la libertad de ralentizar el coro dramáticamente y enviarlo a un tono menor en el punto en el que se pierde la esperanza.

Esto casi era mío (Rodgers / Hammerstein)

En el punto del musical "South Pacific" en el que aparece esta canción, el protagonista, Emile de Becque, está a punto de emprender lo que probablemente sea una misión suicida y "lo que era casi suyo" es el resto de su vida - gente sin baches que vive en la colina. La colección de discos de mis padres en mi infancia consistía principalmente en musicales, por lo que esta canción y su sentido de un anhelo que siempre está destinado a ser incumplido aparentemente ha estado conmigo para siempre. Para que conste (sic), tengo que decir que "South Pacific" en su conjunto es un LP fantástico y también debo decir que, para el entretenimiento convencional de los años cincuenta, es notable por tener una fuerte costura antirracista que lo atraviesa ... un Un indicio de que la tierra con valla de estacas blanca podría, quizás, hacer con un poco de autoexamen.

Después de un sueño (Fauré / Bussine)

Una de las dos piezas clásicas a las que me he acercado aquí. Comencé intentando cantar en el idioma original y, como he señalado anteriormente, esto no fue realmente posible. A pesar de que mi francés hablado es, a veces, aceptable y he cantado en el idioma antes, simplemente no me sentía lo suficientemente cómodo para hacerlo en esta canción. Además, la ética artística / romántica del siglo XIX en los originales se sentía demasiado perfumada para la sensibilidad moderna. Así que he tratado de hacer que el sentimiento de esta hermosa canción de Fauré sea un poco más contemporáneo; pero sigue siendo la historia de despertar de un sueño y desear que todavía hubiera uno allí dentro. Gran parte de la experiencia de 2020 bajo bloqueo.

Balada Para Mi Muerte/Ballad For My Death (Piazzolla / Ferrer)

Una segunda pieza de Piazzolla que encarna musical, poética y dramáticamente el significado cultural de Buenos Aires y la relación entre los artistas y el pueblo argentino y la ciudad. La sensación de fatalismo de espalda recta se muestra plenamente aquí y he hecho todo lo posible para entrar en ese espíritu, aunque mis propios días de whisky y cigarrillos han quedado atrás. Espero haber aportado la necesaria intensidad de orgullo a esta pieza.

Yo, que no tengo nada (Magati / Mogol / Leiber / Stoller)

Hasta que comencé a trabajar en esta canción, no tenía idea de que las letras en inglés eran de los gigantes de la composición Leiber y Stoller. Originalmente era una canción italiana y tenía un tema algo diferente. Musicalmente, por supuesto, encaja bien con las otras piezas italianas (y, de hecho, argentinas) aquí. Mientras trabajaba en ella, me llamó la atención la naturaleza algo espeluznante de la canción, el hecho de que en realidad es tanto la canción de un acosador como de un amante abandonado o perdido. Así que he jugado con esta interpretación aquí. Por cierto, en el pasado, una vez me llamaron "la Shirley Bassey del underground". Entonces y ahora estoy feliz de vivir con eso.

Il Vino (Ciampi / Marchetti)

Recibí otro premio italiano en Livorno en 2017. Este fue el Premio Ciampi, en honor a Piero Ciampi, un valioso hijo de la ciudad. Según todos los informes, era un personaje volátil y ciertamente le gustaba beber una copa. Esta canción parece encarnar ambos aspectos de su personalidad. Me parece que el coro final tiene una cualidad de Nino Rota-ish y, por lo tanto, en mi mente se vincula con una estética de Fellini-esque que, para ser honesta, infunde este proyecto en su conjunto. Todo muy, muy italiano.

Lost To The World (Mahler / Rückert)

Puede parecer un punto de partida poco probable, pero esta inquietante canción de Gustav Mahler (de su Rückert Lieder) fue la primera pieza en la que comencé a trabajar. Me encantó esta canción desde el momento en que la escuché por primera vez y la historia de retirarme del mundo es, naturalmente, apropiada para estos tiempos. En el alemán original hay un elemento de angustia romántica con la mano en la frente: el arte es lo único necesario para sostenerse, lo único importante en la vida para un esteta como el cantante. Manteniendo un elemento de ese espíritu, he intentado, nuevamente, hacer que esto resuene un poco más con los sentimientos contemporáneos. Todos, por fuerza, hemos tenido que retirarnos del mundo en estos tiempos, no es solo el dominio del Artista. Esperemos que pronto podamos volver a (un cambio, una nueva) normalidad.

Algunas últimas cosas que decir. En algún momento del proceso me di cuenta de que me sentía influenciado (de alguna manera mal definida) por el trabajo de Hal Willner y en particular por la maravillosa "Amarcord" (versiones deformadas de la música que Nino Rota compuso para las películas de Fellini) que él produjo. Murió en abril de 2020 por complicaciones debidas al COVID-19. Estas interpretaciones y arreglos son, como dice el título, traducciones. Las interpretaciones vocales en las versiones originales siguen siendo incomparables y no estoy intentando superarlas de ninguna manera, como si pudiera. Estoy agradecido de que hayan iluminado estas canciones en mi vida y espero haberlas honrado en este trabajo. Aunque era difícil que Covid estuviera furioso mientras hacía estas grabaciones, también me embargó el temor de la inminente Brexit. Ahora el viaje gratuito por Europa, que ha sido una característica tan importante, el placer y la educación en mi vida adulta, ha terminado y todos los beneficios del intercambio cultural se han ido. No habría podido acercarme o entender muchas de estas canciones sin esa experiencia y perderla es lamentable. Así que la realización de este disco es obra de un británico que fue, es y seguirá siendo europeo, aunque a quien se le han despojado de sus derechos.

Y sí, por último: soy consciente de la posición enormemente privilegiada en la que me encuentro, pudiendo trabajar en este material mientras todas las cosas normales de la vida desaparecían a nuestro alrededor.

Peter Hammill, Bradford on Avon, 2021

BEEN ALONE SO LONG (The Naked Songs - Tour, Bremen 1985) (2024)

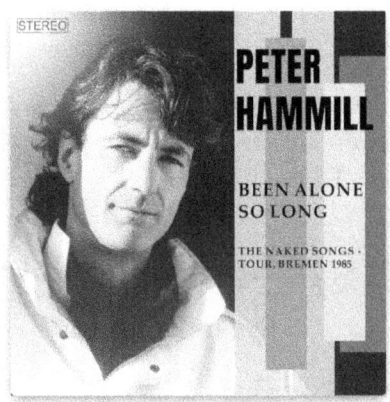

Temas:

1. Just Good Friends
2. My Room (Waiting For Wonderland)
3. Time Heals
4. Labour Of Love
5. Stranger Still
6. Time For A Change
7. Out Of My Book
8. Modern
9. The Comet, The Course, The Tail
10. Patient
11. The Future Now
12. Mr. X
13. The Lie
14. Still Life
15. Been Alone So Long

Grabaciones históricas de Peter Hammill de Radio Bremen (3/8/85) que capturan a PH en su gira The Naked Songs.

El año 1985 encuentra a PH en un momento de transición y cambio, luego de la finalización de su período con el K Group y el cambio estilístico que plasmaría en su próximo trabajo solista de 1986: "Out of Water". La gira de ese año, despojada y sin músicos invitados algunos fue muy apropiadamente titulada "The Naked Songs Tour" (Gira de las Canciones Desnudas). Acompañado sólo con su teclado y su guitarra acústica fue desgranando versiones que llegan a la esencia misma de cada tema, arropadas por su voz en uno de los mejores momentos de su carrera, a nivel técnica y emotividad. Según el propio PH: "De hecho, estaba tratando de despojar las cosas hasta su esencia, de mostrar y reaccionar con el material en su estado más simple. Las actuaciones, en cierto modo, se volvían más en sí mismas en lugar de explotar con grandilocuencia".

Con un set set list impecable y emocionante de canciones de distintas épocas (K Group, solista y VDGG) sorprende el rescate de "Out of my book", originalmente del trabajo "The Least We Can Do Is Wave To Each Other" (1970) de VDGG.

MISCELÁNEA (Sencillos, recopilaciones, otros)
I - SIMPLES

'The Polaroid' (*) / 'The Old School Tie', 1979, Charisma
'Just Good Friends' / 'Just Good Friends (Instrumental)', 1984, Charisma
'Painting By Numbers' /'You Hit Me Where I Live' (**), 1986. Enigma

(*) Apareció en algunas copias americanas de pH7

(**) Apareció en la edición americana de Skin y en la recopilación de Virgin The Storm (Before The Calm)

II - RECOPILACIONES

VISION - 1978

Primera recopilación del trabajo solista de Hammill sin ningún tipo de rareza.

THE LOVE SONGS - 1984

Temas: 'Just Good Friends' (*), 'My Favourite', 'Been Alone So Long' (C. J. Smith), 'Ophelia', 'If I Could', 'Vision', 'Don't Tell Me', 'The Birds', 'This Side Of The Looking Glass'

Producido por Peter Hammill salvo (*) producido por David Lord/Hammill. Todos los temas escritos por Peter Hammill salvo el indicado.

Esta recopilación de canciones de amor es una de las joyas discográficas de Hammill. Tiene la particularidad de contener todas versiones distintas a las originales, la gran mayoría superiores. Todas, salvo 'Been Alone So Long', tienen grabadas nuevamente la parte vocal; 'If I Could' y 'Again' tienen como base grabaciones en directo. 'Just Good Friends' es la única que está íntegramente regrabada por completo (con la participación de Manny Elias, Greg Brown, Stuart Gordon y David Lord).

Un trabajo hermosísimo, ideal para introducirse a la obra de Hammill y, obviamente, de los más vendidos.

THE CALM (AFTER THE STORM) - 1993

Recopilación de la colección Virgin Universal, editada en CD, abocada a la vertiente más calma de su música en su etapa Charisma/Virgin (de Fool's Mate a Sitting Targets, 1971/'81).

Como rareza contiene el tema inédito 'Rain, 3AM', grabado durante las sesiones de The Silent Corner and The Empty Stage.

THE STORM (BEFORE THE CALM) - 1993

El mismo caso del CD anterior, éste cubriendo la fase más eléctrica y fuerte de su obra.

AFTER THE SHOW - 1996

Inexplicable recopilación de Virgin, no reviste interés alguno.

PAST: GO COLLECTED - 1996

Temas: 'Kick to Kill the Kiss', 'I Will Find You', 'Accidents', 'His Best Girl', 'Sharply Unclear', 'Patient', 'Planet Coventry', 'Ritual Mask', 'Noise', 'Gift of Fire', 'Train Time', 'Gaia', 'Your Tall Ship'

THE THIN MAN SINGS BALLADS - 2002

Temas: 'Phosphorescence', 'Don't tell me', 'I will find you', 'Tenderness', 'Astart', 'A better time', 'His best girl', 'Touch and go', 'Wendy and the lost boy', 'Just good friends', 'Since the kids', 'Your tall ship'

III - OTROS

Temas: 'A Ritual Mask', 'Critical Mass', 'The Moebius Loop', 'An Endless Breath', 'In Slow Time', 'My Pulse', 'The Bells! The Bells!'

Producido por Peter Hammill. Todos los temas escritos por Peter Hammill.

Trabajo de corte experimental editado solamente en cassette en 1984 (recién salió en formato CD en 1993). 'A Ritual Mask' apareció por primera vez en el disco de música étnica Music And Rhythm / The Womad Benefit Album del sello de Peter Gabriel Real World.

'My Pulse' y 'In Slow Time' fueron compuestos para dos coreografías de Nikolas Dixon.

Temas: 'Sweating It Out', 'Surprise', 'Little Did He Know', 'Without A Glitch', 'Anatol's Proposal', 'You Think Not', 'Multiman', 'Deprogramming Archie' (Hammill/Evans/Ridout), 'Always So Polite', 'An Imagined Brother', 'Bounced', 'Roger And Out' (Hammill/Evans/Ridout)

Producido por Peter Hammill. Todos los temas escritos por Peter Hammill y Guy Evans salvo los indicados.

Inclasificable trabajo de extraña belleza; temas instrumentales totalmente improvisados y grabados en estudio junto a Guy Evans, con la ayuda técnica de Paul Ridout.

Grabado y mezclado en Sofa Sound, Bath.

THE FALL OF THE HOUSE
OF USHER - 1991/2000

Opera de Peter Hammill basada en el cuento homónimo de Edgar Allan Poe; libreto de Chris Judge Smith.

Interpretado, arreglado y grabado por Peter Hammill en Sofa Sound y Terra Incognita.

Usher nace de un proyecto que Chris Judge Smith comenzó a pergeñar a principio de los setentas y que recién se cristalizara en 1991. No es una ópera-rock ni una ópera convencional -aunque se acerca más a la segunda- teniendo puntos en contacto con óperas similares de compositores de música contemporánea corno Philip Glass o John Moran.

"Trabajé en este proyecto durante casi veinte años, de los cuales los primeros catorce o quince se los dediqué a la composición y el libreto. Mientras lo escribía iba cantando todas las partes yo mismo, ya que no tenía idea, (ni había razón aún para llamar a alguien), de quien iba a formar parte en el proyecto. Desde el principio Usher fue concebida como una ópera, que pensábamos editar en disco, representar en vivo y filmar en vídeo, lo que condicionaba la elección de los interpretes.

Estuvimos a punto de montarla dos veces, (lo más cerca estuvo antes de las Olimpíadas de Barcelona), pero al final no pudo ser por razones presupuestarias. Entonces me dije: 'Es ahora o nunca. Tengo que grabar Usher ahora o voy a cargar con este peso alrededor de mi cuello para siempre'. Así que me pasé varios meses haciendo los arreglos y finalmente la grabé en 1991. En cuanto a los intérpretes, el papel de Lady Madeline lo interpretó la cantante Lene Lovich, amiga mía y de Chris de muchos años, una de las primeras personas en involucrarse en el proyecto y quien propuso a Andy Bell para el papel de Montresor. En un principio yo había pensado en David Luckhurst para ese personaje... personaje muy difícil porque buena parte del tiempo está cantando a la vez que yo lo hago, así que era muy importante tener voces con diferente carácter, que se diferenciaran bien entre ellas. Andy vino, probó y estuvo fantástico. La parte del coro fue de Sarah-Jane Morris, una cantante con la cual había compartido una grabación para un álbum de música japonesa. Finalmente el último en involucrarse fue el cantante alemán Herbert Gronemeyer en el papel del Herbolario."

Hammill se reservó el papel del torturado Roderick Usher y 'las voces de la CASA'. Dentro de la obra aparecen integrados dos poemas de Poe, 'The Sleeper' y 'The Haunted Palace', que originalmente no tienen contacto alguno con el cuento, pero que se transformaron en dos interesantes temas. Otra adaptación libre es la de identificar al narrador (que en el cuento no tiene nombre) como Montresor, el protagonista de otro cuento de Poe: 'El Barril de Amontillado'.

En resumen, una obra admirable y monumental, de clima opresivo y gótico, difícil de digerir a primera instancia dada la extensión de la misma, pero que va creciendo con sucesivas escuchas.

Cuando finalizara la licencia que el sello Some Bizarre tenía de The Fall of the House of Usher, Hammill se propuso revisar y regrabar la obra, reeditándola por Fie! (con un packaging superior) a fines de 1999. La nueva versión -que lleva el subtítulo de 'Deconstructed & Rebuilt', o sea 'Deconstruida y Reconstruida'- es muy superior a la primera; los cambios sustanciales son la regrabación de la parte vocal de Roderick Usher a cargo del propio Hammill, regrabando prácticamente todas las partes donde canta solo, la remoción de todos los instrumentos de percusión, el agregado de una mayor orquestación de guitarras y la participación del violín de Stuart Gordon reemplazando a los anteriores samplers de cuerdas.

Un remake exitoso que convirtió a la gótica obra, como señalara el propio Hammill: "en algo más exuberante, ordenado y a la vez más oscuro, denso e intimidante".

OFFENSICHTLICH
GOLDFISCH /12 Songs in
deutscher Sprache - 1993

Producido por Peter Hammill. Todos los temas escritos por Peter Hammill.

En julio de 1993 Hammill realiza uno de los trabajos más singulares de su carrera al regrabar las partes vocales de doce temas grabados previamente grabados en sus discos al idioma alemán, con la ayuda de Heinz Rudolf Kunze en la traducción.

Los Beatles habían hecho algo parecido en la década del sesenta al grabar para el mercado germano 'Komm, Gib Mir Deine Hand' ('I Want To Hold Your Hand') y 'Sie Liebt Dich' ('She Loves You'); en la década del ochenta será Peter Gabriel quien editará dos de sus discos solistas en alemán.

Hammill seleccionará, de cinco de sus últimos trabajos, doce temas que puedan resistir satisfactoriamente el traspaso al idioma teutón sin perder identidad y coherencia:

1 'Offensichtlich Goldfisch' ('Evidently Goldfish'/OUT OF WATER).
2 'Dich Zu Finden' ('I Will Find You'/FIRESHIPS).
3 'Die Kalte Killt Den Kub' ('A Kick To Kill The Kiss'/THE NOISE).
4 'Favorit' ('His Best Girl'/FIRESHIPS).
5 'Kaufhaus Europa' ('The Great European Department Store'/THE NOISE).
6 'Der Larm' ('The Noise'/THE NOISE).
7 'Oase' ('Oasis '/FIRESHIPS).
8 'Die Prominenz Kubt Sich' ('Celebrity Kissing'/THE NOISE).
9 'Die Tinte Verlischt' ('Under Cover Names'/IN A FOREIGN TOWN).
10 'Auto (Wieder im Wagen)' ('Auto'/IN A FOREIGN TOWN).
11 'Gaia' ('Gaia'/FIRESHIPS).
12 'Schlaft Nun' ('Sleep Now'/AND CLOSE AS THIS).

Si bien la parte instrumental no fue tocada, se evidencia una mayor puesta en primer plano de la voz en la nueva mezcla.

La grabación de las nuevas tomas vocales fue realizada en los Madagaskar Studios de Hannover y en Terra Incognita, Bath.

THE PEEL SESSIONS - 1995

Temas: 'Faint Heart And The Sermon' ('74), 'The Emperor In His War Room' ('74), '(No More) The Sub Mariner' ('74), 'Betrayed' ('77), 'Afterwards' ('77), 'Autumn' ('77), 'Mr.X (Gets Tense)' ('79), 'Faculty X' ('79), 'Mediaevil' ('79), 'Time For A Change'(Smith/ Robshaw) ('79), 'The Plays The Thing' ('88), 'Auto' ('88), 'Invisible Ink' ('88), 'Time To Burn' ('88)

Interesantes sesiones de Hammill para el mítico show que el desaparecido John Peel presentaba en la BBC. Son tres sesiones distintas -1974, 1977, 1979 y 1988- donde el único músico invitado será el violinista Graham Smith en los tres temas de 1977.

TIDES - 1996

Temas: 'My Room', 'Too Many Of My Yesterday', 'Just Good Friends', 'Mirror Images', 'Shell', 'The Play, The Thing', 'Time To Burn', 'Four Pails', 'Still Life', 'Stranger Still', 'After The Show'

Pirata legalizado de la actuación de Hammill en Lanzarote. Mal trackeado, regularmente grabado, pero una gran performance. Retirado de la venta comercial hoy es una rareza para coleccionistas.

SONIX - 1996

Temas: 'Emmene-Moi Bare Theme', 'A Walk In The Dark', 'In the Polish House', 'Dark Matter', 'Hospital Silence', 'Four To The Floor'(Hammill/Elias), 'Exercise for Louis', 'Labyrinthine Dreams', 'Emmene-Moi Full Theme'

Producido por Peter Hammill. Todos los temas escritos por Peter Hammill salvo el indicado.

Con Sonix Hamill continua la edición de trabajos más experimentales (que comenzara con la edición de Loops And Reels y Spur Of The Moment), aquellos que van más allá de los habituales compilados de canciones. En este compila trabajos compuestos para films, ballets, y un par de soundscapes (paisajes sonoros) a lo Robert Fripp.

Completamente instrumental, sólo dentro del extenso 'Labyrinthine Dreams' encontramos un trabajo vocal de Hammill que puede considererse una canción convencional.

Colaboran Stuart Gordon en cuatro temas y Manny Elias en uno.

**THE UNION CHAPEL
CONCERT, Guy Evans &
Peter Hammill - 1997**

CD 1: 'Fireworks'(Evans) G.Evans y P.Hammill, 'A Forest of Pronouns'(Hammill) G.Evans y P.Hammill, 'Anatol's Proposal' (Hammill/Evans) G.Evans y P.Hammill, 'After the Show' (Hammill) G.Evans, P.Hammill y S.Gordon, 'Roger and Out' (Hammill/Evans/Ridout) G.Evans, P.Hammill y S.Gordon, 'Accidents' (Hammill) G.Evans, P.Hammill y M.Elias, 'Soundbeam medley' (Jackson) D.Jackson, 'Women of Ireland' (O'Doirman/Oriada/Maloney) S.Gordon, 'Ship of Fools'(Hammill) G.Evans, P.Hammill, M.Elias y S.Gordon.

CD 2: 'Hamburg Station' (Evans/Williamson/Sawyer) G.Evans y P.Hammill, 'Seven Wonders' (Hammill) G.Evans, P.Hammill, D.Jackson, G.Perrin, P.Soult, 'Barber's Adagio for Strings' (Barber) H.Banton, 'Red Shift' (Hammill) G.Evans, P.Hammill, H.Banton y G.Perrin, 'Lemmings' (Hammill) H.Banton, G.Evans, P.Hammill y D.Jackson, 'Traintime' (Hammill).

Producido por Guy Evans y Peter Hammill.

La grabación integral del concierto brindado en 1997 por Guy Evans, Peter Hammill e invitados en el Union Chapel de Londres, que marcara la efímera reunión de Van Der Graaf Generator para una versión de 'Lemmings'. Grabado solo con un Dat, tiene un sonido de buen Bootleg, pero recoge interesantes, crudas y arriesgadas performances.

THE APPOINTED HOUR,
Roger Eno & Peter Hammill - 1999

Sub-divisiones: 'Up', 'Are They', 'Your Heart', 'And Let This', 'Wise Men', 'So How', 'To Know', 'Fools', 'In', 'Where', 'To Tread', 'Fool Rush', 'Fear', 'Open', 'Never', 'Rush In', 'But', 'In Love', 'Angels', 'Fall'

Todas las piezas por R.Eno y P.Hammill.

Hammill conoció a Roger Eno durante un festival en Lanzarote (el mismo donde se grabara Tides) y desde ese momento surgió la idea de realizar un trabajo experimental conjunto, que finalmente se formalizó el 1º de Abril de 1999, cuando durante una hora señalada de ese día (entre las 13 y las 14 horas) ambos grabaran sendas improvisaciones al mismo tiempo, cada uno en su estudio, separados por cientos de kilómetros. Durante una hora de reloj ambos grabaron su música, sin tener nada preestablecido. Luego Hammill cogió ambas cintas (la de Hammill contenía una interpretación continua y sin interrupciones, con largos loops y la de Eno estaba llena de interrupciones, cambios de estilo y sonidos) y las alineo, dando por resultado un trabajo increíblemente coherente (fruto de la fortuna) que decidieron editar, sin cortes o sobregrabaciones algunas, bajo el apropiado nombre de The Appointed Hour (La Hora Señalada).

Temas: 'Gated', 'West Pole', 'Delinquent', 'Handsfree', 'Eyebrows', 'Delighted', '861 And Counting', 'Exp', 'The Printer Port', 'East Pole', 'Exeunt', '1 Meg Loop', 'Gateless', 'Deliberate'

Tocado, unido, recopilado, y producido por Peter Hammill. Todas las piezas por Peter Hammill, salvo 'eyebrows' por Holly Hammill.

Otro interesante trabajo de los que podemos llamar 'experimentales' de Hammill, quien a partir de este ha decidido rebautizarse como 'hammill/sonix' cuando se trate de estos menesteres.

Son temas que en su mayoría nacieron como potenciales canciones, pero que finalmente quedaron sin palabras, transformándose en otro tipo de composiciones.

Disc 1

1   The Future Now
2   I Will Find You
3   Usher's Suite
4   Patient
5   Curtains
6   My Room

Disc 2

1   (Something About) Ysabel's Dance
2   Traintime
3   Given Time
4   A Way Out
5   Modern

(ver más adelante en el dvd IN THE PASSIONS KIRCHE / BERLIN MCMXCII)

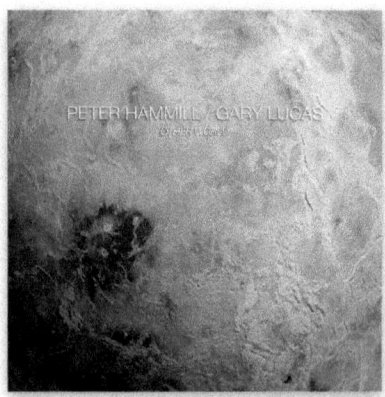

Temas: "Spinning Coins", "Some kind of Fracas", "Of Kith and Kin", "Cash", "Built from Scratch", "Attar of Roses", "This is Showbiz", "Reboot", "Black Ice", "The Kid", "Glass", "Views", "Means to an End", "Slippery Slope"

Grabado y mezclado en Terra Incognita, Wiltshire, entre enero y junio del 2013. Producido y grabado por Peter Hammill, todos los temas compuestos por Hammill/ Lucas.

Un trabajo en conjunto de PH junto al guitarrista norteamericano Gary Lucas (quien fuera miembro de la Captain Beefheart's Magic Band a principio de la década del ochenta) que deja sabor a poco. Si bien tiene sus momentos (la apertura con el acústico "Spinning Coins" o el más eléctrico y experimental "Cash") se siente como una experiencia que no termina de cuajar más allá del talento de ambos.

Interesante pero no esencial.

Temas: "Before You Know It", "Under The Current", "Aguirre", "This is Where", "The Day is Done", "This Bird has Flown"

Grabado en The red Room, Halstead, Suecia, entr 2018 y 2019 por Mats Johansson y Axel Croné. Todas las composiciones de Mats Johansson y Peter Hammill, todas las letras de Peter Hammill.

Producido por Mats Johansson.

Este es el primer disco de una asociación de grandes figuras de la vanguardia rockera: el ensamble sueco ISILDURS BANE y PETER HAMMILL. "In Amazonia" nos presenta a PH asumiendo el rol de cantante, letrista y compositor, mientras que el colectivo de ISILDUR'S BANE congrega a Mats Johansson [sintetizadores ARP 2600, Mini-Moog, Moog Sub 37, Nord Lead A1, Roland RS202, Sequential Circuits Pro One, Yamaha CS80, Kurzweil 2600 y Oberheim Xpander, mellotrón, pianos acústico y eléctrico, tam-tam, efectos de sonido y composición), Katrine Amsler [teclados y recursos electrónicos], Samuel Hällkvist [guitarras], Kjell Severinsson [batería y percusión], Klas Assarsson [marimba, vibráfonos, glockenspiel, tam-tam, gong, octobans], Axel Croné [bajo, clarinete bajo, saxo tenor, guitarra, sintetizador, piano acústico, clavinet y percusión], Karin Nakagawa [koto y canto] y Liesbeth Lambrecht [violín y viola]. También colaboran invitados ocasionales como John Anderberg [coros], Adam Sass [trompeta], Zhazira Ukeyeva [violín], Mette Gerdle [violín], Xerxes Andrén [batería y percusión] y el mismísimo Pat Mastelotto [batería y percusión electrónicas]. El proceso creativo para el repertorio de "In Amazonia" tuvo un afortunado antecedente en el contexto de la edición del 2017 del evento anual de ISILDURS BANE IB EXPO, en el Gouveia Art Rock festival donde HAMMILL fue un invitado especial. Allí nació la idea de hacer algo en conjunto. Matt Johansson pasó varios meses componiendo piezas musicales que, ya en demos avanzados, entregó a PETER HAMMILL para que él escribiera las melodías vocales así como las letras. La temática común de estas letras es el autoconocimiento, ya sea por vía de la reflexión sobre experiencias pasadas o por la revisión del contacto continuo del yo con el mundo exterior. Un experimento de gran belleza musical y exotismo.

WE PERSUADE OURSELVE
WE ARE IMMORTAL (with
Amorphous Androgynous) -
2020

Temas: "We Persuade Ourselves We Are Immortal", "Hymortality", "The Immortality Break", "Synthony On A Theme Of Mortality", "Psych Recap", "Physically I'm Here, Mentally Far, Far Away"

Producido y dirigido por the Amorphous Androgynous. Coproducido y mezclado por Enrico Berto. Letras de Gaz Cobain y Peter Hammill.

The 'Amorphous Androgynous' (alter ego del dúo de productores británicos Gaz Cobain y Brian Dougans, conocidos tambien bajo el nombre de The Future Sounds of London) invitaron a PH para este experimento que mezcla rock especial, progresivo y sinfónico de 40 disfrutables minutos. 'We Persuade Ourselves We Are Immortal' se divide en 6 partes épicas con el Peter Hammill en la voz junto a una gran cantidad de músicos, incluido Paul Weller (piano y guitarra), Ray Fenwick (Spencer Davis Group/Ian Gillan Band) en la guitarra principal, Brian Hopper (Caravan/Soft Machine) en el saxo y muchos otros, incluido el Coro Filarmónico de Chesterfield de 50 integrantes y una sección de cuerdas orquestal en vivo de 25 integrantes suntuosamente grabada. Abren con el épico rock progresivo espacial de 13 minutos de la canción principal 'We Persuade Ourselves We Are

Immortal' (escrito en conjunto con Peter Hammill, Ray Fenwick y Paul Weller), los temas de la mortalidad y la inmortalidad son luego catapultados musical y conceptualmente a los rincones más remotos del sonido del dúo. Un multiverso de más de 40 minutos que utiliza coro, moog, una sección de cuerdas orquestal en vivo, arpa y sintetizador antiguo, todo ello con un telón de fondo de rock clásico, sicodelia, orquesta y samplers, en una suerte de puesta al día de la música de VDGG, Pink Floyd y el Hawkwind de los 70s.

El solo hecho de ser un proyecto donde colaboraron creativamente juntos nada menos que dos ilustres mavericks del rock británico como Peter Hammill y Paul Weller ya torna a este trabajo como algo más que interesante.

IN DISEQUILIBRIUM (with Isildurs Bane) - 2021

Temas: "In Disequilibrium, Part 1", "In Disequilibrium, Part 2", "In Disequilibrium, Part 3", "Gently (Step by Step), Part 1", "Gently (Step by Step), Part 2", "Gently (Step by Step), Part 3", "Gently (Step by Step), Part 4"

Todas las composiciones de Mats Johansson y Peter Hammill, todas las letras de Peter Hammill. Producido por Mats Johansson.

Musicians:
Peter Hammill - vocals and guitar
Katrine Amsler - keyboards and sound design
Klas Assarsson - marimba, vibraphone and percussion
Luca Calabrese - trumpet
Axel Croné - bass, clarinet, guitar and keyboards
Samuel Hällkvist - guitar
Mats Johansson - keyboards

Liesbeth Lambrecht - violin and viola
Pat Mastelotto - drums (except In Disequilibrium, Pt. 1)
Kjell Severinsson - drums (In Disequilibrium, Pt. 1)

Al igual que el disco anterior "In Amazonia" (de mayo de 2019), este nuevo trabajo ha sido publicado por el sello Ataraxia Productions, perteneciente al colectivo de ISILDURS BANE. PH vuelve a asumir el rol de cantante, letrista y en esta ocasion de guitarrista (en una canción), además de coautor de parte de la música, aunque la mayor parte de ésta fue escrita por Mats Johansson. Forman parte de ISILDURS BANE, además de al mencionado Johansson a los teclados, los efectos y las ocasionales percusiones electrónicas, también Klas Assarsson [marimba, vibráfono y otras percusiones], Katrine Amsler [teclados y recursos electrónicos], Samuel Hällkvist [guitarras], Luca Calabrese [trompeta], Axel Croné [bajo, contrabajo, saxofones, clarinete bajo, teclados y guitarra ocasional], Liesbeth Lambrecht [violín y viola], Kjell Severinsson [batería y percusión] y Jan Severinsson [recursos electrónicos]. Aparte de todo este arsenal sonoro que trae consigo este nutrido personal, aparecen como invitados incidentales Pat Mastelotto (batería y percusión electrónica), Johannes Persson (guitarra), Adam Sass (trompeta y fliscorno), Xerxes Andrén (batería y percusión), Pieter Lenaerts (cello y contrabajo) y John Anderberg (coro). "In Desequilibrium" es un disco conceptual sobre las distorsiones y problemas que el aislamiento pandémico ocasionaen el espíritu humano, además de las constantes tensiones sociales. El trabajo se articuló en la composición de dos largas suites. El proceso de grabación se desarrolló en diversos estudios de Dinamarca, Inglaterra, Bélgica, Italia y los EE.UU.: Valby Station (Copenhague), Terra Incognita (Wiltshire), Studio Sporloos (Lokeren), Upstairs Studio (Milán) y The Wormhole (Dripping Springs).

Se trata de un trabajo superior a su predecesor, más interesante musicalmente, menos exótico (será por la ausencia del Koto?) además de más contundente (sin dudas el gran Pat Mastelotto, en unas vacaciones de King Crimson, marca la diferencia). Sobre los textos PH, muy directos, con pocas metáforas y rebusques, comentó lo siguiente: "Fueron las primeras letras que escribí cuando en el mundo comenzaba la pandemia de COVID, hecho que indudablemente tuvo mucho que ver en el rumbo que tomaron."

Un trabajo altamente recommendable.

VIDEOS y DVDS

Duración aproximada: 90 min. Color. Dirigido por Stephan Guntli

Contenido: 'The Future Now', 'I Will Find You', 'Usher's Suite', 'Patient', 'Curtains', 'My Room', 'Something About Isabel's Dance', 'Traintime', 'Given Time', 'A Way Out', 'Modern'

El único vídeo oficial de Peter Hammill vio la luz recién en 1992 a instancias de la empresa alemana 'Studio K7'. Fue grabado en Berlín el once de abril de 1992 en el Passionskirche y está estructurado por once temas en vivo (uno de los cuales es una larga suite de The Fall of the House of Usher) entremezclados con fragmentos de una entrevista que muestran a PH en primer plano contestando distintas cuestiones que tienen que ver con su trabajo y su vida.

La única crítica que se le puede hacer al vídeo es no haber respetado el orden de los temas (abre con 'The Future Now', tema que por lo general está ubicado al final de los shows solistas de Hammill) y el corte casi permanente de la entrevista (¿no hubiera sido mejor colocar esta completa al final?) que dificultan la creación del clima que se genera en los recitales de Hammill.

De todas maneras es un estupendo documento de la gira del `92 que contiene oficialmente para la posteridad varias de las gemas del cancionero Hammilliano.

**INSIDE VAN DER GRAAF
GENERATOR - 2005,
produced by Classic Rock
production services ltd.**

De las varias ediciones oficiales que la empresa británica Classic Rock (que no tiene nada que ver con la revista inglesa del mismo nombre) lanzó al mercado del material existente de Van Der Graaf Generator en la década del setenta, esta es la más completa e interesante.

Contiene dos DVDs, el primero con una especie de documental donde un par de periodistas y tres ex miembros de la banda (David Jackson, Nic Potter y Judge Smith) hablan sobre la historia de la misma, lamentablemente de una forma incompleta y con muy pocas novedades.

El segundo es el realmente interesante ya que recoge los dos temas que la banda (como quinteto, ¡con Potter al bajo!) filmo para el programa televisivo alemán Beat Club en 1970: 'Darkness' y 'Whatever Would Robert Have Said?', y las dos míticas filmaciones para la televisión Belga: la de 1972, con la banda interpretando en directo en un plató 'Theme One' y 'A Plague Of Lighthouse Keepers', y el recital en Charleroi de 1975 donde interpretan el álbum Godbluff en su totalidad.

Chapter III: Mondo Hammill

Hammill En Sus Propias Palabras

En este capítulo nos encontramos frente a la palabra desnuda de Peter Hammill, sus reflexiones, opiniones y pensamientos. Hay que aclarar que no se trata de un texto elaborado y escrito por el propio artista, sino una selección realizada de las más distintas fuentes (orales y escritas, espaciales y temporales); reportajes, entrevistas, declaraciones, conferencias de prensa, animadas sobremesas o íntimas charlas de camerino (brindadas al autor en algunos casos y a varios colegas de distintos países durante los últimos treinta años).

Uno de los aspectos que más impactan y emocionan de la obra de Hammill es su compromiso e identificación total con sus creaciones, ese hablar en primera persona de sus más profundos miedos, dudas y pensamientos con una profundidad muy pocas veces encontradas en el rock.

Se lo ha tildado de hermético, oscuro, enigmático e intelectual, a partir de una lectura superficial de su obra, pero es justamente a través de su palabra que se nos presenta en una forma más clara y contundente: lúcido, inteligente, sensible, talentoso, inquisitivo y honesto, comprometido existencialmente en la búsqueda de las razones de su (y nuestra) existencia.

A continuación, habla Peter Hammill:

La Vida

"Entre el sentimiento de éxtasis y la banalidad, el mejor camino es ir por el centro, tomando un poco de ambos extremos. Este camino -como están hoy las cosas- es casi imposible de alcanzar para los seres humanos, pero para mí es el ideal. No vivir en un constante deleite o éxtasis pero tampoco en una continua y flagelante rutina."

"Hay mucha gente que no desea que le digan qué hacer o pensar. Comparado con otros tiempos, es más complicado ahora. Pero en las relaciones personales no se explora mucho. Puede ser un miedo a no parecer demasiado volcado a un lugar, no ser demasiado terminante para una generación poco propensa al compromiso o a involucrarse profundamente."

Leer y escribir:

"Suelo leer sobre todo en las giras: el cambio permanente de escenario, de lugar de referencia, y los viajes proponen un clima irreal, y es entonces cuando se encuentra el marco adecuado para leer ficción. Por lo general, leo salteado y sin método, un poco de cada cosa y sin pretensión de adoptar ideas que eventualmente puedan convertirse en letras de mi música. Creo que es un vicio de la música actual leer con la intención de escribir luego sobre lo leído, porque un libro tiene su razón de existir como tal, y la música tiene otra, más allá del diferente soporte plástico. Me gustaría escribir la canción que Borges nunca escribió... Idea borgesiana, si las hay."

Consejo:

"El que está en un camino creativo, que siga en él. Cada uno sabe lo que es importante para sí, y si no lo sabe todavía, que continúe sin traicionar lo que siente, y eso, finalmente, va a satisfacerlo".

"En cuanto a escribir cuentos o eventualmente una novela, no sé. No me veo haciéndolo por ahora porque la disciplina que requiere es tan diferente... Es una disciplina lenta y como todos saben, es una tortura para los escritores. Yo pasé por eso con mis dos libros. Incluso cuando era joven escribí una especie de saga islandesa del largo de una novela. Era terrible, pero me sirvió para vivir la experiencia de sentarme todos los días y enfrentar la página en blanco. Además, escribir no trae esa alegría inmediata de hacer música. Al hacer música puedes cantar una estrofa y de repente ahí está, grabada, y puedes escucharla y experimentar algo parecido a lo que va a sentir alguien del público cuando la escuche por primera vez. En cambio si sos escritor sabés de antemano lo que estás haciendo. Sabes que la historia toma tal o cual giro al final y cosas así y presientes en cierta forma cómo lo va a tomar el público. No es lo mismo que enfrentar a un auditorio. No pienso dedicarme por ahora a escribir, pero debo ser honesto y reconocer que cuando empecé ni me imaginaba que iba a seguir haciendo música veinte años más tarde. Si hubiese tenido una visión de mis años cuarenta tal vez me hubiese imaginado como un escritor. ..Ahora bien, si se me acabaran las canciones, si viese que no me entusiasma más salir a cantar, espero darme cuenta a tiempo y parar, antes de seguir por inercia. Porque no sabría hacerlo. Si dejara de hacer música, entonces sí, creo que intentaría escribir..."

Religión:

"Sí, critico a las religiones temporales porque están preocupadas más por las cosas materiales que por las del espíritu. Pero aún así, de mi formación jesuita conservo la atracción por las grandes preguntas. Probablemente perdí la fe (en una religión teórica), pero no la creencia (en algo superior), si bien no sujeto a dogmas.

Desafortunadamente, me parece que la mayoría de las religiones tienen que ver en un 90% con el Mundo y el Poder y un 10% con Dios. Yo ya no soy católico, pero no soy ateo, soy agnóstico".

"Más importante que la tecnología es el sentimiento. La música es como un viaje, (no sólo el camino). Ahora, sin ese sentimiento, la música es apenas un conjunto de frases."

Mundo I:

"Lo miro a través de los ojos de mis hijas, y no sólo de los míos, como cuando no tenía familia. La generación de ellas verá todo distinto a como lo ví yo, y porque ellas están ahí es que me aferro a la responsabilidad de ser optimista, al mismo tiempo que no encuentro demasiado en el mundo para serlo. Encuentro realmente sorprendente no saber qué decirles a mis hijas acerca de la vida, ni contra qué tienen que reaccionar, porque el mundo se ha vuelto una paleta de pintor."

Mundo II:

"Por más progreso que logremos todavía estamos en la oscuridad, la iglesia y la TV nos siguen dominando, demoliendo e idiotizando como en la Edad Media. La única diferencia es que ahora tenemos mucha más información y estamos mucho más implicados que entonces, donde claramente se podía señalar a un responsable; en estos días tenemos sombras bailando a nuestro alrededor, todo está vinculado, la economía, los gobiernos, la ecología, no se puede estar contra una sola cosa, por que lo que cada vez más tenemos que confiar en nosotros mismos, en nuestras propias fuerzas. Por otro lado, por muchas noticias simultáneas que corran, se tienen menos certezas. De hecho, lo único que sabemos es que no tendremos una guerra nuclear en los próximos cinco minutos."

Mayor virtud:

"La tenacidad"

Mayor debilidad (defecto):

"La obsesión"

"La música cumple la misma función que otras partes de la sociedad: reflexionar, cuestionar, reflejar, proponer y ofrecer puntos de vista alternativos. Finalmente, de todos modos, los cambios sociales provienen de la gente."

La Carrera

"No sé muy bien qué tipo de música hago, sólo sé que es una música natural para mí. No quiero ser premeditadamente esotérico u oscuro; unas veces soy más sencillo y otras más complicado, es una cosa que sale naturalmente. Hoy, mis canciones tienen temas diversos: algunas hablan de amor y pueden ser personales o compuestas a partir de algo que sucedió a otros; también reflejan el paso del tiempo. Mi obsesión mayor tal vez sea el tiempo."

"Trato de hacer algo real, creo sinceramente que las cosas que siento son universales. Escribo canciones para evacuar mis propias dudas -es hasta cierto punto un proceso catártico- y para delinear mi propia incertidumbre. Pero me disgustaría saber que lo que escribo fuese tomado como algo evangelizante: encuentro extraño y hasta algo desagradable que la gente pueda llegar a tomar las canciones como dictámenes y no como el punto de vista de una simple persona. Desde ya que no poseo mayores respuestas que el común de la gente, de lo contrario mis canciones no plantearían los interrogantes que formulan."

Recitales:

"Acostumbro empezar mis recitales con 'My Room' porque me permite mostrar el rango de mi voz completa, pero es también un vehículo de afirmación, como decir "esta es mi habitación, mi lugar, mi puesto, lo que yo sé hacer mejor, y dónde". Normalmente cambio entre el treinta y el sesenta por ciento del repertorio en cada presentación. Como solista me siento muy inseguro y no me tengo mucha confianza en la escena, por eso modifico noche a noche incluso una misma canción en su manera de interpretarse, aunque sea sólo en matices o arreglos de ejecución. Trato de no tener expectativas en cada recital, y toco cada canción como si fuera el único show que hiciera, sin imaginármelo por anticipado. Elijo un orden de temas al azar, que sigo, sin relación entre sí: así, el público sabe tanto como yo lo que vendrá y no se generan ansiedades que puedan decepcionar por lo esperable. No canto siempre las mismas canciones, pero a veces se vuelven demasiado fáciles. Ese es el punto en donde hay que parar de cantarlas, porque es entonces cuando corren el peligro de dejar de ser reales y convertirse en una actuación".

"Todos los que alimentan el rock bizz cumplen una función dentro de la industria, y como tal pienso que hasta cierto punto son necesarios, pero no le hablan particularmente al individuo, sino que son una especie de vacío, de blanco. No son representativos de las almas individuales. Está bien, pero sólo es entretenimiento."

Megaconciertos:

"Nunca participé -los que se hacen con fines de concientización ecológica, giras mundiales de Amnesty o proyectos megamusicales para alguna causa social o humanitaria- porque no he sido invitado, ya que no soy una estrella de gran convocatoria. Por lo general en tales conciertos se mezcla todo, lo bueno con lo malo y el arte con el divismo. No son desinteresados en absoluto, si consideramos los derechos de televisación hacia todo el mundo y el ego de los invitados, pero siempre es preferible hacer esos recitales para sus fines que no hacer nada. El estadio es por demás el símbolo del rock vigente, y en los últimos diez años ha sido demasiado entretenimiento, conformando un juego de evolución e involución con una fuerte dicotomía entre lo que es mero divertimento y lo que es arte. Por suerte, como dije, no fui reclamado así que no tuve que plantearme si hubiese ido. El rock en sí se transformó en un gran negocio, pero tengo la esperanza de que vuelva a ser `música para uno mismo'. Los estadios y sus vendedores están cada vez más lejos de lo que realmente sucede a la gente."

Actualidad y futuro de la música:

"Después de pasar el blues, el rock, la psicodelia, el punk y la new wave, está claro que dentro de muy poco habrá pequeñas audiencias para diferentes tipos de música, con sus diferentes áreas de interés. Sé que la tendencia dominante es crear todo para el gran público, pero éste no puede perdurar porque, no existe una única modalidad musical dueña de la voluntad mayoritaria. A partir de ahora, sin embargo, cada formato tendrá su auditorio específico. Espero tener algo que decir para entonces".

"No creo que ser un artista independiente sea una resignación o una condena por no saber incluirse en la industria musical. Para mí, es la mejor forma de ser libre: siendo responsable sin restricciones ajenas. Es imposible cambiar el gusto masivo mientras no se cuente con medios de comunicación para hacerlo. Por lo menos, creo en la necesidad de que el rock desarrolle y cuide a una minoría silenciosa interesada en el arte, igual que la que sigue la literatura marginal o el cine 'anti-Hollywood'".

Publicidad de la histórica gira
compartida de los tres grupos del sello
Charisma en 1971

Hammill al piano en 1971
(Foto de Sebastian Rich)

"Pienso que una cualidad esencial del arte es pensar en el momento de la creación artística y no en la posteridad, ni en la fama, ni en nada de eso. Hay que estar conectado con el arte en el momento de la creación y, si esto se consigue, posiblemente la obra perdure, porque en caso de destruirse el mundo ese momento inicial no va a desaparecer. Hacer una obra de arte es como vivir una vida, por eso desde el acto creativo no habría diferencia, no pasaría nada. El arte personal es como cualquier posesión material, que, en todo caso, tomamos prestada. Nada nos pertenece."

"Realmente no me considero un intelectual. Quizás en comparación con la mayor parte de los músicos de rock puedes pensar que lo soy. Creo que simplemente pienso sobre las cosas, pero no soy demasiado inteligente ni nada por el estilo. Hacer música de una forma puramente intelectual, sólo puede hacerse con ciertas formas de la música clásica. La naturaleza de la música de rock o jazz es ser emocional, aún cuando estés tratando temas pesados. Y particularmente cuando estás actuando en vivo, es emocional porque si estás presentando la composición a una audiencia, puedes leerle la letra cuando terminó la canción, pero el feeling del texto tiene que transmitirse a través de la performance y del sonido de las palabras, que es para mí otro aspecto importante de escribir textos. No solo tienen que ir con la melodía, y tener un sentido, también tienen que tener un sonido, de manera que aún cuando no puedas entender el significado, el feeling de éste se transmita al escucharlo en vivo."

Suecia 1976
(Foto de Willi Rupp)

"No cuestiono al baile, pero la tecnología ha reemplazado ciertos aspectos del sentimiento. Sigo escribiendo canciones y creyendo que lo más importante es el sentimiento. La canción tiene que ser como un viaje. Pero actualmente se han reducido a un par de frases. Me siento fuera del universo de la MTV, y de alguna manera eso me hace feliz. No me interesa hacer videos, limitan (en el mejor de los casos) el poder y significado de una canción."

"No soy una persona nostálgica, eso de los "viejos buenos tiempos", pero indudablemente los tiempos han cambiado ...recuerdo, creo que fue en enero del `71, un recital en el teatro Lyceum de Londres, tocábamos tres grupos (los tres del mismo pequeño sello, Charisma) por seis chelines, Genesis, Lindisfarne y Van der Graaf Generator. Era un mundo diferente, antes el negocio musical estaba concentrado en media docena de calles y clubes, y estábamos todos a sueldo, bastante bajos por cierto. Pero tocar en vivo era la cuestión principal, y creo que no había ni discos para vender en los recitales; ahora tienes catorce modelos distintos de remeras, la gorra, el video y el paraguas. Tocar en vivo en la actualidad es sólo parte del evento."

"Con Van Der Graaf fuimos teloneros de Jimi Hendrix en el `69, fue uno de los últimos recitales del Experience, en el Royal Albert Hall. Fue muy excitante, verlo tocar a unos pasos, al costado del escenario; Jimi había sido una gran influencia en mis inicios, cuando aterrizó en Londres en el `67. Representaba todas las cosas que a mí me interesaban de la música en una sola persona, la electricidad, el blues, la canción, la excitación física, el poder. Demostró que podía hacerse algo distinto y excitante dentro de lo que se denominaba pop o rock."

"La función de las palabras en una canción es compleja. Tiene que haber un significado interno, por supuesto, pero el sonido de las palabras cuando son cantadas a veces adquiere su propio significado, contradictorio con el texto. Esto es evidente en las grabaciones, pero mucho más en vivo. No es posible seguir las letras en vivo, incluso conociendo el idioma. Por eso la manera, la intensidad y la emoción de la historia tiene que ser seguida por la voz antes que con el intelecto. Creo que si uno canta y actúa apropiadamente, la voz puede sobrellevar dificultades idiomáticas y apuntar directamente a los corazones de los oyentes."

"La actuación en vivo es siempre un momento: uno siempre está tocando en un solo recital, en un lugar y en una época determinados. La grabación es un acto más controlado, más allá de que también uno trata de dejar registrada su emoción en un disco. Diría que grabar un disco es como construir una casa, mientras que tocar en vivo es como remontar un barrilete en el viento. Ningún concierto es igual al anterior, por más que se interpreten las mismas canciones."

Fama:

"Soy más conocido fuera de Gran Bretaña. Tal vez porque en Inglaterra escribir palabras es más complicado que lo normal, se tiende a las canciones breves, mientras la narratividad elaborada es apreciada mejor desde otros idiomas. No me considero parte de ninguna leyenda: eso sucede cuando dejas de trabajar, y yo no paro. Mientras pueda, seguiré haciendo cosas que mezclen la inteligencia con la pasión, sin dormir en los laureles del pasado".

"El caso de La Caída de la Casa Usher recibió el nombre de ópera, a falta de mejor género, pero en realidad no es ópera, ni rock and roll, ni music-hall, ni música sinfónica-clásica. Elegí a Andy Bell para segunda voz porque podía dotar de vida al personaje, y porque su registro contrastaba adecuadamente con el mío. Aclaro que 'Montresor', es el nombre del protagonista de otro relato de Poe, no de Usher; la voz debía llevar un nombre al fin y al cabo. Me gusta aludir a una obra determinada y no basarme en ella. Si tuviera que clasificar a mi obra le llamaría rock por eliminación, puesto que lo mío no es jazz, ni música moderna, ni nada fácilmente catalogable."

Influencias:

"Al reunirnos en Van Der Graaf Generator, los componentes nos intercambiamos influjos de acuerdo con el estilo de cada cual: (Hugh) Banton y yo idolatrábamos a Hendrix, al que juzgo autor de una verdadera revolución. (Guy) Evans y (David) Jackson traían consigo el jazz (especialmente John Coltrane) y el rock, mientras yo venía acompañado por lo que escuchaba, especialmente blues eléctrico. La diferencia con Yes, o Génesis, por ejemplo, fue que el compositor era yo; cuando llegaba con los temas cada integrante hacía pesar en la ejecución su propia formación. Además, en aquella época yo componía en forma caótica, ciertamente improvisada, al revés de nuestros contemporáneos que parecían bastante más organizados pese a haber en cada banda varios cerebros creativos".

"De cualquier modo, estoy refiriéndome al 68 (cuando apareció Van Der Graaf Generator). Había muchos tipos de música, se experimentaba en diferentes áreas, existían muchas compañías independientes, lo que brindaba más posibilidades. La música ahora es una gran industria, pero por entonces era un pequeño negocio."

Rock sinfónico:

"Está decididamente muerto, por inconsecuencias y contradicciones de su propio programa. Ocurre que es difícil hacer rock y al mismo tiempo querer hacer música clásica sin que se convierta en una cosa que no es ni una ni otra. Yo nunca le puse una etiqueta a lo que hacíamos con Van Der Graaf Generator."

La música hoy:

243

"No escucho habitualmente música de otros, porque no me queda tiempo. Cuando lo tengo, prefiero la clásica, incluso la medieval y renacentista, y alguna vez algo de tango -amo a Piazzolla. Hoy por hoy me gusta volver a John Lee Hooker y Keith Jarrett a la hora de ponerme a escuchar. Puede sonar a inmodestia, pero la verdad es que estoy solo, no me identifico con ningún músico."

Éxito:

"Elegí esto y es lo único que conozco. No sé que hubiera hecho de ser popular; la falta de éxito masivo es lo que me mantuvo conectado a mi música. No me siento así obligado ante un sello, sino sólo ante mí mismo. El riesgo, claro está, es que no me escuche nadie, pero igualmente haría lo que hago, aunque fuese para mí sólo, porque la peor tentación sería hacer lo que no quiero por obedecer al mercado. No desprecio el éxito, claro, pero prefiero, simplemente, `hacer mi trabajo'."

Las Canciones

"Soy relativamente coherente pero a veces me frustro terriblemente tratando de hacer que se comprenda lo que quiero decir; las palabras llegan a destino pero al llegar dejan de tener significados útiles... Todo es una cuestión de duda. Una de las funciones del arte es plantear preguntas y mis canciones no tratan de ser específicas. Los niveles de significados están dispersos entre las líneas de las estrofas y en una armónica conjunción con la música. Esta es la única claridad que poseo y es en gran medida un mecanismo de supervivencia. Mis canciones son el único vehículo con el que puedo ser claro acerca de como soy y dónde estoy. Por eso pienso seguir escribiéndolas."

"No creo que exista el momento en que las palabras puedan quedar al servicio de quien escribe, que uno pueda expresar exactamente lo que quiere decir. No creo que en realidad eso llegue. No es que verdaderamente me sienta absorbido; en cierta forma, mis esfuerzos con las palabras son ahora más creativos. Tal vez ese momento no llega porque yo me exijo cada vez más a mí mismo. No es suficiente. No alcanza. No se me ocurre un ejemplo, pero en algunas de mis primeras canciones, si había un verso que no encajaba bien con los dos anteriores, me decía 'Ok, pero cuidado ahí con ese verso...'. Ahora lo que importa es que todo transcurra correcto con todo, en cierta forma que cierre la canción. Y eso realmente implica mucho más esfuerzo y lleva más tiempo... Ahora varias veces me ha pasado escribir partes completas de letra en las canciones y cuando me digo 'si, eso es', luego vuelvo a cambiar una o dos líneas y luego termino en: 'No, eso no va, empiezo de nuevo...'. En ocasiones me pasa hasta dos o tres veces. Así es realmente como se trabaja."

"Además de la letra, la música y la voz, están los arreglos. Hay gente que no entiende que una misma canción puede hacerse de varias maneras y, a pesar de eso, ser la misma aunque suene de un modo totalmente distinto. Para mí, música y letra conforman una unidad en la canción y, particularmente en vivo, la voz es el elemento que las transmite y las hace respirar."

"A veces las canciones llegan muy rápido. Otras veces, las melodías o las palabras dan vueltas durante años hasta que, en un momento, confluyen. A veces comienzo a trabajar en canciones que tengo que abandonar porque no resultan, y con el tiempo reaparecen la letra y la música. Una canción está terminada cuando la última coma, la última pequeña palabra, el último detalle musical están en su lugar. Es entonces cuando nace. La canción existe al final, no al principio."

"Cuando una canción está terminada se convierte en algo ajeno a mí, ya no es más mi propiedad. Puedo tocarla durante mucho tiempo, dejarla y luego volver a ella. Es como visitar cada vez algo nuevo. Cuando toco una canción la vivo en el transcurso de su ejecución."

Hammill estrenando corte de
cabello 'a lo Mullet' en los ochentas
(Foto de Willi Rupp)

"Generalmente ya no se componen canciones dentro del rock y el pop. Se componen estribillos, y la estrofa es simplemente una cosa que te lleva hasta el estribillo, y luego te guía hasta el próximo estribillo y después tienes todos los estribillos juntos al final, lo que puede ser muy vendedor, pero no es realmente composición de canciones. En términos de canciones, si vemos la canción como un cuento, la estrofa es la narración, y el estribillo es

245

como la puntuación o la dirección, pero la estrofa es la narración que tiene que llevar la historia adelante. Así que a veces la estrofa también tiene que cambiar, y dejar que otras cosas se introduzcan dentro de ella."

"Puede que sea injusto que yo espere que todo el mundo `elabore' mis canciones y si alguien obtiene un sentimiento positivamente coherente de uno de mis temas, me doy por satisfecho. Pero, realmente, ¿por qué debemos hacer que el oyente tenga todo fácil? ¿Por qué tiene que ser su rol tan pasivo? Gran parte del mito engañoso que rodea al mundo del rock es la idea de que hacer un disco es algo fácil, que escribir canciones es algo sencillo. Si uno está involucrado en algo que trata de operar en niveles diferentes, más elevados, ¿por qué debe resultarle fácil a la gente el escuchar? ¿Por qué deben obtener `todo' de un tirón, sin ningún tipo de compromiso de su parte? No se trata de un compromiso con la persona que hizo la música, ni siquiera con el disco, sino con ellos mismos. Un compromiso de involucrarse activamente en esa porción de tiempo que le están dedicando a algo. Para sentir que están vivos."

"A menudo me siento atraído por las paradojas que ocurren dentro de las palabras, que se revelan a sí mismas, pero no tengo una visión totalizadora mientras lo estoy haciendo. Quizás por eso soy un compositor de canciones y no un poeta, porque ser un compositor es más caótico, la canción es una forma más caótica, y quizás hasta sea malo tener una visión totalizadora. Tienes que estar metido adentro, buscando los espacios entre la música, la melodía y las palabras."

"Hay canciones que tienen un aire distintivo y son como los perfumes: algunos perfumes se sienten muy fuertes inmediatamente de ser puestos pero duran poco, y hay otros que no parecen tan fantásticos al principio pero pasado cierto tiempo se notan más. Las canciones son así."

"La mayoría de mis temas no plantean preguntas sino más bien debates interiores y elementos contrastantes que a menudo no terminan con una conclusión específica sino como diciendo: `bueno, aquí hay cosas que tenemos que balancear... a veces en esta dirección, a veces en esa otra. Yo concibo esta cosa, mi viaje, como que termina con cuatro o cinco preguntas. Pero ¡cuidado! que no estoy hablando de repuestas. En el momento en que pretendes dar respuestas es cuando te vuelves pretencioso. Lo que hace que mi trabajo siga siendo vital es que no poseo certezas. Y no le doy a la gente nada más excepto lo que ellos mismos puedan hallar."

La Letra

por Peter Hammill

(Este interesante escrito de Hammill -que trata nada menos sobre las letras de las canciones- fue publicado por primera vez en España en un número especial -dedicado a la poesía del rock- de la revista literaria andaluza 'Litoral', en el año 1989. (Revista 'Litoral', número especial 183/4/5, 'La Poesía del Rock', Torremolinos, 1989)

El propio Hammill nos autorizó a utilizarlo, haciendo la advertencia de que el mismo puede no reflejar su opinión en este momento.

No sé... la canción es la canción. Dice muy poco, muestra demasiado. Suficiente.

Difícil; ¿cuáles son los valores de la letra que la distinguen de la poesía per se? ¿Cuáles son sus particulares virtudes, y qué debe uno buscar en ella?   En cierto sentido, una letra es mucho más desechable que un poema, ya que pasa por el oído y la conciencia junto con la música. Es obvio, en esta relación, que la simbiosis entre música y letra resulta crucial. Mientras que uno, naturalmente, desea que una letra se sostenga por sí misma como palabras escritas/habladas (exactamente de la misma manera que uno espera que la música sea discretamente aceptable), sólo adquiere realmente vida cuando es cantada. Por ello, el sonido esencial de las palabras es tan importante como el contenido. A veces el significado de ambos puede ser idéntico; otras veces, puede establecerse una tensión utilizando una fonética disonante frente a un sentimiento tranquilo. Una confrontación "parecida" puede crearse entre las palabras y la música con la que están inextricablemente emparejadas. Estas contradicciones alumbran el "significado" completo de la pieza. La letra de una canción, pues, tiene una "ayuda" para favorecer sus objetivos emocionales o intelectuales que el poema no tiene; por otro lado, por supuesto, se deben cumplir ciertos requisitos al componer una letra que no existen al escribir poesía... la absoluta definición de la melodía como palabra-matriz es uno. Aunque yo, personalmente, aborrezco la repetición de estribillos, y, a menudo, introduzco cambios en ellos tanto en palabras como en música, quedan sin embargo distinciones fundamentales entre las funciones de los versos, los "medios" y los estribillos. El uso de la repetición en un poema es una figura; en una letra es, a menudo, una parte esencial de la forma. Algunas letras funcionan aunque consistan casi enteramente de estribillos... siempre que estén completamente unificados con la música o ésta los exija, puede conseguirse un efecto de mantra; esto puede parecer banal sobre el papel pero tiene un gran poder cuando se canta. En breve, creo que la existencia de la letra sólo es completa cuando se toma en conjunción con su melodía... pero, naturalmente, la letra debe poder tener "sentido" cuando se toma por sí sola.

Finalmente consideremos ¿cuál sería este "sentido", o si hay, en verdad algún "sentido" que tener? Como forma, la canción tiene un potencial extremadamente abierto, quizás incluso más que la poesía como tal, aunque en áreas diferentes. Debido a que la música tiene un significado emocional propio -y, como ya he dicho, este significado, puede verse realzado o contradicho por las palabras- se establece un marco de trabajo en el momento que se tocan las notas introductorias. (En alguna medida estas notas se tocan incluso en la mente del lector, si él o ella conoce bien la canción...). Una canción, al menos bajo mi punto de vista, no debe ser didáctica... debe haber "agujeros" en ella, dentro de los cuales el que la oye puede insertar su propia comprensión y experiencia. Claro que esto también se aplica a la poesía, como a todas las otras formas artísticas, pero ya que la canción opera sobre al menos dos niveles distintos, los intersticios son más amplios. Así que, para mí, no hay un único "significado" verdadero para una canción, sino tantos como personas la escuchen; para decirlo de otra manera, una canción que esté bien compuesta debe decir verdades que pueden ser interpretadas de manera diametralmente opuesta por personas diferentes. Estas verdades deben también ser tales que no puedan ser fácilmente expuestas de forma más directa; una letra debe necesitar ser escrita, o no podrá haber canción.

La sorpresa debería ser siempre un elemento en una canción, al igual que un grado de incertidumbre, duda o pregunta. Por otro lado, aunque uno quiera encontrar algo nuevo en una canción, debe haber también una correspondencia con lo que ya se conoce, aunque sólo sea intuitivamente. En mi opinión, uno no debería quedarse al final de una canción pensando "es así", sino más bien "a veces es así". Naturalmente, estos criterios también se aplican a la poesía; las canciones, sin embargo, están sometidas a mayores tensiones de repetición que el verso. Este "eso" puede cambiar en diferentes audiciones para el público o, en verdad, en diferentes actuaciones para el cantante, que debe poder continuar encontrando frescura en una letra tras muchas repeticiones. Un viaje que se realice con regularidad nunca es el mismo -estaciones, clima y el estado de la vida siempre arrojan una diferente perspectiva sobre lo que uno ve- y mi sentimiento es que las canciones deberían ser pequeños viajes. Quizás uno visita poemas, se transporta con canciones.

Como forma, y excluyendo por un momento la interacción (esencial) con la música, la letra está probablemente más cerca del relato corto (propuesta/ puesta en escena; explicación/intensificación; conclusión/sesgo) que del poema... el tono que este último debe crear para ser aceptable lo da la música en el caso de la canción. O quizás haya algo del teatro o del cine acerca de una letra -el medio real en el que carácter y acontecimiento son finalmente delineados no es simplemente la palabra escrita

Encuentro otros argumentos que forcejean en mi interior. ¿No es quizá esto demasiado, todo? La letra, en definitiva, es para ser tarareada más que analizada. Para la mayoría de la gente, sólo la repetición del estribillo les proporcionará el sentido de la canción. Así todas las partes de la canción deberán de alguna manera estar presentes en cada parte individual... lo que exige un grado de homogeneidad, a pesar de lo "listo" que uno quiera ser. Para mí, una gran parte de esa homogeneidad existe en las conflictivas corrientes fonéticas (a veces incluso entre lenguas distintas), significados y simple juego de palabras, que pueden revelar una identidad central no necesariamente aparente en la superficie del significado. Las letras pueden ser juegos tanto como credos, instantáneas tanto como retratos... y a veces el cómic habla con más fuerza que la pintura. Esto habla de, al menos, una sensibilidad poética en mi propio planteamiento de escribir letras.

Personalmente sé que tengo la tendencia de sobre-analizar lo que es en la realidad una forma casi-conversacional... aunque, naturalmente, es importante que aplique todas mis facultades lo mejor que pueda al escribir letras, ya que esto es lo que hago. Permanezco profundamente enamorado de La Canción por su potencial para hablar acerca de todas las áreas de la experiencia, con una voz directamente humana (emocional/cerebral). Por otro lado, cada canción es sólo una voz en el viento... cantada, y de la que hacen eco las colinas, quizás llegue más al corazón que a la mente.

Inevitablemente, supongo, siento que he divagado de alguna manera. Espero haber impartido algo de mi sentido a decir que las canciones son algo transitorio, por el momento; que pueden dar algo de lo universal, pero que no deberían ser "leídas como evangelio", sea su intención todo lo seria que se quiera. Cada letra, como cada canción, tendrá una resonancia particular en un lugar y tiempo particular... que depende de la empatía entre su viaje y el propio. Esto lo tiene en común con la poesía (y otras formas); pero, en mi opinión al menos, son disciplinas muy diferentes.

No sé... la canción es la canción. Dice muy poco, muestra demasiado. Suficiente.

Las Cartas de Sofa Sound

(A partir de la década del ochenta Hammill comenzó a vincularse de una forma más directa con su público a partir de una serie de cartas que enviaría periódicamente desde Sofa Sound a aquellos que se suscribieran. En las mismas, cuya periodicidad oscilaba entre una a tres por año, Hammill notificaba sobre sus nuevas ediciones discográficas (brindando más que interesantes detalles sobre las mismas), giras y actividades varias. Por supuesto que en la actualidad, aunque continúe con las cartas por correo, el lugar donde se comunica con sus seguidores es en su web oficial: www.sofasound.com, donde periódicamente aparecen las ansiadas 'Newsletters'.

A nivel de homenaje, hemos elegido como ejemplo una de estas cartas informativas, en este caso una de 1986 donde se refiere al lanzamiento y grabación del lp And Close As This, del cual brinda reveladores detalles técnicos.)

"SOFA SOUND P.O. BOX 66 FRESHFORD BATH

8 de Octubre de 1986

Queridos amigos:

Precipitándonos progresivamente hacia el fin de año, aquí hay otra carta y con ella, como prometí en la última, noticias sobre mis nuevas grabaciones. Estas aparecerán bajo el título de And Close As This, el cual es una línea de una de las canciones y una aproximación a la naturaleza del material.

En el curso del último año, habiéndome inmerso en el mundo de las presentaciones en vivo como solista después de un largo período de realizar conciertos con grupos de una clase u otra, me fui dando cuenta gradualmente que nunca había grabado nada específico en ese estilo de tocar y cantar. Adicionalmente, he recibido muchas cartas al pasar los años preguntándome si un verdadero disco "solista" sería lanzado alguna vez. Por lo tanto decidí que intentaría hacer una cosa así esta vez.

Mi primera sensación, cuando examiné las canciones que había recolectado en un período de tiempo, fue que el formato de estas grabaciones debería ser simplemente de piano y voz... no tenía canciones con guitarra lo cual convenía felizmente y encajaba con el material agrupado hasta ese momento. Aunque rápidamente me di cuenta que allí había el potencial y la oportunidad de hacer algo mas, y realizar un disco que, manteniendo los estilos de tocar y cantar mencionados anteriormente y la intimidad que ellos evocan, tendría un sonido más amplio que con el piano sólo, que sigo considerando como la maravilla, el instrumento número uno. Decidí avanzar en términos del uso de la grabación e instrumentación tecnológica; específicamente para esto último busqué una vez mas la ayuda de Paul Ridout, y juntos grabamos y mezclamos el trabajo en Sofa Sound.

Eventualmente, dos canciones fueron grabadas en piano -mi Gors & Kallman baby grand (de 1911), que ha sido el instrumento en el cual he escrito la mayoría de mis canciones de los últimos diez años. Para el resto -y por favor perdónenme si las cosas pueden tornarse un poco complicadas para aquellos de ustedes que no estén familiarizados con la moderna tecnología musical- la grabación fue inicialmente hecha desde un teclado Yamaha DX7 a una computadora (Apple Macintosh con el programa secuenciado Total Music). Yo toqué: mis manos pasaron sólo una vez por el teclado, tocando cada canción en su totalidad, así que esas ejecuciones completas fueron capturadas... un uso más normal de las secuencias sería hacerlo en pequeños pedazos, hasta alcanzar la perfección, y luego encadenarlos juntos hasta formar la canción. Efectivamente esto significa que la ejecución -en términos de cuales notas fueron tocadas, cuán rápido y que tiempo duraron- fue grabado en la computadora, pero el sonido que producirá esa ejecución se dejó para ser decidido después. Para crear esos sonidos -todavía, recuerden, el producto de sólo una pasada de manos -editamos las notas en la computadora así la mano derecha y la izquierda pueden ser separadas, o extraer líneas melódicas y rítmicas, y luego `enviarlas' (vía el lenguaje electrónico del Midi) a una variedad de fuentes de sonido: diferentes patrones de sintetizador y sampleados. El resultado final, en consecuencia, es que yo efectivamente estoy tocando un instrumento compuesto de muchas piezas diferentes... aunque alguna de las combinaciones no suenen como si fuera posible haber sido tocadas por un sólo par de manos.

Esto no intenta ser un ejercicio de brillantez o mero coqueteo técnico. Como saben, he resistido la zalamería de la tecnología por un tiempo, hasta que sentí que genuinas posibilidades creativas podrían surgir. Este es ciertamente el caso aquí; hace algunos años hubiera sido inconcebible suponer que seis minutos y medio de música podía ser tocada en una secuencia de tiempo real y después manipularla. Creo que esto es nuevo, ahora... y todavía lleva las responsabilidades normales y respuestas potenciales de cualquier música. Viene a ser como una sorpresa para aquellos que sufren del miedo a lo tecno (que se que son muchos) que la mayor parte del trabajo fue lo que uno podría describir, vagamente, como filosófico, como a cada paso buscamos encontrar lo que fue un consistente y honesto curso de acción a seguir mientras continuamos cumpliendo con los ideales originales. Tratamos -encontramos en el transcurso del trabajo que esto era imperativo- crear alguna uniformidad y homogeneidad de sonidos, de acuerdo con la idea de que fue un solo instrumento, aunque de una clase distinta. No agregamos notas a las ejecuciones originales, y sacamos sólo aquellas que hacían desmerecer las líneas musicales que tratamos de crear. No grabamos sampleados adicionales, porque tendría que tocar con más de un par de manos en un tiempo determinado; en cambio usamos voces que ya teníamos en la biblioteca de sonidos de Paul. Como una acción final hacia la coherencia filosófica, las partes vocales fueron grabadas como ejecuciones completas en vez de hacerlo verso por verso, coro por coro; en algunas partes usé selecciones de dos o tres interpretaciones completas, pero hay una sola voz (¡y sus efectos!) que se escucha en cualquier momento dado. Creo que esto ha producido una consistencia que fluye de lo cual a veces se carece en el trabajo en estudio. Verdaderamente, usando esta tecnología, pero teniendo sólo una persona (una voz, un par de manos) mostrándose en ese momento, siento que he logrado capturar una parte del espíritu en vivo, mientras puedo producir grabaciones que pueden ser escuchadas una y otra vez descubriendo constantemente nuevas cosas.

Finalmente todo lo anterior es relevante sólo en términos de saber como fue hecha la cosa; siento que es importante darles alguna indicación de esto porque ha sido una aproximación radical. Por supuesto, la realidad del disco consiste en la música, las canciones, las ejecuciones, no el método empleado para hacerlo. En mi propia estimación, estos fueron muy intensos. Me sugirieron que éste es un disco para verdaderos aficionados a Hammill, pero también tiene una apariencia potencialmente más amplia... bueno, todos saben que eso podría decirse de cualquiera de mis otros discos! De todas maneras, hay ocho canciones: la mitad de ellas son canciones de amor, de los dos lados de la calle... y después hay otro material. Como siempre ahora callaré y les dejaré sacar sus propias conclusiones.

And Close As This es (sin contar Loops and Reels y Time Vaults) mi álbum número 24. Saldrá el 3 de noviembre, la fecha de lanzamiento más cercana a mi cumpleaños, el 5 de noviembre; entonces cumpliré 38 años, habiendo pasado la mitad de mi vida trabajando en la música. Como veo 50 discos (o cualquier otra cosa que se use en el futuro) como un valor decente de rendimiento de vida, podemos decir, por lo tanto, que estoy a mitad de camino! Naturalmente, no se exactamente lo que pasará en el futuro... salvo que será diferente... pero me gustaría asegurarles que todavía amo escribir, tocar, cantar y grabar música, y no intento detenerme, cualquiera sea la dificultad algunas veces! Si, a veces es muy desesperanzador sentir que una gran audiencia nunca llegará a escuchar mi trabajo, y eso es a menudo un conflicto que hay que pasar; pero mi compromiso permanece fuerte, y tengo que decir que en esto estoy casi siempre confortado y apoyado por sus mensajes de buena voluntad y aliento. Muchas gracias.

[...]

Habrá más noticias, y más cosas, en Año Nuevo. Hasta entonces, o hasta cuando pueda verlos en los variados escenarios que recorreré en los próximos meses, les deseo lo mejor...y gracias por escuchar!

Peter Hammill"

La 'Carta a Audi'

(Esta carta fue publicada por primera vez en 1974, en la primera edición del libro 'Killers, Angels, Refugees', que recopila canciones y escritos de PH. Dirigida a una antigua amiga residente en Inglaterra mientras Hammill estaba de gira con Van Der Graaf Generator por Alemania en el convulso tour de mayo de 1971 (da toda la sensación de haber sido escrita de una forma catártica, no habiendo sido enviada nunca), es un documento descarnado y revelador sobre las presiones y miserias de una banda en gira en general, y de la situación traumática y desgastante que llevó al quiebre del Van

Der Graaf Generator post-Pawn Hearts en particular. Su correlato hecho canción es la autobiográfica 'German Overalls', el tema de apertura de su segundo disco solista *Chameleon In The Shadow Of The Night.*

Hammill nos permite el acceso a su intimidad de una manera y con una honestidad únicas, brindándonos de paso un eslabón fundamental para la mayor comprensión de una parte importante de su historia.)

Mannheim, Sábado

Querida Audi,

Ya sé: ha pasado mucho tiempo. Podría decir que lo siento por no ponerme en contacto contigo -tu última carta me alegró en un momento crítico- pero no pude, honestamente. Podría alegar que estuve muy presionado con el tiempo, el cual, como siempre, está ocupado, pero eso sólo te haría sentir excluida y sin importancia para mí, lo cual no es real. Por todo el tiempo y la distancia entre nosotros todavía estás cerca mio, pero encontré menos y menos posible estar en contacto con alguien en esos días oscuros y me temo que estoy algo fuera de práctica en comunicación. A veces es más fácil aquí: estamos en nuestra pequeña burbuja del tiempo de la banda y los plomos y el equipo y el camión... con todo lo de afuera aparentemente irreal, se hace menos doloroso alcanzarte; por supuesto, si me voy muy alto en algún punto de esta carta siempre puedo alegar locura temporal.

Deseo que alguien pudiera brindar una exacta representación escrita de nuestra vida en bandas. He estado leyendo una ridícula novela barata que tomé en el aeropuerto, que decía en su (extremadamente fantástica) tapa: "Las groupies! Las drogas! Las orgías!" y, adentro, divagues en cada página de un espantoso inglés sobre las fantásticas (literal-mente) aventuras de un grupo llamado The Hot Cross Buns quien "satisface por completo a la escena pop". Ya sabes, soy fanático de esos libros aunque nunca pude terminar más de tres capítulos. Todavía sigo esperando que uno de ellos sea coloreado con la más débil apariencia de la verdad.

Cualquiera que los lee debe tener una impresión muy extraña de nuestras vidas: corriendo de una ciudad a otra en brillantes limusinas, tocando para muchedumbres salvajemente entusiasmadas y llevándonos algunas hermosas chicas jóvenes al hotel, ayudados, por supuesto, por copiosas cantidades de todas las drogas conocidas por el hombre. No, quizás estoy mezclando las cosas un poco: lo descrito anteriormente tiene algo de verdad en que las actividades son cíclicas y fundamentalmente sin significado; en estos libros hay siempre una semejanza de una línea de historia, y siempre un cierto elemento de cambio en las acciones y reacciones de los personajes... en realidad no cambia mucho aquí. ¿Te estoy confundiendo mucho? Es porque la realidad es tan difícil de señalar con precisión... si, llegamos con nuestro auto, pero es un Cortina y no un Mercedes; a veces hay drogas, pero son el único protector contra las rudezas que tenemos disponibles...ellas nos dejan vivir y simultáneamente nos matan (mentalmente, quiero decir; no quiero que te preocupes por mi salud física, no tengo intención de colgarme en la crucifixión moderna). Hay groupies también, pero nunca las fantásticas ninfas de ficción. Las groupies (mostrando un leve parecido a aquellas muñecas inflables de tamaño natural cuyos avisos aparecen en las revistas de comics Marvel) regalan su cuerpo a la banda; en realidad, los roles se revierten y uno casi puede sentir que te levantan el cuero cabelludo.

Realmente no somos esa clase de banda de las cuales tales ficciones son fabricadas, aunque no tengo dudas que hay bandas en las cuales sucede eso. Todas las bandas son tan diferentes como individuales, pero hay algo que está de manifiesto en todas y que no puede ser rastreado en medio de los detalles sangrientos de las novelas: es la música lo que es importante. Y si pudieras hablar de la música en un libro, entonces ¿cuál sería el motivo para tocarla? Quizás la música es la gravedad que sostiene la palabra escrita y la previene de volar hacia la región de la verdad.

Probablemente te preguntarás porque te escribo esto; bueno, es una cuestión de válvulas de presión, como fue siempre. (¿Recuerdas esa charla que tuvimos en Manchester la última vez que te vi? ¿fue hace dos años?). Sabes que, desde hace mucho tiempo, las canciones son mi válvula de seguridad; pero también sabes que a veces no sale nada y yo me puedo sentar y mirar por horas los trastes y las teclas, o el lápiz en mi mano temblorosa; pero ellos no me dirán secretos nunca grabados. De cualquier manera, ahora, encerrado en el corazón de Alemania y de la gira (faltan dos semanas) difícilmente pueda juntar la energía para permanecer abierto a todo esto.

Soñé contigo la noche pasada, no importa de que trataba. Creyendo (como yo debo creer para sobrevivir) que todas las cosas tienen una razón, aunque fuera negativa, surgió para mí el consuelo de tu ojo imaginario y tu entendimiento, escuchándome en la distancia, ayudándome con mis cargas. Podría decirte lo que intento hacer, para evidencia documentada, pero realmente quiero a alguien… sólo una persona... que entienda, incluso si (y se que así es) yo sea incapaz de aclarar los detalles, y pueda sólo dar un destello de luz a través del filo de la puerta.

Déjame que te cuente del recital que dimos esta noche, donde parece que se resumen todos los terrores que me persiguieron e intentaron arrastrarme hacia no se qué. Para comenzar, pasamos todo el día en nuestro hotel (Mannheim no es una ciudad muy inspiradora para ser parte de la gira, aún cuando seamos capaces de organizarnos nosotros mismos y nuestras energías para ello) y lo último de nuestro dinero fue a parar a una botella de Tequila. (Hay una confusión con nuestro dinero, y no ha llegado desde

Londres aún; tendría que haber llegado ayer, pero sólo podemos esperar...) Entonces, habiéndonos tendido sobre las sábanas almidonadas todo el día, y consumido toda la botella de Tequila, estuvimos preparados para enfrentar el recital como siempre. Lucía prometedor: un edificio bajo, moderno, con fuentes, salón de té con sombrillas, esculturas modernas, piezas de ajedrez blancas de adorno junto a árboles negros. En el interior era igualmente moderno y lujoso; pero había un problema mayor: la calefacción del camarín parecía estar trabada. Era una habitación en el sótano, con ventanas cerca del techo y caliente como un horno. Sin embargo, estábamos tan cansados por nuestro día de inactividad que nos arrojamos en los sofás de cuero que estaban contra las paredes, bajo las ventanas.

Los punteros de la "música gratis" llegaron y, arrodillándose y agachándose en el piso junto a las ventanas, comenzaron con su usual arenga para que los dejáramos entrar al camarín. Se pusieron más y más encolerizados a medida que les negábamos la entrada y, después de un rato de alternar súplicas e insultos, intentaron forzar la entrada. Nos paramos sobre la mesa de maquillaje y empujamos contra las ventanas para que no entraran, finalmente pudimos colocar los cerrojos. Les hicimos muecas amenazadoras a través del vidrio antes de que desaparecieran, sin duda en busca de otra entrada posible. Me pregunto a veces sobre la ética de esto, porque me encantaría tocar gratis. Pero es imposible con nuestras cuentas semanales que pagar; los plomos, el transporte, el equipo, nuestros gastos personales. Éticamente, si alguien ha pagado, no es justo dejar entrar gratis a otros; pero por lógica extensión de eso es que si una persona está preparada para pagar 50 libras para vernos, los demás también. Ja Ja. Es sólo otro imponderable; no puedo meterme en este problema. Me meto en esto, como en otras áreas, en un momento que tengo razón y aparece algo complejamente ajeno a mí y contrario a mis sentimientos. Es mucho más fácil cantar consignas que pensar en sus implicaciones. ¡MÚSICAGRATISMUSICAGRATISMUSICAGRATIS!

Uno de los tipos de Nimrod, con quienes estamos haciendo esta gira, vino al camarín y nos contó que en una ocasión él se estuvo emborrachando durante tres días con Tequila, sin acordarse de qué pasó o qué hizo. David se sintió un poco mal y salió de la habitación.

Entonces apareció Dorothy: ella es mitad inglesa, mitad alemana y nos ha estado siguiendo desde la semana anterior, acampando en los vestuarios, ocupando las recepciones de los hoteles, escondiéndose a los costados del escenario durante los recitales. Dorothy tiene cabello castaño, ojos grandes, y pilas de grasa sobresaliendo de sus muslos, diafragma y brazos. Tiene mejillas infladas y huele mal. Viene a nuestro camarín, y la mayoría de las veces, se sienta ahí, ignorada por nosotros, y, sin duda, interiormente molesta por estar así. Hemos hablado mucho sobre ella porque nos molesta demasiado. Ella es el verdadero objeto inmóvil, y ninguno de nosotros parece tener la capacidad de ser una fuerza irresistible. Hablar con ella no era nada bueno para nadie; tampoco ignorarla, y ninguno de nosotros podía hacer algo sucio con ella, inclusive si eso pudiera hacer algo para alejarla de nuestras vidas, lo cual dudo; probablemente ella se torturaría en un orgasmo masoquista. No podíamos hacerlo porque ella parecía estar realmente por la música, y está preparada para viajar cientos de millas sólo para vernos tocar. La elevación de nuestros egos es simultáneamente una amortiguación en nuestro desafuero y nuestros instintos de autoconservación. Conscientemente, nos damos cuenta de esto, pero, parece que no podemos hacer nada.

Generalmente ella se sienta allí y, de hecho, hasta esta noche, evitándolo cuidadosamente, yo no había intercambiado más que un "Hola" con ella; pero cuando se abrió la puerta y yo esperaba el regreso de David, obtuve su sonrisa en mi dirección mientras entraba a la habitación. Ella se tropezó donde yo estaba sentado, aguantando algunas cosas extrañas en mi cabeza como resultado del Tequila; no tenía fuerza para detenerla mientras inevitablemente embestía contra mí.

"Hola" dijo, y sonrió satisfecha. Yo gruñí y traté de mirar para otro lado.

"¿Dónde vives en Londres?" preguntó ella. Pretendí no escuchar pero repitió su pregunta insistentemente.

"Bueno, vivo en Sussex ahora, no en Londres... yo, hum, prefiero el campo... la... paz..."

Ella llevaba un libro en su voluminoso bolso. Era su agenda. Ella quería escribirme. Le dije que escribiera a la compañía discográfica y ellos me darían sus cartas.

"No me gustan las compañías discográficas" dijo. Hubo una pausa. Ella quería ir a verme cuando visitara Inglaterra (todos van a Inglaterra). En un mes estaría allí. Quería venir a verme. Le dije que por motivos laborales estaba muy poco tiempo en casa. Todavía quería mi dirección. Todavía quería venir a verme, y se estaba enojando. Le guiñé el ojo estúpidamente e intentaba descubrir que estaba sucediendo.

Guy me dio un cigarrillo y hubo una breve pausa. Ella cambió de táctica:

Yo le tenía que escribir, me dio su dirección, ¿la iría a visitar cuando estuviéramos en Dusseldorf? Traté de detenerla con evasivos gruñidos, pero ella insistía, y finalmente fui forzado a un tentativo "quizás". Me dio un prolijo papel con su dirección. ¿Ahora yo le daría mi dirección? Guy miraba calladamente mientras salía con Hugh a mirar la actuación de Nimrod. ¡Desertores!

Dorothy me arrinconó en el sofá. "No puedo controlar ningún asalto físico" pensé para mis adentros, "siempre puedo huir de la habitación..." "¿Quieres heroína?" preguntó. Yo me negué.

"Hay algo que quiero preguntarte".

"Uh... ¿qué?". Estaba esperando una pregunta controlada, analítica, sobre una canción, una actuación, o el futuro de la banda. Me sorprendió. Audi, esta chica... esta revoltosa, obsesionada chica ...se sentó ahí y me pidió que le diera un hijo. ¿Puedes creerlo? Dijo que sabía que sería el bebé más hermoso, sería un niño increíble, ¿no? ¿Podría hacer esa pequeña cosa por ella?

Puedes imaginarte, me impactó. Murmuré algo de que hacía mucho calor en la habitación, me deslicé hacia la puerta. En un segundo llegó hacia mí, colgada de mis rodillas, rogando, pidiendo, implorando... "¿Qué hay de malo en mí? ¿Qué hay de malo en mí?" balbuceaba ella. Guy entró y se detuvo rápidamente: ¡fui salvado! Su garra cedió por un segundo y escapé, me fui a esconder en un baño hasta que llegó el momento del recital. Ves la clase de presión que nos afecta. Tengo que sufrir estas cosas. ¿Tiene algún sentido que un ser humano pase por estas experiencias, aunque no sea intencionalmente? ¿Qué podría haber hecho o dicho? El recital fue adecuado, descargué bastante de mi agresión en él.

Parecía que me salía vapor, el cansancio se hacía sentir, aunque, en el medio y cerca del final podríamos haber estado tocando en habitaciones separadas por la falta de entendimiento y mutuo aliento. Yo aguanté hasta el último acorde del bis. exhausto mental y físicamente. No es fácil, a veces, pasar esa hora y cuarto la cual es -se supone- todo nuestro día de trabajo. Todavía es -gracias a Dios- un mundo diferente, un paréntesis entre las llamadas realidades; pero saliendo de ella, con todos los cambios forjados en la mente de uno durante la estadía, es tan difícil como quedarse.

Nosotros casi tuvimos una gran excusa para quedarnos en el camarín después, pero fue impedido por la llegada de tres o cuatro jóvenes alemanes que querían hacernos preguntas. Parece que peleamos mucho estos días... quizás todos los temas de conversación se han terminado y la única comunicación que nos queda es gritar. Tal vez sea sólo una fase, la hemos tenido en el pasado, pero tarde o temprano uno de nosotros estará al borde del desprecio o el insulto personal, y después todos caeremos de la cuerda floja por la cual caminamos en nuestro auto-impuesto grupo familiar. Reñimos como cualquier familia, y tarde o temprano todos nos iremos de casa...

La batería de preguntas fue arreglada contra nosotros, pero yo pude arreglármelas sólo con el ocasional gruñido como forma de respuesta oscura y sin compromiso; todavía estaba conmocionado por mi encuentro con Dorothy. "¿Cuál es su canción favorita?", "¿Qué filósofos han influenciado su trabajo'?", "¿Qué van a hacer en el futuro'?".

¿Qué vamos a hacer en el futuro, Audi? ¿Qué voy a hacer? El futuro parece ser el camino interminable y las interminables giras y conciertos, que a veces también son interminables, aunque otras son pura alegría. ¿Cuánta diversión tienes que experimentar para compensar tantos asaltos a tu persona'? ¿Cuántas veces más me sentaré en el auto y pensaré "quizás éste sea el último viaje"? ¿Cuántas disputas habrá? ¿Cuántas antes de que se convierta en odio en vez de ser diferencias de opinión? ¿Cuánto antes de que necesitemos 6 botellas de Tequila para aislarnos del exterior? ¿Cuántas Dorothys hay allí?

Estoy sentado aquí en esta sucia habitación de hotel y son las cuatro menos cuarto. Mañana iremos a Nuremberg. Si tuviera mi dinero pienso que dejaría todo y desaparecería en Marruecos o Pakistán. Cuando comencé en este camino pensé que estaba comprando la máxima libertad, pero ahora nuestras responsabilidades hacia otra gente crecen y crecen, y la libertad está siendo asesinada semanalmente por las hojas del calendario.

Pero no tengo mi dinero, y aún si lo tuviera, no estoy seguro de lo que haría; demasiado tarde, ahora... demasiado tarde. Probablemente no te escribiré por un tiempo, y casi cierto no te veré ahí en tu asilo de Dundee. Pero gracias por escuchar... escribir todo esto me ha anestesiado - sólo necesito una persona del exterior para entender la mitad del camino.

Cuídate...

Discúlpame por exponerte a todo esto, pero al menos demuestra confianza…

Cariños, Peter."

Foto promocional para el sello americano PVC

Portada del primer libro de Peter
Hammill, con ilustraciónes de Bob
Barling

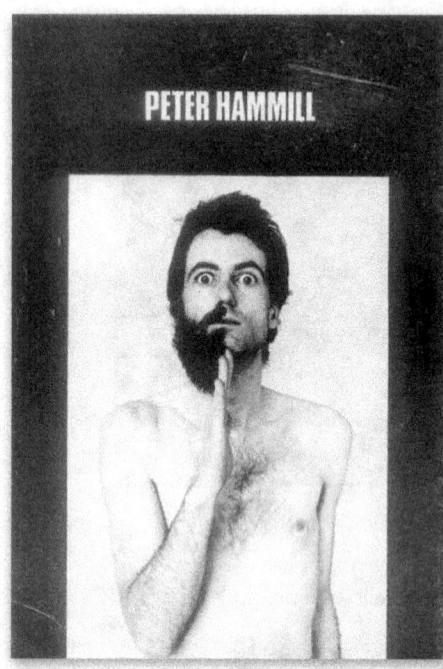

Parte posterior del programa de la Gira
junto a Brand X

En su estudio de Bath, en 1997,
escuchando atentamente el
playback del recién grabado
Bubbles (Foto de Willi Rupp)

Una Caleidoscópica imagen de una actuación en Mantova, Italia
en el 2000 (Foto de Willi Rupp)

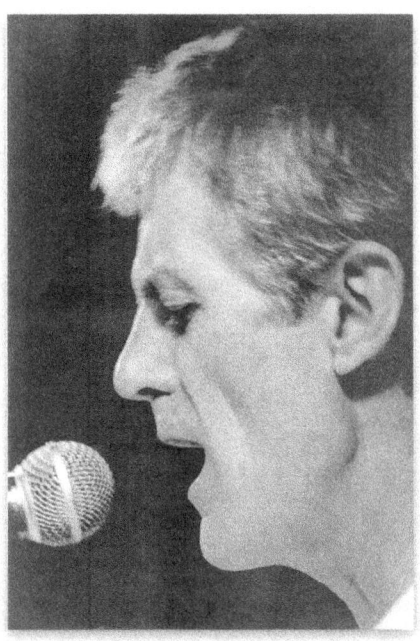

En pleno acto de cantar
(Foto de Willi Rupp)

Eibar 1996 (Foto de Willi Rupp)

Con guitarra Eibar 1996
(Foto de Willi Rupp)

Prueba de sonido en 1996
(Foto de Willi Rupp)

Polonia 1995 (Foto de Willi Rupp)

Capítulo IV: Las Entrevistas

I - 1992/1994

La siguiente entrevista es el fruto de una combinación de varias charlas y entrevistas que mantuve con Peter Hammill entre 1992 y 1994 en Argentina e Inglaterra. Varias fueron extensas y formales conversaciones realizadas con motivo del presente trabajo, otras fueron extraídas de concurridas conferencias de prensa y algunas me permití rescatarlas de informales conversaciones de amenas sobremesas compartidas.

Lejos de fanatismos y preferencias personales, entrevistar a Hammill es una magnífica experiencia, tanto en lo profesional como en lo personal, ya que es difícil encontrar en el mundo de la música a alguien tan inteligente, profundo y reflexivo, tan lúcidamente consciente de su trabajo, y a la vez respetuoso y comprensivo con quien tiene enfrente, lejos de imposturas y vedettismos.

Con respecto a la entrevista (entrevistas) en sí, la intención inicial fue la de dejar de lado cuestiones sobre las cuales Hammill ya se había explayado con anterioridad (presentes en el capítulo **"Mondo Hammill"**), preguntas sobre su vida privada (este trabajo no se trata de una biografía, si bien se manejan elementos biográficos fundamentales) o el significado de tal o cual canción. Se tuvo en cuenta dos ejes:

• ciertas cuestiones puntuales (tanto biográficas, fácticas como filosóficas) requeridas por el entrevistador.

• aquellas cuestiones, surgidas en la entrevista, que tuvieran un interés especial de divulgación para el propio Hammill.

La entrevista, entonces, se presenta como un todo indivisible, más allá de los distintos momentos y lugares utilizados como fuente para estructurarla, ya que la claridad del pensamiento y discurso de Hammill guiaron la unidad de la misma.

(MG = Marcelo Gobello   PH = Peter Hammill)

MG - Comencemos por el principio; ¿Cuándo y dónde has nacido?

PH - Nací el 5 de noviembre de 1948 en Ealing, Londres, donde pasé mi niñez. Mi madre, Lily Eileen Johnson, nació en Birmingham, en las Midlands. La familia de mi padre, Maurice Henry Joseph Hammill, permaneció por cuatro generaciones en la India, él nació allí y fue el primero en volver. Así que, si, nací en Londres pero realmente no vengo de Londres, realmente no vengo de ninguna parte, porque nos estábamos mudando todo el tiempo.

MG - ¿Qué actividad tenía tu padre?

PH - Era ingeniero, dirigía fábricas. Falleció en el `94.

MG - ¿Tuviste un hermano, no?

PH - Si, se llamaba Andrew y falleció hace un par de años atrás.

MG - Con respecto a tus inicios en la música, ¿Tuvo tu familia mucho que ver?

PH - No mucho, realmente. En mi casa sólo se escuchaba un poco de música popular clásica, musicales americanos (Rodgers & Hart, Hammerstein, Porter) y durante un tiempo tuvimos un piano que tocaba mi madre, que había recomenzado sus estudios, pero no era una familia muy musical. De pequeño tuve una educación católica y mi primer acercamiento a la música fue cantando en el coro.

MG - Una educación jesuita, ¿no?

PH - Fui a una escuela privada dirigida por jesuitas llamada Beaumont College, en Windsor. Cerca de los doce años gané un concurso en el colegio sobre villancicos navideños. Lo canté delante de mis compañeros y recibí el primer premio, así que podríamos decir que esa fue mi primera canción (risas). Hasta ese momento lo que más me atraía era escribir poesía.

MG - ¿Y cómo comenzó tu inclinación por el rock? Seguro que debe haber gravitado la efervescencia de la escena musical inglesa de los `60s...

PH - Si, por supuesto, Beatles, Who, Kinks pero también una gran inclinación por el Soul y el Blues, Howlin' Wolf y todos los bluseros de Chicago, pero sobre todo John Lee Hooker. La mayoría de los ingleses adoptaron el blues de Chicago, los doce compases, que me gusta mucho, pero a mi me atraía, me atrae, el estilo distinto, original de Hooker.

MG - Hasta que en 1967 aterriza Hendrix.

PH - Fue una gran influencia; para esa época yo ya había comenzado a componer y él demostró que el rock podía ser algo más, podía transitar por otros caminos más interesantes. Tuve la oportunidad de verlo actuar varias veces, en Londres y en Manchester; Van Der Graaf Generator fue soporte de Hendrix en un show en el Royal Albert Hall, en 1969. Me quedé ahí parado viendo el recital desde un costado del escenario...

MG - ¿Fuiste miembro de alguna otra banda antes de Van Der Graaf Generator?

PH - Sólo una experiencia muy informal en el instituto, una banda llamada The Hex (El Maleficio, NdA) con la cual actuamos un par de veces.

MG - A esa edad comienzas a componer canciones...

PH - A partir de los quince años aproximadamente; ya en 1966 compuse temas como 'Runnin' Back' (de Aerosol Grey Machine, NdA) y 'Candle' (de Fool's Mate, NdA). De hecho compuse mucho material después de terminar el instituto e ingresar a la Universidad de Manchester, durante un período que trabajé para IBM en Londres. Muchos de los temas de Fool's Mate son de esa época.

MG - Van Der Graaf Generator nace en Manchester.

PH - Como te contaba, había comenzado a escribir canciones a mitad de los sesenta, inclusive algunos terribles blues...pero cuando entré en la universidad de Manchester para estudiar ciencia había una banda, de varios miembros, donde conocí a Chris Judge Smith y a Gordian Troeller (quien a partir de 1975 fuera manager de Van Der Graaf Generator) que tocaba el piano. Toqué varias veces con esa banda, hasta que con Chris decidimos abrirnos y formar un conjunto más pequeño, de cuatro integrantes, y así nació Van der Graaf Generator. El otro miembro regular de esa primera época era Nick Pearne, pero a Nick no le interesó convertirse en profesional y decidió seguir con sus estudios.

Unos meses después quedamos Chris y yo solos, sin saber que hacer, hasta que un amigo de la universidad, Alastair Banton, nos contactó con su hermano, que era organista, Hugh Banton. Entonces éramos tres, con Hugh, quién se contactó con el productor Tony Stratton-Smith (el fundador del sello Charisma) quién a su vez incorporó al bajista Keith Ellis. Luego ingresaría Guy Evans en la batería y, tal vez esté yendo demasiado rápido, comenzamos a ensayar con esa formación: Chris, Hugh, Keith, Guy y yo.

MG - Me gustaría que me dijeras algo de dos personas cláves de esa época: Keith Ellis y Graham Bond.

PH - Keith Ellis fue el primer bajista de Van Der Graaf Generator y el primer músico profesional con el que trabajé en mi vida. Tenía mucha más experiencia que cualquiera de nosotros y una gran paciencia para enseñarnos muchas cosas. Murió muy joven, lamentablemente. Escribí una canción para él ('Not For Keith', aparecida en ph7, NdA), ¿que mas te puedo decir?

Graham Bond fue una especie de guía musical que nos legara Lou Reizner cuando firmamos nuestro primer contrato con el sello Mercury. Era un personaje reconocido y respetado en la escena musical inglesa de la época, aunque para cuando lo conocimos ya estaba inmerso en una etapa un tanto esotérica y autodestructiva. De todas maneras fue importante para mi en ese momento, ya que me dió el mejor consejo posible, el único que sirve tal vez, para un músico: "Tienes que hacer lo que tienes que hacer."

MG - ¿Como se dió el alejamiento de Chris?

PH - Fue algo progresivo, en los ensayos nos dimos cuenta que... bueno, Chris era cantante, yo era cantante, Chris componía, yo componía... cada vez ensayábamos más canciones mías, así que al final el sintió -todos sentimos- que eso no estaba bien y entonces se alejó de la banda. Quedamos entonces como cuarteto y comenzamos a hacer giras, tocamos en Alemania un par de veces, y luego en Inglaterra. Pero teníamos el problema que yo todavía seguía unido a ese mal contrato y la compañía grabadora no quería liberarme y, por supuesto, los otros integrantes no se iban a plegar a ese terrible contrato, así que sólo podía tocar en directo con ellos. Finalmente, pasados unos meses, robaron todo nuestro equipamiento; nos quedamos sin instrumentos para tocar...tampoco podíamos grabar y para colmo de males Tony Stratton Smith estaba en América acompañando a The Nice, así que decidimos parar.

Unos meses después, mientras trabajaba de portero de una gran tienda en Londres, comencé a dar recitales como solista, hasta que Stratton Smith regresó de América y le dije que estaba dispuesto a grabar el disco que debía por contrato. Así comencé a grabar, en enero del '69, Aerosol Grey Machine, solo... pero, obviamente resultaron envueltos Guy, Hugh y Keith, no con la intención de ser el primer disco de Van Der Graaf Generator, ya que teníamos temas como 'White Hammer' que grabaríamos luego, sino como un álbum solista.

Finalmente, cuando estuvo hecho, en dos días, doce horas de grabación, se hizo un arreglo. Tony Stratton Smith hizo un acuerdo con la compañía y el disco se editó bajo el nombre de Van Der Graaf Generator; originalmente se editó primero en los Estados Unidos y tiempo después en Europa. Esa es la historia del primer disco y de las primeras idas y vueltas de Van Der Graaf Generator.

Polonia 1995 (Foto de Willi Rupp)

No es David Coverdale, es Hammill en 1970 cantando Darkness para el
programa de tv alemán Beat Club

David Jackson en el Beat Club, 1970

Peter Hammill: como pocos.
Hugo Ruiz, La Nación.

Peter Hammill, una garganta capaz de cualquier cosa.
Javier Andrade, Página 12.

¿Hace falta algo más para que no se lo pierda?

PETER HAMMILL

ex-lider de Van der Graaf.
Colaborador e inspirador de artistas como
Peter Gabriel, Robert Fripp, Phil Collins entre otros.

Presentación tanto histórica como exclusiva
en MAR DEL PLATA
SABADO 19 de JUNIO - 22 Hs.
Teatro LIDO

Entradas en venta en
MEMPHIS - Gal. Sao / Loc. 34
TAX RECORDS - Belgrano 3162
DOWN TOWN RECORDS - Belgrano 2548
y en **maría maría** - San Martin 3838
RESERVAS AL 2-3568

Flyer 1993 cara

HAMMILL

Peter Hammill: Un deslumbrante virtuosismo musical.
J.C. Fontana, La Prensa.

Peter Hammill: Magistral.
M. Fernández Bitar, El Cronista Comercial.

Peter Hammill nos voló la cabeza.
Ziggy Savasta, Diario Popular.

Peter Hammill, el monstruo de la canción.
F. García, Rock en blanco & negro.

Peter Hammill llamó a misa.
Fabián Sañudo, 13/20.

Peter Hammill, pasión, gracia, fuego.
Revista Pelo.

Peter Hammill: un espectáculo excelente.
Daniel Riera, La Maga.

Peter Hammill: dos noches para el asombro y la magia.
Diario "El día", La Plata.

Peter Hammill, el grito que susurra, el silencio que revienta los tímpanos.
Gloria Guerra, Humor.

Flyer 1993 contracara

269

Anuncio en la revista Sounds de 'H to He who
am the only one', 1970

Anuncio en la revista Sounds del
tercer disco de VDGG, editado en
1970

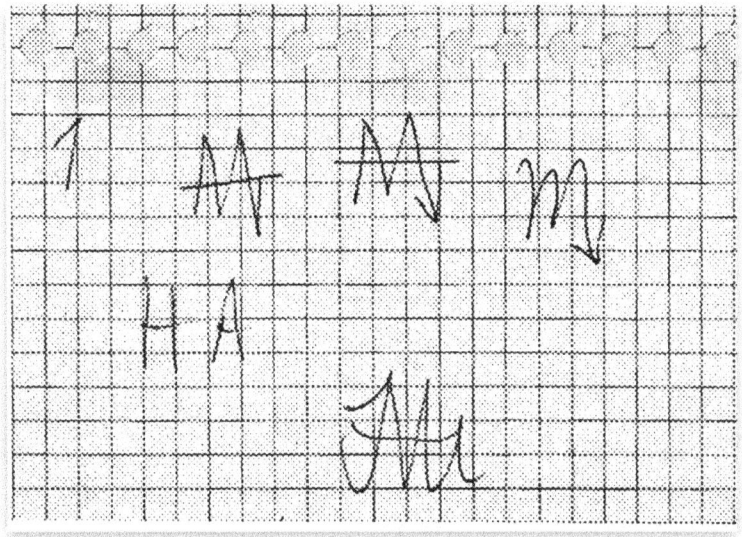

Desarrollo manuscrito del logo hecho por el propio Hammill

Un pequeño descanso durante una actuación en el Marquee Club, de Londres, en 1976
(Foto de Willi Rupp)

MG - Lo que sigue es historia más conocida: se va Keith Ellis, entran Nic (Potter, bajista) y David (Jackson, saxofonista y flautista), sacan dos magníficos discos en los cuales ya establecen el verdadero sonido Van Der Graaf Generator... hasta que en 1971 graban una verdadera obra maestra, Pawn Hearts. Y cuando parecía que estaban en su mejor momento, se separan. ¿Qué pasó?

PH -Las cosas no estaban bien internamente. Nic ya se había ido mucho antes de Pawn Hearts, yo ya había grabado mi primer disco solista con viejos temas que no encajaban con la onda del grupo, y llegamos a un punto donde nos cuestionamos si el espíritu de la cosa era el correcto. Yo personalmente pensé que no lo era. De todas maneras ensayamos canciones para un próximo álbum, comenzamos a grabar algo, como por ejemplo 'Black Room' que ya tocábamos en vivo, o temas como 'A Louse Is Not a Home' que luego grabé como solista, pero sentí y expresé que la cosa no estaba bien. Entonces paramos. Yo les dije a los otros tres, Hugh, David y Guy que deberían seguir, pero decidieron no hacerlo como Van Der Graaf Generator. De todas maneras seguimos en contacto, hasta que finalmente dos años después, en diciembre de 1974, volvimos a juntarnos todos para tocar en un disco solista mío, Nadir's Big Chance, y nos dimos cuenta que podíamos hacer algo distinto, tocar de una manera distinta. Fue un poco como con Aerosol Grey Machine.

Así comenzamos un período muy intenso donde grabamos cuatro discos de estudio en dos años y medio y realizamos varias giras, pero con un montón de inconvenientes financieros que pensamos que íbamos a poder superar siendo una unidad independiente, responsables de nosotros mismos. Sin embargo las giras eran muy largas y caóticas, perdimos mucho dinero sin tener ningún respaldo, y nos volvieron a robar parte del equipamiento. Finalmente Hugh decidió largarse. El sentimiento que tuvimos fue que no era una buena manera de acabar la historia, que la banda se viniera a pique, así que Nic volvió a entrar y reclutamos a Graham Smith, un violinista, ya que lo último que hubiéramos hecho al irse Hugh era ingresar a otro organista. Hubiera ido en contra de nuestro espíritu.

A la semana de ensayar con Graham, es David quien decide largarse; para entonces ya estaba casado, con un hijo y todas las presiones de la vida cotidiana. Finalmente grabamos el último disco en estudio, The Quiet Zone, Nic, Guy, Graham y yo (una formación musicalmente similar a la gira de The Noise), hicimos más giras, el disco en vivo, pero estábamos en bancarrota financiera y ya sin voluntad de seguir adelante. Se llegó a una conclusión natural.

MG - Después de más de veinte años de separación un grupo de culto como los Velvet Underground volvió a juntarse, ¿Nunca pensaste en...

PH - Ah! me imagino con lo que vas a salir, 'El Regreso de Van Der Graaf Generator'. (Risas)

MG - Bueno, es algo que los fans siempre esperan.

PH - Si, pero no lo veo posible. Yo seguí siendo un músico en forma continua, pero ellos no; si bien Guy o David colaboran esporádicamente conmigo en algun álbum, ninguno de ellos han sido músicos profesionales por más de quince años. La experiencia de vida es diferente, es muy diferente ser músico a los 44 años que a los 34 o a los 24. Ahora tengo una percepción muy distinta de las cosas, creo que sería muy difícil para ellos tocar conmigo ahora. No porque yo sea tan grande sino porque ya he tenido esa experiencia. Diste el ejemplo de los Velvet Underground... muy bien, trabajo de un mes, hacer dinero, divertirse y ya está. Todo para una gira y un disco en vivo. Sin problemas, ya que toda la atención está centrada en Lou (Reed) y John (Cale) que han seguido tocando sin parar todos estos años. En realidad, detesto la idea de juntarse por dinero, o subir a un escenario pretendiendo tener 20 años. No es honesto. Destruyes todo el pasado y destruyes el presente.

En el caso de que las condiciones estuvieran dadas, solo aceptaría una reforma para hacer algo nuevo.

MG - Para terminar con Van Der Graaf Generator, ¿Cuál piensas tu que era la principal característica de la banda, y porqué crees que fue tan poco imitada?

PH - Haciendo una síntesis, creo que la característica fundamental de la banda es que definitivamente era la más caótica, y bien, tu no puedes imitar el caos, tienes que encontrar tu propio caos.

MG - Hablando de hacer algo nuevo; no está en tus planes realizar algún tipo de trabajo que esté vinculado directamente con la literatura, como por ejemplo grabar sonetos de Shakespeare. Un tipo de trabajo, con o sin música, donde pongas en juego la expresividad de tu voz sin cantar.

PH - Bien, yo no soy un actor pero es algo que ocasionalmente me agradaría hacer. En julio del `94, realicé una lectura en el Barbican Theatre de Londres acompañando al Kronos Quartet, quienes interpretaron una obra de un compositor de San Francisco basada en una historia de Lovecraft.

MG - Recuerdas cual fue la historia que leíste?

PH - Si, se llama 'La música de Eric Zann'. Fue una experiencia muy interesante.

MG - Siguiendo con la literatura. El famoso monograma que te simboliza tiene similitudes con el del escritor Tolkien.

PH - ¿Sí? No lo tengo presente. Leí 'El Señor de los Anillos' cuando era muy joven. Mi monograma fue cambiando con el tiempo de la siguiente manera (lo dibuja en un papel). Son las iniciales de mi nombre: Joseph Peter Andrew Hammill y lo comencé a los 16 años. Nada misterioso.

MG - Piensas que los vídeos, los clips de canciones, limitan a las mismas.

PH - Completamente. La apoyatura de una canción en imágenes televisivas no sólo puede limitarla o desvirtuarla, sino contradecirla. La canción es una imagen cambiante que no puede verse fielmente reflejada en la rigidez de un video. Particularmente no me interesan, es más no poseo cable ni MTV.

MG - ¿Tienes una idea acabada de cuál y cómo es tu audiencia?

PH - En los shows te encuentras con distinta clase de gente; personalmente no apunto a ningún público en particular. Tengo una obsesión que es la de componer y escribir canciones; cuando logro esos momentos de claridad me siento más calmo. Es decir, esos momentos de claridad al componer, que tiene que ver con mi obsesión, me permiten, más que un desahogo, permanecer calmo por un tiempo; balancear mi vida.

Me gustaría generar en la gente que escucha lo mismo que me sucede a mí, esos momentos de calma. Imagino a mi audiencia compuesta por gente que se cuestiona cosas, de la misma manera que yo me las cuestiono en las canciones... gente que se siente identificada con lo que siento o cuestiono. Mi responsabilidad con la gente es hacer las cosas de la mejor manera, de la más verdadera que pueda. Me siento halagado cuando una audiencia se siente complacida con lo que hago, pero no trabajo para complacerla. No me considero un intelectual, pero mi deseo es escribir canciones inteligentes. Y que a la vez movilicen...eso forma parte de la magia de la canción, que puede generar una reacción en el corazón y la mente de las personas. Alguien se puede quedar con lo inteligente de alguna letra y a otro agradarle una melodía en especial... todo es posible. A veces, cuando estoy grabando, dedico todo un día al sonido de la guitarra rítmica (por poner un ejemplo), y otro a alguna porción de la letra; tal vez la guitarra sea para una persona y la forma de cantar una letra para otra. Ambos aspectos, entonces, tienen que ver con días diferentes y personas diferentes. No hago hincapié en ningún aspecto en particular.

MG - Me gustaría lanzarte unos nombres. Comenzando por Frank Zappa.

PH - Me parece una persona muy positiva en el aspecto de su posición ante la industria y como compositor. Un músico muy interesante, una individualidad, aunque no me gusta mucho lo que hace con la guitarra y, definitivamente, no me gustan sus letras. Me cuesta entender como alguien que demostró ser tan inteligente haya escrito esas letras pero, bueno, era un californiano (risas) ...pocas sutilezas. Eso si, me gustó mucho su libro (The Real Frank Zappa Book, Poseidon Press, Usa 1989, NdA).

MG - John Coltrane

PH - En lo primero que pienso es en A Love Supreme; Coltrane fue una de las mayores influencias de David Jackson y eso repercutió en todos. Coltrane es una de las influencias indirectas para mi estilo de cantar; mi "ataque" con la voz es heredero del 'ataque' de Coltrane con el saxo y el de Hendrix con la guitarra.

MG - Neil Young

PH - Me gusta mucho su trabajo aunque debo confesar que hace mucho tiempo que no escucho nada suyo -en realidad practicamente no escucho nada de rock. Es un hombre absolutamente positivo, me gusta mucho su forma de tocar la guitarra, mucho más sentimiento que técnica.

MG - Elvis Presley

PH - El Rey! no fui un fan en mi juventud, me gustaban más Jerry Lee Lewis y Little Richard, pero obviamente me gustaron sus primeros discos como 'Heartbreak Hotel' o 'Jailhouse Rock', que fueron muy importantes. Una carrera muy triste, realmente, pero las carreras no existían hasta que él llegó. Fue un hombre importante, fue el primero, para que se produjera la explosión tuvo que haber un Elvis.

MG - Hablando de carreras tristes, Kurt Cobain.

PH - No conozco mucho la parte musical. Lo de Cobain fue una tragedia que tiene una parte privada y otra que tiene que ver con la rapacidad del negocio, que al volverse tan grande genera una bestia al cual el público ama y le exige cosas a la vez.

En algunos aspectos el caso Maradona se parece al de Cobain, espero que con un final distinto.

MG - Keith Jarrett

PH - Me gustan mucho sus improvisaciones al piano, discos como Kohln Concert. Es un músico fantástico, un dotado, muy pasional... posiblemente sea una persona difícil, me imagino. No tengo idea de lo que ha estado grabando estos últimos años.

MG - Obviamente en tu casa escuchas solo música clásica.

PH - Cuando puedo, me gusta escuchar cuartetos y quintetos de cuerdas o de vientos; ya no tengo tiempo de sentarme a escuchar largas sinfonías. Me gusta mucho la música coral.

Publicidad del primer disco en solitario de Hammill: Fools Mate

VDGG en el 16º Festival de Reading, 1976, revista Melody Maker

MG - Te agradarán esos viejos compositores clásicos ingleses como Dowland o Purcell?

PH - Esa es justamente mi música favorita, Purcell, Dowland, Byrd, esa música bien británica, romántica y oscura a la vez. Como te decía, me encanta la música coral; mi hija mayor canta en el colegio con un pequeño coro justamente este tipo de música de la que estamos hablando.

MG - He escuchado en tu trabajo ecos de canciones de Benjamin Britten, ¿Puede ser?

PH - Bueno... me gusta mucho el trabajo, tanto de Britten como de Tippet.

MG - Cambiando de tema, ¿Qué opinás de los discos 'bootlegs'?

PH - Es un tema delicado. Condeno a los comerciantes que lucran con el trabajo de un artista y encima lanzan al mercado grabaciones de pésima calidad que desvirtúan el trabajo del mismo; coincido con Robert Fripp en que son un robo, pero, a la vez comprendo a los fans y coleccionistas... aunque algunos estén un poco locos.

Tengo unos pocos, la mayoría regalados. El que tiene una verdadera colección es Paul Ridout, ha secuestrado cientos de cassettes durante los shows (risas).

MG - Has realizado muchos trabajos de traducción, del inglés al italiano o al alemán, del español al inglés... ¿En qué medida te ha ayudado para tu trabajo como compositor?

PH - La tarea de traducir canciones me ha servido para desarrollar el acercamiento a la escritura de mis propias canciones. Lo interesante de esta tarea es la cuestión de hacer encajar los tres niveles de la canción, el que tiene que ver con lo literario, el que tiene que ver con los sonidos y la traslación cultural, ya que hay traducciones que no tienen nada que ver de una cultura a otra. Es algo que va más allá de la correlación punto por punto del significado de las palabras. Te doy un ejemplo: he traducido canciones mías al alemán porque hay posibilidades culturales e idiomáticas; pero me sería imposible hacerlo al español, tendría que cambiar absolutamente todo. La única alternativa sería componer algo directamente en castellano... pero por ahora lo veo poco probable. Lo que si he tenido en mente es encarar un trabajo directamente en francés, que es el idioma que mejor domino después del inglés.

MG - Para terminar ¿Es verdad que compartiste una gira con Peter Tosh?

PH - Si! Fue en 1980 u '81, por Italia. Hacía un par de años que no giraba por la península y un promotor me convenció para viajar haciendo de soporte de Tosh, que en esa época tocaba con Sly (Dunbar) y Robby (Shakespeare). Todo fue bastante complicado, nada encajaba bien. Los rastas, que culturalmente no son muy feministas, no se llevaban bien con las chicas contratadas para el catering, quienes, no recuerdo por qué razón, eran militantes de la izquierda inglesa. Incluso, por una cuestión religiosa, se negaban a comer lo que las chicas le ofrecían cuando éstas estaban con la menstruación.

Y los shows... bueno, te imaginarás lo que significaba salir ante miles de fanáticos del reggae, con mi guitarra y vestido con un traje blanco (risas)... no era de lo más cómodo. Luego los promotores fueron arrestados por tenencia de drogas y las chicas del catering por la policía antiterrorista... todo bastante caótico. Desde entonces viajo solo o con mi propio grupo.

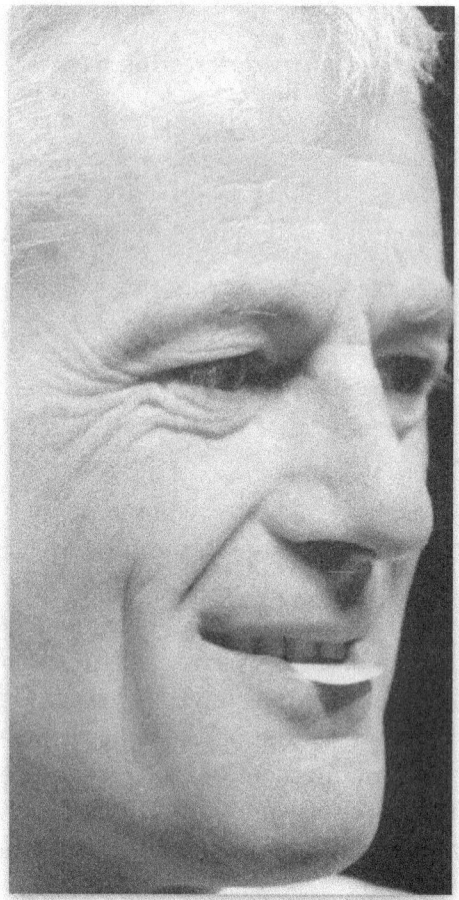

Eucaristía Eléctrica (Foto de Willi Rupp)

II - 1996/2000

(Esta segunda entrevista es, como la primera, un collage recopilatorio de lo que considero más interesante de las varias que le realicé entre 1996 y el 2000, o sea, posteriormente a la primera edición de este libro.)

MG - ¿Nunca te has visto tentado de hacer algo, un disco o un recital, con una orquesta sinfónica?

PH - Hubo mucho de moda al respecto en los setentas, mucha tontería, finalmente la orquesta acompañaba sin aportar nada interesante. Por supuesto que me encantaría montar The Fall Of The House Of Usher con una orquesta y coros, pero es algo muy costoso que yo por mi cuenta no puedo afrontar. En febrero del '96 canté dos temas acompañado por una orquesta. Se cumplía el vigésimo aniversario de la orquesta de Lille y debo admitir que la experiencia fue muy positiva, algo realmente diferente.

MG - ¿Cuáles fueron esos dos temas?

PH - Fueron 'Traintime' , con arreglos de David Lord y 'This Side Of The Looking Glass'.

MG – Que ya tenía arreglos orquestales originales. Pasemos a una extraña sorpresa discográfica: algo que ha dejado sorprendido a todos los que siguen tu carrera, tanto aficionados como críticos, ha sido la edición del disco Tides (1996)...

PH – ¡Pues yo he sido el primer sorprendido!

MG - Aclárame un poco el tema por favor, ya que realmente no se entiende que haya aparecido en el mercado un disco tuyo en directo, con sonido regular, mal trackeado y hasta con errores en los títulos de los temas... parece un mal bootleg!

PH - ¡Es lo que eso es en realidad! Te resumiré lo que sucedió, es realmente increíble que a esta altura pasen cosas así dentro de la 'industria', pero realmente ocurrió. "Alguien" vendió a un sello subsidiario de EMI una grabación de un recital que brindé en el Festival de Música de Lanzarote en 1989, y sin que yo me enterara o brindara ningún tipo de aprobación, fue lanzado al mercado. En el sello no sabían que decirme al respecto. La producción, como tú señalabas, era tan mala que ni siquiera quise comercializarlo a través de Sofa Sound. Finalmente me hice de los masters y tal vez lance una edición oficial bien hecha en el futuro.

MG - Hablemos un poco de los discos editados estos últimos años. ¿Es posible que X My Heart ('96) sea un verdadero exponente discográfico del sonido del PHQ (el Peter Hammill Quartet, integrado por Hammill, Manny Elias, Stuart Gordon y David Jackson)?

PH - Las canciones que yo tenía en esa época parecían encajar perfectamente con esa formación con la cual venía actuando y girando bastante por entonces. El disco es bastante variado, pero sí, una de las características de X My Heart fue que realicé un esfuerzo consciente por usar el cuarteto de Manny, David y Stuart. Un grupo sin bajo, algo que hay que trabajar mucho para que funcione, y esa interacción la logramos después de muchas actuaciones compartidas. La mayoría de las canciones son piezas de conjunto.

MG - El álbum que le siguió, Everyone You Hold ('97), guarda una cierta conexión con Fireships ('92).

PH - Es mucho más oscuro, pero si, es cierto, guarda una conexión con Fireships y también con And Close As This ('86). Hay como un aire de familia entre los tres: con Fireships comparte ese sonido envolvente y lento, cuasi-orquestal, que también tiene And Close As This. La relativa suavidad de Fireships contradice un tanto la clase de sentimientos envueltos, pero en él encontramos un lado femenino y otro masculino, y Everyone You Hold es más monótono, más como un monólogo. Las canciones en el están casi todas en primera persona singular, además suena mucho más oscuro, desde el mismo comienzo, con esos soundscapes…Fireships evoca otro tipo de sensación, más cálida y placentera.

Rikki Nadir en Zurich, 1975
(Foto de Willi Rupp)

MG - This ('98) es un trabajo bastante especial, y no sólo por circunstancias musicales.

PH - Representa un momento significativo en el "viaje" de mi vida, un viaje que tiene que apuntar hacia delante, hacia el futuro. Este disco se gestó cuando yo me acercaba a mi cumpleaños cincuenta, la verdad es que no le presto mucha atención a los años, pero los 50 representan una edad en la que uno se replantea muchas cosas. This es además, contando los trabajos con Van Der Graaf Generator, el álbum número 40 en mi carrera; ese año también se cumplieron mis 30 años como músico profesional. Así que tuve la idea de que tenía que hacer algo que dijera "todavía estoy acá, estos diferentes estilos musicales son los que me interesan". Así que deliberadamente hice como un eco en diferentes períodos de mi carrera, tanto en términos de producción como de composición.

MG - Debo confesar que me gusta mucho como suena tu guitarra eléctrica en ese disco.

PH - Las eléctricas en This suenan realmente sucias, casi como en la época de Nadir. El sonido general del disco es un collage entre -y a través- de todo mi trabajo anterior

MG – Hablando de Mr. Nadir… ¿cómo te tomas el hecho de que se te cite permanentemente como instigador o influencia del Punk?

PH – Obviamente yo no inventé el Punk, pero la energía y el sentimiento que existían en Nadir's Big Chance ('75), sobre todo en dos o tres temas como el propio 'Nadir', 'Two Or Three Spectres' o 'Nobody's Business', eran acordes a toda la movida del momento. Yo tenía una completa simpatía y afinidad con esa mentalidad de "hazlo tu mismo" y "vamos a por ello", aunque no iba a caer en la ridiculez de vestirme como un Punk. Pero la energía básica era la misma. En ningún momento me sentí amenazado o tuve temor del Punk.

Creo que mi influencia tuvo que ver más con la actitud que yo tenía, el hacer lo que yo pensaba que debía hacer, y supongo que les di a muchos el coraje de respetar sus propias convicciones. Si inspiré a alguien a nivel musical, bueno, eso no es algo de lo que me pueda enorgullecer porque sólo hago lo que a mi me resulta natural; eso si, siempre trato de hacer las cosas lo mejor posible.

MG - Y que opinas de las bandas post-punk de fines de los setentas y comienzos de los ochentas. Leí un viejo reportaje tuyo donde hablabas bien de Siouxsie & The Banshees, The Cure y Joy Division…

PH - Hubo una época donde me entusiasmó el potencial que tenían esas bandas, pero luego toda esa escena fue perdiendo fuerza; grupos como New Order, que si bien eran como una especie de continuación de Joy Division, ya no me gustaron. De todas maneras por entonces escuchaba mucha más música que ahora; con el tiempo, por una cuestión de deformación profesional si quieres, se me fue haciendo cada vez más difícil escuchar música sin filtrarla a través de mi conocimiento y experiencia como artista y músico…es como si yo escuchara de una forma "diferente" que la mayoría de la gente. En realidad dejé de escuchar música rock ni bien comenzamos a grabar con Van Der Graaf Generator, ya en esa época temprana quería evitar influencias. Así que comencé a escuchar cosas que conocía y entendía menos como el Jazz y la música clásica.

Jaxon soplando la flauta de Pan (Foto de Willi Rupp)

MG - Y ahí se ganaron el mote de Progresivos o Sinfónicos...

PH - Ya lo hemos hablado otras veces, y sabes que no me gusta mucho esa categorización; siento más acertado que clasifiquen a Van Der Graaf Generator como underground que como progresivo. A mi entender hubo demasiada pretenciosidad en muchos grupos progresivos de mitad de los setentas, esa actitud de "esta es la única manera de hacerlo". De todas maneras entiendo que tildarnos de progresivos es lo más fácil, aunque éramos más caóticos y anárquicos que la media, tocando con un espíritu más de jazz si quieres. La mayoría de los grupos progresivos o sinfónicos de la época tomaban su inspiración clásica del Romanticismo, en cambio nosotros nos remitíamos a músicos como Ligeti, Stockhausen o Messiaen.

MG - Algo parecido ocurría con King Crimson...

PH - Eramos grupos muy parecidos, no exactamente en la música que hacíamos, pero había algo genuinamente sobrecogedor, que daba miedo, tanto en nosotros como en King Crimson. No estoy hablando de horror o que hiciéramos cosas para shockear, pero ambos grupos tratábamos de hacer música poderosa. Al principio intentamos tocar la música de R&B o de soul que nos había inflamado a los inicios, pero éramos chicos ingleses blancos de clase media, así que tratamos de encontrar algo que tuviera ese mismo poder, pero que estuviera más en sintonía con quienes realmente éramos.

MG - Tengo tres cuestiones que me han quedado en el tintero y que quiero preguntarte antes de finalizar. La primera tiene que ver con Keith Emerson. Recuerdo que hace un par de años te pregunté si el "Emerson" que figuraba como co-autor del tema 'Empire Of Delight' en As Close As This era el tecladista de Emerson Lake & Palmer. Me contestaste que si pero por alguna razón no ahondamos en el tema. ¿Me puedes contar algo sobre esa colaboración?

PH - Keith es un magnífico pianista, y si bien es un gran compositor, no escribe letras. Me contactó a mediados de la década del ochenta y tuvimos un par de encuentros. Tenía tres canciones nuevas compuestas y yo le puse letra a la que luego fue 'Empire Of Delight'. Fue una experiencia muy interesante, una colaboración artística y profesional muy satisfactoria. Finalmente él no la usó pero me escribió diciendo que pensaba que era un tema muy bueno y que yo debía aprovecharlo.

MG - La última tiene que ver con Shirley Bassey… ¿Es verdad que estuvo a punto de grabar una versión de 'Wilhelmina'?

PH – Si, es correcto, de hecho se llegó al punto de que una imitadora le grabó un demo con el tema, adaptado a su estilo. Se que lo intentó, pero por alguna razón que desconozco no llegó a concretarse. Hubiera sido muy interesante. Hay un par de mis canciones que Shirley podría hacer; por ejemplo 'A Better Time' hubiera quedado maravillosa.

Aviso publicitario de la gira y
disco de The Quiet Zone

III - 2004

(La última entrevista que tuve cara a cara con Peter Hammill fue en el 2004, en la hermosa ciudad de Sos del Rey Católico, Zaragoza. Por primera vez desde que le conocía, la situación era, si bien no dramática, si de tensa expectación ya que a principios de diciembre del 2003 -ni bien le había dado los últimos toques a su último trabajo discográfico, Incoherence- Peter sufrió un infarto cardíaco en plena calle, siendo hospitalizado de urgencia. Primero se temió por su vida, luego por su regreso al directo -sus performances son tan visceralmente fuertes en cuanto a la interpretación que por un momento se pensó en la imposibilidad de que volviera a las tablas. La cosa es que ocho meses después de su ataque al corazón Hammill volvió a pisar un escenario. Fue el 12 de agosto del 2004, en España.)

Entre el 6 y el 14 del mes de agosto de 2004 se realizó, en el mágico entorno medieval de Sos Del Rey Católico, la tercera edición del Festival "Luna Lunera", festival que se caracteriza por conciertos basados fundamentalmente en la figura del autor, abarcando una gran diversidad de estilos que van del pop-rock, al blues, cantautores latinos o música celta, todos estos dentro de un marco intimista y único, ya que el escenario se encuentra dentro de la Lonja Medieval de Sos, con una capacidad para 450 personas. La edición 2004 de este novel pero ya prestigioso festival contó con la participación de varios artistas de primer nivel dentro del panorama musical contemporáneo, ya sea del ámbito nacional (Josele Santiago, Javier Rubial o Antonio Vega, entre otros) como internacional (Pablo Milanés, Julieta Venegas, Robyn Hitchcock, Michael Fracasso o el grupo escocés Capercaille) destacándose, por circunstancias extramusicales, la presentación del Peter Hammill. Y no es que cada presentación suya no sea un acontecimiento en si mismo, sino que los arriba citados problemas de salud habían hecho peligrar tanto la vida física como la artística del cantautor.

Fue precisamente ese recital en Sos, su vuelta al directo después de ocho meses de ausencia e incertidumbre, lo cual motivó que fans de todos los rincones del globo se llegaran hasta la bellísima localidad Aragonesa para asistir a su "regreso".

La localidad de Sos realmente brindó una escenografía natural de ensueño al festival, con sus medievales y estrechas calles de antiguo empedrado, adornadas por casas de piedra, aleros, portadas con dovelas y escudos, ventanas góticas, castillos y palacios; si a eso le sumamos la esmerada atención de todos los implicados en su detallada e impecable organización y la afabilidad de la gente del pueblo, todo confluyó para que el recital fuera doblemente especial.

Ya en la prueba de sonido la tarde previa a su actuación pudimos comprobar que Peter se encontraba en excelente estado de salud, delgadísimo como siempre, con un poco más de canas pero convertido en un ex fumador y sin perder un ápice de su portentosa voz. Así y todo había que esperar a la prueba de la verdad, al momento puntual del recital de casi dos horas donde Hammill siempre se prodiga con temeraria intensidad…sería falso negar que, las horas previas al mismo, existía cierta cuota de incertidumbre y ansiedad (que por supuesto el propio Hammill trataba de ignorar y minimizar) con respecto a la performance. Era su primera presentación en directo después de un infarto y la expectación al respecto era palpable.

Los organizadores del festival me habían honrado, no sólo invitándome al mismo, sino con el privilegio de presentar a Peter Hammill con unas palabras introductorias, sobre el mismo escenario. Momentos antes del recital me encuentro con el músico en el camerino y zona de catering, el cual estaba armado en una biblioteca ubicada en la propia Lonja medieval donde iba a actuar. Confieso que esta fue la más extraña de todas las ocasiones en que le entrevisté, en gran parte por la tácita actitud de desdramatizar el hecho de ser el 'Recital del regreso', su reciente problema de salud, etc, y por otro lado por circunstancias fortuitas, ya que el reportaje terminó abruptamente cuando comenzaba a ponerse interesante, ya que se hacía la hora de salir a escena.

MG - Se te ve muy bien, ¿Cómo te sientes?

PH - En buena forma! Felizmente los resultados de los estudios que me realizaron son buenos y alentadores; si bien el corazón ha quedado un poco dañado no hubo necesidad de ninguna operación así que deberé seguir tomando la medicación, haciendo los ejercicios y regímenes que me asignaron y realizándome un chequeo ocasional. He dejado de fumar y ya me encuentro concentrado en mi trabajo, que por ahora significa volver a la carretera…

MG - Tu último trabajo, Incoherence, trata sobre la imposibilidad de la comunicación real mediante el lenguaje…

PH - Trata sobre las imposibilidades y contradicciones del lenguaje en varias de sus formas…la manera en que las palabras se forman en nuestra mente sin lenguaje, la conversación o diálogo como un doble monólogo, los cambios en los significados de la palabra hablada a través del tiempo o la memoria, etc. Musicalmente lo importante es que la pieza musical es una sola continua de 41 minutos, que puedes ir separando por partes pero tiene una unidad, donde el lenguaje sin duda está en el centro de las cosas.

Hugh Banton durante el show de VDGG en Paris, julio 2005
(Foto de Serge Llorente)

Guy Evans durante el show de
VDGG en Paris, julio 2005
(Foto de Serge Llorente)

MG - Se que no te gusta hablar del pasado ni de otras cosas que no sean las que estás haciendo en el momento pero hay varias cosas que los fans quieren saber y debo preguntarte. Esta es más personal: no has salido de gira con una banda desde hace más de diez años, si con acompañamiento, pero no una banda de rock como la del 93, The Noise band (integrada por Nic Potter en bajo, Stuart Gordon en violín eléctrico, Manny Elias en batería y PH en guitarra eléctrica y voz): ¿No extrañas actuar con una ruidosa banda de apoyo? Veo relegada esa faceta de tu carrera, cosas como "Vital" que me gustan tanto…

PH - Vital es algo un poco caótico, incluso en el estrato de "banda ruidosa de acompañamiento", es algo caótico, me parece que es ir un par de pasos muy lejos…

MG - Bueno, pero volvamos al ejemplo de la The Noise Band con Potter (otro ex VDGG quién también participara en Vital), asistí a un show de esa gira y quedé totalmente impresionado…

PH - Humm. Sería errado decir que lo extraño y sería errado decir que no lo extraño. Tanto en la música como en la vida si tu gastas el tiempo deseando cosas que no están allí o que no tienes, vas a vivir una vida muy desilusionada! Así, a veces aún durante la experiencia de 'la banda fuerte', estás esperando por los momentos tranquilos, disfrutas de los momentos de calma en comparación con los fuertes. Y a veces en la experiencia solista estás gozando los fragmentos fuertes como si estuvieras en una banda. Así que es algo complicado de explicar y me temo que será una de esas cosas que sólo "Mi Dentro De La Experiencia" puedo saber de que se trata. ¡Pero eso no es para atacar a la pregunta!

MG - Creo que justamente esto tiene que ver justamente con los problemas del lenguaje y el hecho de que yo no esté usando mi idioma natural… tal vez la palabra "extrañar" ("Miss" en inglés) no haya sido la correcta…

PH - Si, puede ser. De todas maneras soy un tío de 55 años de edad, sabes, no soy un adolescente, pero aún me gusta pegarle un acorde mayor a la guitarra, acústica o eléctrica. Sigo disfrutando mucho eso. Pero "Extrañar" ("Miss") es algo que los músicos no deben hacer. Ellos deben estar en lo que están haciendo "ahora", con cualquier cosa que estén haciendo ahora.

MG - Si, pero cuando se trata de un músico con una trayectoria como la tuya a veces volver al pasado o preguntar cosas sobre el es inevitable…pienso en la sorpresa que resultó la edición de The Box de Van Der Graaf Generator (un cofre recopilatorio de cuatro cds con material inédito y remasterizado de la banda que editara Virgin en el 2000)

PH - Si, eso fue una sorpresa para todos! E inclusive para nosotros fue una sorpresa porque fue la primera vez que nos juntamos para hablar sobre cosas que fueron muy interesantes... si fue muy bueno! Creo que The Box es un muy buen producto, porque es un producto que le brinda el debido respeto a como eran las cosas entonces y a como somos ahora, así que si, es un producto en el mejor de los sentidos y creo que fue algo bueno. Presenta algunos aspectos de Van Der Graaf que nunca habían sido expuestos.

MG - Más allá de que contenga rarezas, caras b o material inédito en vivo, lo que más rescato es la remasterización de la obra y el hecho en sí de haberse editado un cofre como merecido reconocimiento de la industria a la importancia de la banda. Además supuso un renovado interés por los medios que hacía años no se veía...

PH - Supuestamente el próximo año Virgin reeditará todo el material de Van Der Graaf Generator en forma remasterizada y presentado en una forma apropiada.

MG - Eso mismo debería suceder con tus primeros trabajos como solista, por lo general el sonido es muy malo, no existe casi el arte de tapa original y carecen de información alguna en la mayoría de los casos. Sería magnifico un cofre con todo el material solista de esa etapa, 1971/1986!

PH - Sería algo demasiado complicado y que además me llevaría demasiado tiempo a mi solo, el box de VDGG resultó una tarea compartida con los demás miembros...Además hay varios cds que están descatalogados...lamentablemente no es material que esté bajo mi control como todo lo que he editado desde 1988. Es material que en su momento era del sello Charisma, y luego pasó a Virgin y ahora tiene EMI. Pero, para ser honesto, mi interés (y el de cualquiera que esté interesado en lo que he hecho) está enfocado en cosas que hacer en el futuro y no en cosas hechas en el pasado. Mi carrera solista sigue andando! Porque básicamente, habiendo hecho esto por toda esta cantidad de tiempo, si empiezo a tratar con las cosas del pasado eso sería como decir: "Muy bien, he parado." Pero no creo haberme detenido.

MG - Estoy en desacuerdo contigo, no creo que necesariamente tenga que ser así, el Box de Van der Graaf lo ha demostrado; pienso que sería realmente interesante e inclusive beneficioso que material de discos fundamentales como In Camera, The Silent Corner o Chameleon... pudieran escucharse como se debe.

Continúo con preguntas "políticamente incorrectas", o por lo menos las que se que no te gustan...

PH - Ya se... (risas)

MG - En el 2003 hiciste una versión nueva del viejo tema de Van Der Graaf Generator 'Refugees', como encargo para la banda de sonido de una película española: "Nos Hacemos Falta". Me pareció un hallazgo, una hermosa relectura...¿No tienes planes de realizar mas de esas revisiones de tu antiguo catálogo? Se me ocurre algo parecido a lo que hiciste con el álbum Love Songs.

PH - No. Pienso que fue perfecto hacer una versión solista para la película. Es una nueva versión, no trata de superar la vieja versión que ya tienes, esa es ideal para mí. Lo que trato de decirte y creo que entenderás, es que lo importante es hacer la música por el propio placer de hacerla, por sí misma. No es interesante rehacer algo del pasado por el hecho que al hacerlo de otra manera o al cubrir un vacío pueda tener más éxito...

MG - Es que no estaba hablándote en términos de éxito, solo te decía cuanto disfrute de esa versión!

PH - ¿Estamos sentados haciendo esta entrevista en una biblioteca no? Pues justamente a mis 55 años de edad como hombre adulto, tengo cada vez más y más la sensación de que mi obra ha sido tan literaria como musical. Ha sido una especie de trabajo literario dentro de un campo musical. Entonces, ¿podría Cervantes (y no me estoy comparando ¿ok?) aceptar que en sus últimos años de vida venga alguien a proponerle rehacer el Quijote para que sea exitoso o venda más? ¿Me entiendes no?

(Lamentablemente en ese momento el stage manager del festival nos avisa que debíamos dar por terminada la entrevista.)

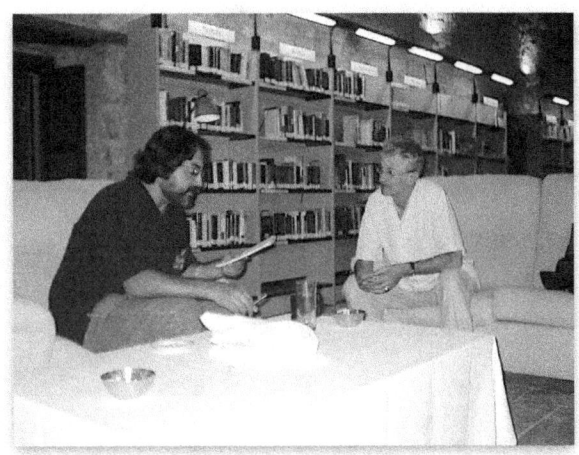

El autor entrevistando a Hammill (y regañándole)
en Sos en el 2004
(Foto de Carlos Solero)

El autor entrevistando a Hammill (y regañándole) en Sos en el 2004
(Foto de Carlos Solero)

El autor entrevistando a Hammill (y regañándole) en Sos en el 2004
(Foto de Carlos Solero)

La impresionante lonja medieval de Sos del rey Católico
(Foto de José Ramón San José)

El autor presentando a Hammill en Sos
(Foto de José Ramón San José)

Hammill, con la acústica, durante el recital de su regreso en
Sos (Foto de José Ramón San José)

MY ROOM
A BETTER TIME
NOTHING COMES
VISION
SIREN SONG

THE COMET
SHINGLE SONG
UNCOMFORTABLY COMFORTABLE
IF I COULD
OPHELIA
PATIENT

EASY TO SLIP
BUBBLE
A WAY OUT
TRAINTIME
STRANGER

El listado de canciones del concierto de
Sos, escrito por el propio Hammill. Sólo
falta el bis, que fue 'Still Life'

IV - 2013

(La siguiente entrevista fue realizada por el periodista musical Anil Prasad, para Innerviews, la primera y más antigua revista de música de Internet. Innerviews ofrece entrevistas profundas e intransigentes que permiten a los artistas hablar extensamente sobre temas que les importan. Prasad es el autor del gran libro más "Innerviews: Música sin fronteras". La edición del libro electrónico alcanzó el puesto número 1 en las listas de música y arte y entretenimiento de iTunes. El libro presenta entrevistas detalladas con 24 músicos de renombre que comparten pensamientos sinceros sobre la alegría y el dolor del proceso creativo, sus carreras y aspiraciones, conflictos y colaboraciones, y las realidades del negocio musical actual. El libro ha sido aclamado por medios de comunicación de todo el mundo. La entrevista con Peter Hammill es una de las mejores que se le hayan realizado en las últimas décadas y brinda luz a los trabajos de la última etapa de VDGG y su carrera como solista.)

Peter Hammill En el ahora
Entrevista por Anil Prasad

Has estado en llamas, creativamente hablando, durante los últimos años. Dame una idea del pozo de inspiración que impulsa toda tu actividad.

Creo que posiblemente tenga que ver con encontrarme en mis años dorados. También estoy involucrado en dos mitades diferentes de mi carrera. Uno es el trabajo en solitario y el otro es el trabajo en trío de Van Der Graaf Generator. Juntos, la actividad me ha revitalizado. Pasar de una cosa a otra es algo energizante.

Describe el proceso creativo detrás de Consequences.

Cada vez que hago un disco, intento hacer algo diferente. Esto podría parecer un poco absurdo después de una carrera de 46 años. Podrías pensar que un disco es un esfuerzo rutinario, pero no lo es para mí. Un elemento único de este disco es que escribí todas las canciones antes de comenzar a grabar, aunque todavía es un proceso ligeramente fluido. Por ejemplo, en el momento en que me siento a grabar una parte preliminar de piano, es posible que esa parte todavía esté ahí en el esfuerzo final. En general, en el pasado, tenía tres o cuatro canciones y luego confiaba en la musa de que en el camino otras cosas aparecerían en cualquier forma mientras hacía una grabación. Esta vez, todas las canciones estaban ahí, hasta el orden de ejecución. Esto produjo un efecto único. Históricamente, tenía un piano, una guitarra o una pieza de ruido y una pista de acompañamiento básica, y trabajaba a partir de ahí. Esta vez, debido a que las canciones estaban completas, hice la voz principal primero. Normalmente, la voz principal bajaría durante los últimos 100 metros de la carrera de 1.500 metros. Debido a que las voces principales estuvieron ahí desde el principio, todo lo demás se construyó alrededor de ellas, en lugar de que la voz entrara y se sentara encima de todo. Esto fue muy interesante en lo que respecta a los coros. Siempre me ha gustado hacer coros y en este caso, tenía muchas ideas cantoriales diferentes que podía invocar porque la voz principal ya estaba allí. Con las guitarras pasó lo mismo. Están apoyando a la voz principal, entrando y saliendo. Básicamente, así es como Consequences se desarrolló en un transcurso de seis a ocho semanas. Descubrí, como siempre, que el tema refleja lo que me fascina en un momento particular. Nunca me he puesto a grabar un disco o a escribir una obra pensando: "Estas son las cosas que quiero decir". Descubro las cosas que quiero decir en el momento en que salen de mi boca. Es entonces cuando descubro las historias y áreas de interacción humana que me interesan en cada momento. En este período particular, creo que la escritura tenía un aspecto aún más unificado. El álbum incluye algunas historias un poco extrañas, orientadas a acosadores, que me tomaron por sorpresa. Me apresuro a decir que no he sido objeto de acoso durante el último año, ni tampoco nadie que conozca personalmente, pero es un aspecto de la vida moderna con el que la gente tiene que lidiar.

¿Qué tan frecuente ha sido el problema del acoso para usted en el pasado?

En los años 70, había bastantes personas excéntricas por ahí. Eran tiempos más locos y entonces yo era una figura pública más visible. No me acosaron exactamente, pero en aquella época había gente bastante loca. Empaqué las historias en mi equipaje de "en aquel entonces" y las escondí. Un incidente que es real se describe en "Tijeras" de Consequences. Tuvo lugar en Times Square, en la época en que en realidad era Times Square. Vi eso: las enormes tijeras de quince centímetros que sostenía amenazadoramente una señora mientras pedía comida en el semáforo, justo cuando nos alejábamos de ella. Eso fue en 1975 y ha estado conmigo desde entonces. He hecho innumerables álbumes desde entonces, pero nunca apareció hasta Consequences. Tal vez fue porque pensé que debería escribir una historia sobre ello en lugar de una canción. Quizás fue porque nunca encontré el elemento musical necesario para convertirlo en una historia razonable. No me entusiasma mucho decir "Aquí está esto que me pasó" en una canción. Preferiría que la idea surgiera misteriosamente, pero a veces el proceso lleva décadas antes de que esté lista para aparecer en una canción.

¿Qué evolución como compositor crees que revela el álbum?

Creo que una de las cosas que me ha dado más energía últimamente es que he dejado de tener que evolucionar como compositor. No pienso en eso. Intento que cada álbum sea diferente. No hago eso mirando lo que he hecho en el pasado. Obviamente, tengo una idea de cuál ha sido el último disco y he creado un cuerpo de trabajo decente, particularmente en los últimos cinco o seis años. Cuando comencé a hacer grabaciones absolutamente en solitario en los años 70 en una grabadora de cuatro pistas, una de las cosas que quería hacer era eliminar la idea de grabar una actuación. En aquellos días, cuando entrabas a grabar, era aquello por lo que entregabas tu vida y tu alma. El contrato te permitía entrar al estudio durante seis horas o lo que sea. Creo que todo el mundo se distrajo por el hecho de que en realidad estabas actuando para el resto de tu banda, el productor, el ingeniero y tus amigos que estaban allí. Estaban conscientes de tu estado emocional y mental cuando esperabas hacer una pista. Su evaluación de esa pista estaría influenciada por saber cómo te sientes. Cuando comencé a hacer grabaciones en solitario, gradualmente me di cuenta de que podía deshacerme de todo eso y tratar de que lo importante fuera la interpretación pura. Ese es el resultado del aprendizaje de toda una vida. Hoy en día, todavía estoy entusiasmado con lo que hago. Sin embargo, no estoy tratando de presumir ante nadie a través de la actuación. Se trata más del acto de escribir canciones y de tocar. Siempre he considerado que ser músico es la tercera cosa en la lista de cosas que hago. Pondría la composición en primer lugar, el canto en segundo lugar y el músico en tercer lugar. Lo digo porque soy completamente autodidacta. Soy guitarrista rítmico y pianista rítmico, más que cualquier tipo de músico solista, pero me gusta mucho tocar. También me gusta mucho la experiencia de aprender a tocar y seguir descubriendo cuál es mi voz. No es una voz virtuosa, pero definitivamente hay cosas que puedo hacer mejor que mucha gente que es virtuosa. Entonces, estoy tratando de explorar esas cosas simultáneamente, pero en realidad no estoy tratando de seguirme a mí mismo ni a dónde creo que voy. Para ser honesto, todavía estoy encantado de estar en el momento de hacerlo. Sigue siendo emocionante decir "Guau" cuando algo realmente ha funcionado, como encontrar palabras que funcionen con una melodía o encontrar la melodía correcta.

El año pasado, lanzaste PNO GTR VOX BOX, un conjunto de siete CD compuesto íntegramente de actuaciones solistas en vivo, segmentadas por temas. Requería que usted aceptara en masa su catálogo anterior. Describe el proceso de armado.

La caja estuvo liderada por presentaciones en vivo desde el principio. La idea comenzó antes de que hiciera una gira en solitario por Japón centrada en Tokio. Había estado allí varias veces tocando en solitario y esta vez ocurrió en conjunto con el resurgimiento de Van der Graaf Generator. Eso me presentó algunas opciones interesantes. Estuve tocando en un club de jazz muy bonito, pero muy pequeño, en Tokio, con un piano de cola, en lugar de un piano eléctrico, durante cuatro noches seguidas. Un gran porcentaje del público era exactamente el mismo cada noche, por lo que también generaba ciertas exigencias y responsabilidades para variar las cosas. Un par de horas antes de los conciertos, empezaba a ampliar el repertorio. Cada vez, había una cierta cantidad de canciones nuevas para tocar, pero también regresaba y redescubría canciones más antiguas que me gustaban. Nunca he hecho el mismo programa seguido. Mientras estaba construyendo el repertorio en esta ocasión en particular, pensé que tal vez necesitaba tener alguna temática por adelantado para estos espectáculos. Se me ocurrieron cuatro. El primero fue "¿Qué pasa si olvido mi guitarra?" La idea era que podría haberlo dejado en el hotel o en casa, lo que significaba que solo estaba tocando canciones de piano. Otro fue "¿Y si no hubiera piano?" Eso es algo que ha sucedido un par de veces en el pasado. O el piano no se podía tocar en absoluto o se había olvidado de él, así que sólo toqué canciones de guitarra acústica. Fue algo inusual, al menos para mí. "¿Qué pasa si solo toco canciones de Van der Graaf Generator?" Fue otro tema. Esas canciones no son cosas que haya tocado particularmente durante mi carrera en solitario. El último tema fue el más interesante: "¿Qué pasaría si supiera que este sería el último espectáculo que haría?" No creo que a ningún artista le guste considerar esa idea. Pero cuando lo pensé, me surgieron una serie de ideas curiosas. La presunción era que iba a estar en forma, en lugar de estar en algún tipo de estado de deterioro; de lo contrario, no estaría haciendo el programa. [risas] Entonces, tenía estos cuatro temas de espectáculo, pero no decidí qué iba a tocar antes de irme a Tokio. Hice lo que siempre hago, que es montar el show una hora antes, determinando cuál podría ser un flujo dinámico en términos de una mezcla de canciones nuevas y viejas. Para la caja, reduje los espectáculos. Cada show duraba 90 minutos, pero quería reducirlos a 60-70 minutos para los CD. Empecé con esos cuatro temas, y como sobraba mucho material, y también porque había estado bastante de gira por Europa y había ido subiendo el repertorio, pensé que había otros dos CD de canciones allí, que llamado "¿Qué pasa con las canciones que no toqué en Japón?" y "¿Qué pasa con las canciones que eliminé de las listas de canciones?" Para el séptimo CD, utilicé cosas que eran verdaderas contendientes para el primer set, pero que eran versiones de canciones radicalmente diferentes. Pensé que merecían tener su propia voz, lo que resultó en la pregunta "¿Qué pasa con las mejores versiones alternativas?" desct. El tipo que hizo la portada del álbum, Paul Ridout, me dijo: "Esto es una especie de retrospectiva, ¿no?" Y es una especie de resumen hasta ese punto, haber redescubierto la responsabilidad de hacer estas cosas en un entorno completamente en solitario en un formato básico. Es como escuchar cómo eran las canciones antes de grabarlas, aunque no exactamente.

Tuve una conversación con Leo Kottke en la que dijo: "Después de hacer esto durante 40 años, me he dado cuenta de que incluso antes de entrar a un lugar, hay electricidad en el aire. Dependiendo de la naturaleza de esa electricidad, el rendimiento puede aumentar o disminuir, independientemente de lo que aporte". ¿Qué opinas de eso?

Estoy de acuerdo con eso, en cierto modo. Pero también se trata de algo que llevas contigo. Como dije, me preparo para una exposición individual solo en la hora previa. Entro en toda el área del espectáculo en ese momento, y normalmente es una actuación de 90 minutos, pero para mí son unos cinco minutos como máximo. Mi única evaluación del programa sobre si fue bueno o no se reducirá a cinco o 10 segundos. Pensaré en ese espectáculo de cinco minutos como fantástico o execrable. Eso es para mis exposiciones individuales. En cuanto a la banda, las cosas van mucho más lentas. Hay un avance más lento, porque implica una prueba de sonido y generalmente hay un poco más de energía nerviosa en los últimos 10 minutos previos al espectáculo, con Hugh Banton y yo tendiendo a caminar de un lado a otro. He hecho esto muchas veces en muchos lugares. Cualquiera que haya hecho esto durante un período de tiempo, desarrolla una comprensión que aún le permite darle sentido a su vida. La mayoría de la gente que sigue de gira después de todo este tiempo, como yo, probablemente tenga familias, incluso si los niños son mayores. Estás libre durante 90 minutos y luego tienes las otras 22 horas y media del día a las que tienes que darle sentido. Por lo tanto, conservas energía y esperas con ansias ese momento, con todo encaminado hacia la actuación. Y luego todo se acelera hacia dejarlo atrás, que es otra área completamente interesante. Diferentes músicos abordan esto de diferentes maneras. Pero según lo que dice Kottke, sí, hay electricidad en el aire. Las cosas realmente dependen de dónde estés.

Mencionaste la pregunta "¿Qué pasaría si supiera que este es el último programa que haría?" noche. ¿Qué influencia tiene la mortalidad en tu escritura y tu psique musical?

Creo que la insinuación de la mortalidad siempre ha estado presente en mis cosas desde una edad muy temprana. Creo que Trisector y, hasta cierto punto, A Grounding in Numbers también lo tienen. Mi función como letrista es totalmente diferente en Van der Graaf que fuera de la banda. Para mis cosas en solitario, puedo escribir lo que me llame la atención y seguirlo a donde me lleve. En el grupo, existe la responsabilidad de proponer algo que tenga un tema que cree un quórum dentro del grupo. Es más fácil alcanzar un quórum si solo somos tres. [risas] Todos somos chicos de 60 años a quienes se nos ha dado esta fantástica oportunidad y un gran privilegio de tocar esta música aún interesante y continuar descubriendo la energía que creamos juntos. Evidentemente, hay conciencia de que tenemos 60 años, lo que significa que hay un cierto absurdo en todo esto. Es casi mi responsabilidad documentar algo de lo absurdo del hecho de que el cuerpo no sea tan joven como solía ser. En la canción "All that Before" hablo de cómo perdemos las gafas y las llaves del coche. Durante las primeras grabaciones que hicimos cuando nos comprometimos a probar el trío, "All that Before" o "Specs", como solemos llamarlo, fue la primera pieza en la que empezamos a trabajar. Tuve la idea de que debería ser sobre ese tema y tenía algunos prototipos de letras, y muchos de ellos terminaron en algo real. Recuerdo a Guy Evans diciendo: "¿Se trata realmente de perder las gafas?" Dije: "Sí, creo que bien podría serlo". Él respondió "Bien". [risas] Entonces, hay absurdo y alegría en lo que hacemos. Ha resultado en una música diabólicamente complicada que trata sobre la incapacidad de lidiar con las cosas básicas de la vida a nuestra edad. Hay que aceptar que incluso la gran mayoría de las personas que realmente están interesadas en el aspecto un poco más complejo de la música nunca han podido entender a Van der Graaf, y probablemente nunca lo harán. La mayoría de la gente piensa que todo es muy sombrío, sombrío y nada divertido. Pero en lo que a nosotros respecta, es muy divertido, pero divertido al fin y al cabo.

Ha dicho que no le interesan los asuntos religiosos, pero la espiritualidad sigue siendo un área que le fascina. ¿Su crisis de salud de 2003 afectó su visión de esos ámbitos?

Después de mi ataque cardíaco ese año, es posible que el interés por la espiritualidad haya disminuido un poco. Dejé atrás el catolicismo en mi adolescencia, pero mantuve el interés en la pregunta "¿Tiene la vida un propósito?" Cuando estuve boca arriba durante cuatro días, sin saber lo que iba a pasar, esa fue una especie de prueba de fuego. Dije "Hmm. Podría volver atrás para ofrecer oraciones al todopoderoso antropomórfico". Claramente, ese no fue el caso. Durante las primeras etapas del ataque cardíaco, los paramédicos me dejaron claro que mi trabajo era permanecer en el momento y despierto. A lo largo de los años, mi sentido de espiritualidad se ha ido acercando gradualmente a la interpretación y la composición musical. Ese siempre ha sido el nivel más alto de lo que es mi vida y mis contribuciones durante mi tiempo en el planeta. La música en sí misma no es un acto de adoración, pero creo que hay algo que vale la pena hacer dentro de ella. Estoy completamente fuera de cualquier cosa espiritual formalizada, pero soy consciente de que todo esto se está moviendo ligeramente hacia el territorio del budismo zen. Ésa es el área en la que sigo teniendo interés, pero lo mantengo mediante la acción, más que la contemplación. Más allá de la cuestión de la actuación, también soy consciente de la naturaleza finita de la vida. Debo decir que sufrir un ataque cardíaco es excelente para comprender que, de hecho, no eres inmortal. Mi sentimiento cuando finalmente regresé a casa, que está documentado en el álbum Singularity, fue "Guau, estoy vivo". Esa sensación de vitalidad es fantástica, pero es sorprendente lo rápido que uno vuelve a ser inmortal. [risas] La sensación de una parada finita se ha alimentado de alguna manera en cada álbum y gira que he hecho. He tenido la sensación de "¿Podría ser eso?" en términos de una carrera continua durante décadas. [risas] Eso también es algo particularmente fuerte en Van der Graaf. Hugh Banton nunca quiere saber si existe la posibilidad de que algún programa sea el último. Luego están las cosas de la vida, como que mi hija mediana se casó el año pasado. Es algo en lo que dices: "Esto está sucediendo y no volverá a suceder", o al menos uno espera que no vuelva a suceder. [risas] Entonces, el objetivo es simplemente ser consciente y vivir el ahora.

Me pareció interesante que después de lanzar Trisector y A Grounding in Numbers, posiblemente los dos álbumes de Van der Graaf Generator más accesibles jamás grabados, el grupo eligiera lanzar Alt el año pasado, un disco de instrumentales abstractos. Cuéntame qué impulsó su creación.

Tardó mucho en llegar. Es música casi inconsciente. Es como si se hubiera hecho mientras el lado derecho de nuestro cerebro estaba desconectado. Mucho de esto se remonta al año cero de Van der Graaf. Siempre ha habido mucha improvisación y toques extraños, extraños incluso para Van der Graaf. [risas] También ha habido una historia previa en mi propio trabajo de piezas instrumentales, incluida la serie Sonix , Loops and Reels, The Appointed Hour con Roger Eno y Spur of the Moment, el álbum que hice con Guy Evans. Alt no se trata exactamente de I+D, sino de música que está muy alejada de un formato convencional. Eso ha sido parte del ADN de Van der Graaf y también puede alimentar nuestras cosas normales. Hoy en día, si estamos ensayando, grabamos al mismo tiempo. Algunos de los momentos capturados son maravillosos y otros absolutamente execrables. Cada uno de nosotros regresa y escucha lo que tenemos y de ahí surgen ideas que se incorporan al repertorio. Los "Patrones de interferencia" de Trisector, por ejemplo, surgieron directamente de eso. Fue descubrir, en el espacio de un minuto, un riff que se había transformado de una cosa en otra, superponiéndose a la otra, lo que hizo que la pieza emergiera. Alt incluye algunas cosas que surgieron de la primera vez que fuimos a Cornwall a ensayar como trío. Tomamos la decisión de intentarlo en el formato de trío y queríamos ver qué ruido podíamos hacer. Hay cosas en Alt que son de ese momento del descubrimiento. Son cosas que son el precursor de lo que vino después. Cuando empezamos a hacer Trisector, no estábamos seguros de qué tipo de disco íbamos a hacer. Algunas de las cosas preparadas fueron obviamente las canciones, pero también hubo otro material que no se utilizó. En ese momento pensamos: "Quizás no queramos hacer un álbum enteramente basado en canciones. Quizás también sea hora de hacer algo más improvisado". Da la casualidad de que eso no funcionó. Entonces, quedaron cosas de eso y se usaron en Alt. Básicamente, este proyecto existió desde la época de Trisector. Tuvimos varias otras cosas de improvisación y piezas más estructuradas que se crearon a lo largo del camino. Ya tenía la duración del álbum hace un tiempo. Lo teníamos allí y nos preguntamos: "¿Esto es bueno?" Pensamos en publicarlo antes de A Grounding in Numbers, pero decidimos revisarlo en otro momento. Luego sentimos: "Esto es un poco extraño incluso para nuestros estándares". [risas] Entonces, hicimos A Grounding in Numbers y surgieron otras piezas. Después de ese álbum, decidimos: "Esta música es algo de otro lugar, pero en realidad es lo que hacemos. Ahora es absolutamente el momento de hacerlo". En cierto modo, despeja el camino para lo que venga después.

¿Qué territorio crees que abrió el formato de trío para el grupo?

El método de trabajo del trío es muy extraño. No soy en absoluto un músico al mismo nivel que los otros dos, pero tengo mi función y mis responsabilidades. De hecho, personalmente tengo mucha más responsabilidad en esta unidad que nunca antes. Eso sucedió desde el momento en que empezamos como trío, particularmente en términos de determinar qué íbamos a hacer con todas estas partes que hasta entonces todos pensaban que eran partes de saxo. Entiendo algunos de ellos, Guy Evans sigue siendo el percusionista libre y Hugh Banton tiene todas las responsabilidades del bajo, los acordes, las formas, los tonos y el color. También nos pasamos responsabilidades entre nosotros todo el tiempo. A veces tenemos momentos en los que nos estrellamos por completo y de alguna manera tenemos que recuperarnos. Eso es algo que siempre ha sido parte de Van der Graaf: cuando el riff sale completamente mal y no aparece por ningún lado. En algún momento uno de nosotros dice: "Está bien. ¡Está aquí, lo tengo! No se preocupen muchachos". [risas] Es algo realmente delicioso y emocionante cuando eso sucede. El grupo sigue siendo algo en desarrollo, lo cual es fantástico. No creo que nadie hubiera imaginado en 2004, cuando todo empezó de nuevo, que estaríamos aquí ahora, después de haber grabado tantos discos y realizado todas estas giras. Es simplemente una gran, gran experiencia. Trisector y A Grounding in Numbers son discos magníficos, parte de la mejor música que el grupo haya hecho jamás. No hay nada de nostálgico en ellos. Son muy progresistas. Mi suposición es que el grupo tiene un deseo decidido de no mirar hacia atrás en absoluto. El énfasis no estuvo ni remotamente en eso cuando volvimos a estar juntos. En 2004, durante nuestra primera semana juntos, no tocamos ni una sola canción antigua. No empezamos a tocar ninguna canción antigua hasta que empezamos a ensayar para el espectáculo del Royal Festival Hall que vino después. Cuando fuimos con el trío, fue una especie de renacimiento. Fue algo importante salir de esa manera cuando nuestro instrumento solista característico era el saxo, anteriormente. No teníamos idea de cómo la gente iba a adoptar este formato. Nuestra perspectiva era que teníamos un compromiso con el futuro. Es realmente interesante tocar material antiguo, pero hay más cosas nuevas que viejas que tocar. En la gira, hemos estado haciendo un 80 por ciento de cosas nuevas y sólo un 20 por ciento de cosas viejas. Eso es absolutamente crucial. Ninguno de nosotros tuvo nunca la sensación de que debería ser un festival de nostalgia. Esto se remonta a los años 70. Nuestro primer éxito comenzó en el Reino Unido en 1972 con "Killer", que era la gran canción en ese momento. Teníamos la sensación de que entonces ya empezaba a ser una bola y una cadena. Cuando nos reformamos para Godbluff en 1975, nos sentamos de una manera totalmente democrática con una lista de las nuevas canciones que íbamos a tocar. Algunas personas no creen que Van der Graaf sea una democracia, pero créanme, es completamente democrática y todos tienen opiniones muy expresas y contundentes. Entonces, votamos sobre lo que cada uno de nosotros quería jugar. "Killer" no recibió ningún voto, así que no lo tocamos durante algunos años. No lo tocamos hasta que la gente dejó de pedírnoslo.

[risas] En ese momento, fue posible reintroducirlo como algo que queríamos jugar. Entonces, el particular espíritu inquieto que estás describiendo siempre ha sido parte de Van der Graaf.

Dígame de qué trata "Sr. Sands" de A Grounding in Numbers.

Si tiene una sala de conciertos o un lugar donde hay una gran cantidad de personas y potencialmente podría entrar en pánico, el lugar debe tener alguna forma de alertar al personal de que algo salió muy mal, sin asustar a la multitud. En Gran Bretaña, uno de los nombres en clave es "Mr. Sands." Alguien anunciará "¿Puede el señor Sands ir a la taquilla?" Podría referirse a algo así como un incendio o un susto de bomba. Una vez que el personal del lugar escucha el nombre "Mr. Sands", poco a poco van a intentar sacar a la gente o trasladarla a estaciones de emergencia. De hecho, estuve en el Underground con mi esposa unos seis meses después de que saliera el disco. Justo cuando nos acercábamos a la salida, escuchamos: "¿Podría el inspector Sands ir a la taquilla?". ¡Comenzamos a movernos bastante rápido! Entonces, esa es la raíz del nombre de la canción. Todo es parte del misterioso mundo de estar detrás del escenario y en el escenario, donde los significados no son tan transparentes como parecen. En el evento, la magia puede aparecer y desaparecer en cualquier momento, por lo que uno debe estar constantemente en la cuerda floja sobre todo esto.

Remasterizaste las grabaciones de Van der Graaf Generator de la era Virgin en 2005. Describe el enfoque que adoptaste y qué opinas de las técnicas de masterización modernas.

En cuanto a la compresión, todo se ha vuelto completamente loco. La masterización suele ser muy poco musical. Por otro lado, en términos de mis propios objetivos con Van der Graaf, estaba trabajando con material que fue diseñado originalmente para discos de vinilo. Por tanto, nunca había sido optimizado para CD. No estaba pensando en estereófilos cuando lo hice. Se consideró una buena oportunidad para darle un poco de carne a la música. Pero eso es diferente a tener un sonido intensificado y bloqueado. También envié mis esfuerzos de masterización a los otros miembros del grupo, pasados y presentes, y recibieron aprobación. Estaba muy consciente del hecho de que es muy fácil cocinar demasiado las cosas. Siempre he creído que es mejor tener las cosas más silenciosas y que si está demasiado silencioso, la gente puede subir el volumen y esperar a que la dinámica comience 12 minutos después. Y luego será muy ruidoso. [risas]

En 1994, colaboraste con Kronos Quartet en "The Music of Erich Zann" de John Geist, interpretándola varias veces en el Barbican. Reflexiona sobre esa experiencia para mí.

Recientemente cené con David Harrington de Kronos y recordamos el evento, que fue genial y bastante divertido. Kronos estaba dando una serie de conciertos en el Southbank, a cargo de David Jones de Serious Music, un gran promotor. Una de las piezas que querían hacer era "La música de Erich Zann", en la que un narrador lee la historia. Normalmente, dondequiera que lo hubieran hecho, la narración la hacía un actor, probablemente uno que también fuera músico. , David Jones le sugiere a Kronos "¿Por qué no le pides a Peter Hammill que lo haga?" Yo era un desconocido para Cronos, pero confiaron en David Jones y dijeron: "Creemos que estará bien". Yo también dije que sí y fue un partido interesante, antes del show llegó la partitura y pensé "¡Genial! Eso sí, aparte de que no leo y nunca he leído música". [risas] Pero pensé que estaría bien porque, después de todo, solo estaba narrando. Esa fue la primera pizca de electricidad antes de los shows. Kronos estaba haciendo tres shows seguidos y tuvimos una oportunidad de ensayo en el Barbican, donde Teníamos una sala de ensayo el día anterior. Llegué a los ensayos asumiendo que el narrador estaría a la izquierda, parado en el atril del costado. Pero oh no, estaba justo en medio del cuarteto. [risas] Cualquiera que conozca un cuarteto de cuerda sabe que es algo vivo, que respira, transportado desde Marte o algún otro lugar. Es una familia y hermanos: tiene todas las características de vivir juntos. Entonces, había mucha electricidad dando vueltas, a pesar de que estaban relajados. Yo era el que estaba estresado, porque quedó claro que en realidad tenía que estar completamente en el dinero, porque hubo un punto en la narración en el que alcanzamos un estado y luego se toca una nota, después de lo cual pude continuar la historia. La primera vez que ensayamos yo estaba bastante lejos. Éramos conscientes de que sólo teníamos dos oportunidades para repasarlo todo antes del espectáculo del día siguiente. Acordamos que Joan Jeanrenaud, el violonchelista, me hiciera un gesto de asentimiento cuando llegáramos al momento de continuar. Tuvimos una prueba y estuvo bien y era el momento adecuado. Miré hacia arriba, obtuve su asentimiento y funcionó. En lo que respecta a la actuación, estaba totalmente conectado. Llegamos al punto en el que estaba buscando su asentimiento y miré hacia arriba y ella estaba mirando hacia otro lado por completo. Fue solo un segundo más o menos y pensé: "¿Qué pasó aquí?" Luego se giró y me guiñó un ojo y me di cuenta de que habíamos acertado tanto que llegué a mi señal exactamente en el punto requerido y no pude ver su asentimiento porque era muy perfecto. Fue fantástico que funcionara, porque todo se juntó en el transcurso de aproximadamente 24 horas. Fue una experiencia totalmente fuera de mi zona de confort, pero estaba completamente en el mundo de lo que se trata la música. Un poco de miedo puede venir muy bien a la hora de interpretar música.

Eres un gran aficionado a los deportes. ¿Sientes que existe una relación entre el atletismo y la musicalidad?

Es lo mismo. En el momento en que subes al escenario, estás visualizando lo que está por venir. Todo está sucediendo ahora mismo. Muchos artistas escénicos, ya sean de música, teatro, danza o cine, están interesados en los deportes. Creo que el deporte cumple una función artística. Es drama, pero drama que no está escrito. Los atletas, al igual que los músicos, hacen que todo parezca sencillo cuando sucede. Son las cosas de la vida. Se trata de estar en el momento.

Actualmente estás trabajando en un nuevo álbum en solitario y un proyecto con Gary Lucas. Que me puedes decir de ellos?

Hay poco que puedo decir sobre la dirección del último conjunto de grabaciones en solitario, excepto que no parecen dirigirse a lo que uno podría interpretar como territorio familiar. Para ser honesto, todavía es pronto y los vientos pueden llevar este proyecto a muchos vectores diferentes todavía. Lo que puedo decir es que en este momento estoy trabajando en el material completamente en solitario y no partiendo de bloques de construcción de canciones convencionales. Eso también, por supuesto, podría cambiar. En cuanto al trabajo con Gary, es bastante interesante y también bastante amplio. Estuvimos en sintonía desde el principio del proyecto, sin llegar a establecer condiciones previas, expectativas ni objetivos específicos. Una vez más, hay mucho material y queda por ver qué resultará exactamente de él. Básicamente, sin embargo, se trata de un par de chicos con cierto grado de experiencia en guitarra y música vocal. Ahora, eso cubre una multitud de pecados, ¿no es así? Y mientras tanto, estamos pensando y avanzando en principio hacia los próximos esfuerzos de Van der Graaf. También está por verse si serán en vivo o grabados. En otras palabras, a medida que me acerco a mi cumpleaños número 65, soy tan tímido y retraído como siempre.

Capítulo V: Una Vez Escribí Algunos Poemas - La Poética

La majestuosa obra poética de Hammill se ha desarrollado a través de sus ricas y particulares letras de canciones, las cuales han ido construyendo un universo propio donde el cuestionamiento existencialista, la real humanización de algo tan trillado como la canción de amor, la incertidumbre metafísica o acuciantes problemas socio-políticos, conforman un soberbio corpus literario.

Se trata de un caso único que se emparenta más con tradiciones literarias y filosóficas que musicales; una experiencia nítida del pensamiento hecho canción, por mucho que su inveterada modestia califique el propio quehacer compositivo como simple filigrana de un 'songwriter'.

Intelectual y a la vez emotivo, épico con la misma exactitud que amoroso, sabio al igual que apasionado, sus textos no derivan apenas de un proceloso o calmo estado de ánimo: las palabras parecen brotar de estados de conciencia, de desgarramientos imbricados junto a una formidable lucidez de hombre social que mira la realidad desde la entretela de una razón conflictuada. Una lectura profunda permite reconocer la aparición de un verdadero "universo-Hammill", integrado por un imaginario, una fraseología y un cuerpo de imágenes recurrentes que arrojan un hábitat estético propio, a la sazón y para fines ilustrativos, divisible en tres categorías temáticas:

1.- poesía vital, amorosa y entrañable: el sector más transparente de su discurso y conectada con las clásicas apelaciones al "tú" afectivo de toda música basada en la canción.

2.- poesía existencial, criptopoesía de carácter filosófico a menudo narrativa, que emparienta a Hammill con los grandes razonadores de la mística y el discurrir occidentales, como -salvando distancias- William Blake o Paul Valery.

3.- poesía actual, arte desnudo y sin etiquetas, de denuncia política y propósitos morales, virulenta y cargada de ironías, con su bestiario humanoide de instituciones y un paisaje mesiánico poblado de manipuladores y seudo poderosos.

Amo, Luego Existo

Aunque no sea tan automática la distinción de las letras por su tema dominante -a menudo la poesía amorosa remite a la existencial, en tanto el amor es certidumbre redentora de un yo perdido en la complejidad y al mismo tiempo en el vacío del universo, hay algunas canciones en donde la lírica hammilleana adquiere vuelo e independencia. No podía esperarse otra cosa de una voz de amplio registro cromático capaz de escalar las cimas de la sensualidad para luego despeñarse a los abismos del yo y convertir en alarido estentóreo los íntimos padecimientos de la conciencia torturada.

Dentro de este conjunto debemos incluir las declaraciones de vitalismo, vale decir, de creencia en las potencialidades de auto-superación y de fe definitiva en el hombre, a veces vinculado todo precisamente con el amor. Tal es el caso de 'Aquarian' (en The Aerosol Grey Machine, 1969, con Van Der Graaf Generator), tema temprano y todavía alejado de las sombrías elucubraciones del autor solista: "Ahora y aquí sentados en nuestro lugar especial,/ todos llevamos nuestras felices caras con agrado", dice, e insiste, "Ahora avanzamos hacia el sol en todas direcciones;/ arropados en velos de protección mística"; sin duda la primera persona plural tiene un halo convocante que parece descender de los estertores del sesentismo: "Todo es muy divertido; viajando tan alto,/ observamos las malas escenas pasar de largo, quién las necesita?", la época en que todos combatíamos "lo oscuro como centuriones" y el sólo transitar hace que "Iluminamos el sendero, corregimos el rumbo". Por eso el estribillo directamente invita a compartir la ruta: 'Pronto todos nos uniremos para cantar nuestra magnífica melodía de plata / Deseando que vengan todos, y eso te incluye a ti.". Este himno final de la pos-sicodelia es un buen telón a su época. No hay que dejar de tener en cuenta que este tema fue compuesto en la década del sesenta.

En el contexto vitalista surge, intermitente, una especie de gigantismo byroniano, desafío a los límites y sobre todo opulenta confianza en los propios poderes. 'Necromancer', también de 1969 y en el citado álbum, con su clima de invocación chamánica, es ese clamor autoafirmante y a la vez convocador: "Mi forma es mística, pero mi corazón es puro... el poder de lo oculto está en el amor", el poder que "cada día aumenta, y pronto el mundo/ entrar en razón" y su médium se sabe tal: "Soy el Nigromante/ y he venido para llevar tu corazón hasta el bien".

El amor de Hammill proporciona una tabla de salvación final que ampara de la angustia, como apostando al "amo, luego existo"; el objeto amado trasparece en una secuencia de recuerdos que tiene la virtud de consolidar el pasado y entonces reinstalar al yo: "recuerdo despertando con tus brazos alrededor mío; recuerdo perdiéndome y descubriendo que tú me habías encontrado, mientras las estaciones pasaban, y mi amor permanecía fuerte." Un anonadarse en el amor contra el anonadamiento en la soledad. "Déjame vivir en tu vida, porque tú haces que todo parezca tener sentido; déjame morir en tus brazos, así la visión nunca se romperá…", de 'Vision', en Fools Mate (1971) marca una transición hacia las preocupaciones sombrías de su etapa solista, que aquí empieza.

La canción lírica comporta un lamento sólo en la ruptura del amor, que en tanto terminado ata al pasado en vez de liberar o servir de guía. Léase en 'Too Many Of My Yesterdays': "Sólo estás comerciando con nuestros recuerdos, / no te vayas y digas que aún me amas. / Arrinconé mi corazón roto, te saqué de mi mente, me levanté de mis rodillas, junté todos mis pedazos, / pero volver a verte sacude mi alma". El Hammill amoroso es decididamente más coloquial que el filosófico, pero igual pasa por los desniveles de la pasión y el desencanto que se verifican en sus otras partituras.

Más denso de ideas, el optimismo tropieza desmedidamente en la producción posterior, pero en 'Childlike Faith in Childhood's End' (de Still Life, 1976) queda aliento para una esperanza, si bien débil o apenas consoladora. "La existencia es un escenario por el que pasamos, / un truco de sonámbulo para la mente y el corazón; / imposible, lo sé, pero debo seguir adelante / e intentar / ver algo más que la supervivencia día a día..." Es el lamento por la pérdida del orden infantil, la caída en el tiempo y la pregunta por el sentido lo que llena la madurez discográfica del autor; la confesión se hace más cruda y la poesía más prosística y reflexiva. Los siguientes versos son una síntesis perfecta del momento creativo: "A la deriva sin rumbo, / esto es muy solitario, / nuestra única conjetura / lo que haya tras la oscuridad. / Pero veo que puedo agarrarme a una cuerda de salvamento, / pensar en una vida que signifique más que la mía". El "nosotros" ya no llama a la aventura del vuelo liberador sino sólo confirma una situación del alma humana. Sin embargo, queda la convicción que alimentó 'Aquarian': "Aunque las torres de la ciudad nos sean negadas a nosotros, hombres de barro, / sabemos que algún día escalaremos esas alturas".

Las letras amorosas de Hammill vuelven en determinadas circunstancias a la simpleza y la devoción sin melancolía nihilista, quizás porque sabe que el amor sigue siendo la gran certeza. Los clásicos 'My Favourite' (de ph7, 1979) y 'Wilhemina (1974, casi la única canción con nombre propio; en The Silent Corner and the Empty Stage) destilan una belleza lineal y delicada. "Eres mi favorita de siempre / di que permanecerás todo el camino conmigo", dice la primera. La segunda, dedicada a una niña pequeña, lleva un "nosotros" que es el del mundo adulto autocrítico. "La vida es dura ahora.../ y la esperanza es un simple hilo; / nosotros te lo pasamos y espero que tu entiendas" y "No pienses que soy tonto, Guille, / si digo que espero que haya esperanza para ti". Más adelante en su carrera/vida, la paternidad le hará firmar dos temas de amor filial plenos de una ternura infinita: son 'Sleep Now' (de As Close As This, 1986), que dedica al sueño de sus tres pequeñas hijas: "Vuestro padre las quiere / como si nunca hubiese sabido el significado de esas palabras hasta ahora", y 'Once You Called Me', (de Clutch, 2002), donde la figura paterna: "una reliquia del pasado" contempla a la hija que muy pronto dejará de ser una niña para convertirse en mujer: "Sólo deseo poder recordar la última vez que me llamaste 'Papi'. Alguna vez me llamaste 'Papi'. Oh, mi preciosa niña."

Imagen promocional
(Foto de Antón Corbijn)

Como poeta, es sin duda más rica su producción llamémosle "pesimista" o "existencial", pues allí cobra vuelo un conjunto mayor de figuras literarias, mientras la poesía vital se constriñe a un uso limitado de expresiones. Así 'Happy Tour' retoma la exhortación aérea de 'Aquarian', cuando asegura "Estamos preparándonos para la Hora Feliz", a la vez que adjunta el amor como arma privilegiada: "Pájaro mío, mi flor de pasión, / muéstrame el camino hacia la hora Feliz". El texto habla de acrobacias sobre una cuerda, marionetas humanas y payasos: "Así que ésta es por el circo, / brindemos por el juego del olvido / los hilos de marioneta que nos sacuden, / el mundo real al otro lado de la puerta, / sé que mis piernas me abandonan". Se trata de "la línea entre lo social y lo suicida / tan fina que podría no saber cuando la cruza": el personaje se tambalea, sin red, entre la temporalidad y la eternidad, y le cabe la nietzscheana parábola acerca del Hombre en el alambre flojo entre el Primate y el Superhombre.

Las preguntas sin respuesta de 'Just Good Friends' revelan otra clásica historia de amor encarada de manera original y evitando lugares comunes. "Tanta emoción enredada, / ¿debo quedarme o debo irme? / si saliese limpiamente de tu vida / ¿cuánto tardarías en saberlo? / Somos tan buenos amigos?". Por supuesto, también la perennidad del instante amoroso tiene un lugar clave si consideramos el dolor por la herida del tiempo. La afirmación se retorna en 'Now Lover': "No te rindas ante nada, recibe la inundación, del aquí y el ahora, / dividiendo el tiempo en una curva perfecta. / Es hora de un momento

307

de energía/, de alguna forma obtendremos lo que más nos merecemos.../ somos Siempre Ahora!" y "Somos Movimiento, somos Sensación, somos Ahora!".

Hammill cambió radicalmente el universo estático y anquilosado de la llamada "canción de amor", dotándola de una humanidad desconocida que la aleja de los estereotipos usuales. Ampliará también el escenario, las emociones y los personajes de las mismas, nutriéndolas de un "protagonista" mucho más real y complejo (en emociones y situaciones) que el habitual (e impersonal) "Yo" de las canciones convencionales.

Tomemos como ejemplo una de sus canciones de amor preferidas, 'If I Could' ("Si Pudiera", de The Future Now, 1978); en ella el protagonista canta su imposibilidad de expresar verbalmente su amor a su propia pareja. A la que ama, pero no "puede" decírselo, incluso ante la dolorosa certeza de que será abandonado por ello: "Se que este silencio no me favorece / y querría rogarte, suplicarte e implorarte que me creas.../ que te lo diría si pudiera / te lo diría, si pudiera." Es, como señalara el propio Hammill, una canción de amor del mundo "real": "...no es tanto la declaración de amor hacía alguien que hace el protagonista, como el retrato de su propia confusión...la confusión del amor en el mundo real, en oposición al mundo romántico. El quiere decir 'Te Amo', pero se encuentra imposibilitado de hablar; sólo le queda la alternativa (el deseo) de esperar una especie de milagro y, finalmente, ser comprendido."

Abriendo la Caja Negra

En la trayectoria del rock, Peter Hammill es el poeta hermético, a despecho de la elementalidad consabida de la canción tradicional y del más trillado reglamento sonoro de quienes aspiran a acceder a los cuarenta principales. El imperativo de ser auténtico y fiel a sí mismo lo llevó siempre a trasladar al papel sus más íntimas angustias, sin concesiones y a riesgo, claro está, de quedar como un ave solitaria, entre las bandadas de compositores de su generación. Que se sepa, pocos han sabido (o han querido) recoger una antorcha que deja a Hammill trajeado de mosca blanca, pero asimismo le suministra el mejor reaseguro para la posteridad. A la cual indudablemente pocos llegarán, por mucho que hoy se empinen en las listas de éxitos.

'Refugees' (1970, en The Least We Can Do Is Wave To Each Other) sintetiza buena parte de los topos de este sector, todavía dentro del aura optimista del nosotros compartido, pero aceptando desde el principio el alejamiento, la ruptura con el mundo, para adoptar una libertad que implica soledad y aventura. "Somos refugiados, dejando atrás la vida que conocimos y amamos.../ nada que hacer ni decir, ningún sitio donde quedarnos; ahora estamos solos. / Somos refugiados, llevando todo lo que tenemos en sacos, atados con un cordel.../ nada que pensar, o importa, pero seremos felices solos." El destino es el poniente -no el amanecer, punto de partida apenas- y tiene los colores de cierto sesentismo imponente, que sigue siendo única salida viable frente a los condicionamientos sociales.

Del mismo álbum, 'After The Flood' repite el paisaje, como se repite la reconstrucción después del diluvio para caer en una misma rutina que presagia otro diluvio, el tiempo cíclico. "Siguiendo la historia, la humanidad tropieza / atrás quedó la gloria, hay un estruendo lejano. / Las nubes se reúnen y explotan: / los ejes hecho añicos, no hay Norte ni Sur! /...Esto es el final del principio... / esto es el principio del fin, / el medio del medio, el punto medio, fin y principio". Y luego: "Cada paso parece ser la inevitable consecuencia del anterior, / y al final se vislumbra con una claridad cada vez mayor / la aniquilación total.".

En ese terreno yugulado de futuro, las metáforas hamillianas rondan la asfixia, la ausencia de luz y la desolación. El fondo del mar, donde "los peces no pueden volar, ni yo tampoco" ('Killer', 1970), la casa sin puertas, sin tejado "así que la lluvia entra/ cae por mi cabeza mientras intento encontrar tiempo" y sin timbre "así que nadie llama:/ a veces me resulta difícil decir si en realidad hay alguien vivo afuera", y sin luz, pues "las ventanas están selladas", y necesariamente sin palabras: "no hay nadie con quien compartirlas" ('House with no door', 70).

'My Room' (1976, Still Life) retoma el tópico de la casa sin puertas, ahora interiorizado a una habitación donde la espera se convierte en agonía. El reproche se dirige a un tú lejano, mientras el hablante es un "desvalido monstruo marino varado en la costa": "¿Cómo pudiste dejarme aquí para morir? / Me congelo en el frío de este lugar / sin ninguna cara amiga a la cual decir adiós con una sonrisa"; de nuevo lo infructuoso del lenguaje. 'Losing Faith in Words' (A Black Box, 1980) vuelve sobre esto último: no bastan los siglos de memoria y conocimiento cuando el idioma apenas refleja lo que somos y se carece de interlocutor en el absoluto silencio del ser.

La saga de 'A Plague of Lighthouse-Keepers' (de Pawn Hearts, 1971) retorna al mar y éste le aporta una serie de símbolos recurrentes: el marinero del faro ilumina sin ser iluminado, está irrevocablemente solo, sin puerto adonde arribar -él mismo es puerto, pero de otros- y sólo ve mástiles de barcos hundidos; de nuevo carece de lenguaje, ya que no tiene con quién hablar, y así, de tan humano por su soledad, se ha vuelto inhumano. "Solo, solo, gritan todos los fantasmas, / señalándome a la luz. / La única vida que siento / es la presencia de la noche". Ser faro, en fin, es estar a oscuras, o como bellamente lo apunta Hammill: "¡Quizá en los faros esté la llave! pero, ¿puedo alcanzar la puerta?" Y por eso grita las preguntas fundamentales -que son un lugar común en Hammill- "¿DÓNDE está el Dios que guíe mi mano? / Como pueden alcanzarme las manos de otros? / ¿QUIÉN va a enseñarme?". La llave, que manipula siempre que faltan puertas, falta precisamente cuando éstas reaparecen: "busco a tientas una llave a deshoras", susurra en 'German Overalls' (de Chameleon in the Shadow of the Night, 1973). Y en 'On Tuesdays she used to do Yoga', (Over, 1976): "Nunca hacía las cosas que eran realmente importantes / parecía como si hubiese una llave que no pudiera encontrar para abrirme". O "eché el cerrojo en la puerta abierta" ('Lizard Play', 1977). Etcétera.

'Pioneers Over C' (1970, dentro de H To He, Who Am The Only One, igual que 'Killer' y 'House With No Door'), historia de ciencia ficción alegórica, recurre al viaje espacial para arrojar al Hombre al centro de su exclusividad aterradora; ahora la cápsula es el Faro y el mar el universo. "Dejamos la tierra en 1983, los dedos tanteando las galaxias / ojos enrojecidos alzados para contemplar el vacío", y además no hay chance de volver y el cosmos se encendía, "explotando sin llama". "Somos los Pioneros; / Somos los Errantes./ Somos aquellos a quienes van a erigir una estatua / hace diez siglos, o iban a hacerlo dentro de quince..." A la abolición del tiempo continúa la de la propia identidad: "No hay miedo aquí /... en este lugar donde vivir y saber y ser / nunca han sido 'escuchados' ", porque "flotando en el vacío, / apenas consciente de la existencia, / conciencia apenas existente...". Pionero y Errante son paradojas deliberadas. Ya no se refiere al esperanzado "refugiado", sino al radiado y remoto trotamundos perdido, e irónicamente, único. El mismo emblema representa 'Lemmings' (1971, también de Pawn Hearts): "Hemos contemplado a los héroes / y ellos están manifestando no ser capaces; / hemos mirado mucho a través de la tierra, / pero no hemos podido ver el alba". Los lemmnigs, animales polares que suelen ahogarse al intentar emigrar, se parecen demasiado a los hombres; como un gusano que reptara sobre el filo de la navaja, el individuo puede ser heroico y a la vez estar perfectamente solo y condenado.

El recurso cósmico se adecua a la analogía en 'The Comet, The Course, The Tail' (In Camera, 1974), que empieza con una magnífica frase: "Dicen que estamos dotados de Libre Albedrío / al menos eso justifica nuestra necesidad de indecisión". Se trata de un texto moral, casuístico, que penetra ya no en la naturaleza metafísica sino ética del hombre, "entre nuestros instintos y la lujuria de matar / inclinamos nuestra cabeza en sumisión", y sin embargo es lo menos humano -lo instintivo- la única certeza de estar carnalmente vivos. De nuevo la contradicción define lo humano, en uno de los temas mas filosóficos de Hammill: "¿Cómo puedo saber que la ruta marcada hacia el infierno / no lleva hasta el cielo? / ¿Qué puedo decir cuando, de alguna extraña manera, / yo soy mi propia dirección?" Más interrogantes sin respuesta y preñados de absurdo menudean en el escatológicamente metafísico 'Still Life' ("Naturaleza Muerta", del disco del mismo nombre, 1976). "Si hemos ganado, ¿Cómo saber si llegamos a cubrir el costo? / ¿Qué hemos negociado y qué hemos perdido? / ¿A qué hemos renunciado sin nunca saber que estaba allí?".

El bestiario de Hammill se enriquece con otro animal bicéfalo, contradictorio, el 'Crying wolf' o lobo sollozante, "llorando desde el fondo de tu corazón de oveja, / llorando fuego desde el fondo de la fuente", o bien "el asesino con remordimientos". El lobo resulta una bestia homologable a la humana por su expulsión del rebaño, "serás dejado de lado como un hombre solitario", pero éste no se disfraza de oveja como Ulises o la cita bíblica sino que es concretamente una oveja: "tus desesperados gritos / todos ellos saldrán como balidos: / pensaste que eras un hombre lobo / pero realmente eres / tan sólo una oveja". La fauna más esmerada se asienta en las ciudades, otro escenario de "alienación solitaria" dentro de la cual "viviendo el momento" y "yendo con la corriente" no se transita a salvo y en solidaridad sino aún más abandonados cada uno a su fuero y pasar: "mientras la vida nocturna / me rodea yo estoy sentado / y me vuelvo loco solo"; una vida que al mismo tiempo "me enrarece y me alimenta". Otro contraste, el perder la identidad en la de todos ('Urban', de Vital, 1978).

El más rico relato de este sector es 'A Louse Is Not a Home' ('Un Piojo No Es Un Hogar' de The Silent Corner and the Empty Stage, 1974), en cuanto nuclea los lugares comunes de Hammill y el centro de su meditación existencial. "Mis palabras son arañas sobre la página / prolongan la fe, la esperanza y la razón; / pero, son convenientes y justas / o sólo polvo, amontonándose en mi silla?" y "No conozco la naturaleza de la puerta que quisiera cruzar", por eso la disyuntiva presenta dos modos de existir que circulan en su poética: "quedarte, como monje, o irte, cual vagabundo?". Tal vez sea una falsa opción, ya que si hay llave no hay cerradura: "nada existe / excepto esta habitación en la que estoy sentado / y claro, la niebla que todo lo impregna... / a veces me pregunto si incluso eso es real". El aislamiento y la incipiente locura son los temas principales de está "ácida" obra maestra.

La acumulación de negaciones de 'A Way Out' repiensan un Nirvana de no-existencia en plan de "salida" irónica y final, el descarnarse y desalmarse lógicos liquidando toda soledad con más soledad. El "out" quiere decir por un lado alienación ("Saliendo a divertirse, a reírse, / fuera de servicio, sin trabajar, / sin llorar, fuera de la vista, / saliendo bajo fianza,/ sin un buen trabajo, sin gracia") y desarticulación de toda relación: "Sin aliento, desafinado, fuera de tu cabeza / y fuera de foco, abatido /... fuera de la vista, fuera de la mente, déjalo atrás /... fuera del alcance / de toda familia / de todos los amigos".

Los temas del Hammill filósofo podrían resumirse en el abandono del hombre ante un universo esquivo y tornadizo, la consecuente absurdidad de la existencia y el amor como liberación y chance de identidad, los problemas del lenguaje como forma de comunicación (en el 2004 le dedicaría todo un álbum, Incoherence, a este tema) y -por supuesto- una de sus mayores obsesiones: el tiempo.

Mundo de Cicuta

Artista de su tiempo, Hammill, es también un denunciador convencido. Sus dardos se arrojan, por ejemplo, contra dos blancos cuya rémora ata el vertiginoso deseo de ascenso hacia la libertad, uno histórico (la religión y su constante lastre de prejuicios y doble discurso) y otro actual y candente (los media, que yerguen un simulacro de realidad sobre la percepción urbana, amueblando mentes y sentimientos).

Primero, ataca al gran continente, el establishment de oropel y ficción que entroniza a los fame-seekers, esa legión de advenedizos de la cual se negó a formar parte: "He estado dando vueltas, esperando mi oportunidad / para decirles lo que pienso de la música que fracasó / con la que bailaban como locos -- francamente, saben que apesta". El arma es el rock inconformista, un medio que será el mensaje: "Observa a todos los idiotas con su brillantes trajes.../ con sus botas de tacón alto, haciéndoselo con el heavy... / Voy a patear el polvo de estrellas y a chillar hasta enfermar / si la guitarra no los vuelve locos, la batería lo hará ". No por pensador, el músico Hammill debería buscar un lugar pasivo y apartado; el recatado y modesto song-writer se asume de pronto modelo de liderazgo y arenga a la muchedumbre en un alarido de guerra: "Ahora es mi gran principio... dejen que suba al escenario, / les enseñaré de qué va todo, basta de patrañas / pateen con furia, echen abajo las paredes y salgamos! /... machaquen el sistema con la canción!". ('Nadir's Big Chance', del álbum del mismo nombre, 1975). Del mismo tono es 'Two or Three Spectres' (también de Nadir's...), que apuñala al sistema interior, el del music-business y sus contables y notarios de negro corazón. "A la mierda la música, dijo el hombre con traje, / yo entiendo de beneficios y sin eso, es inútil / ¿Por qué no te marchas y escribes canciones comerciales? /... 'Eh, oye, nena, esta banda tiene mucho alma... / si podemos quitársela, ¡veo un disco de oro!", el insaciable gang de los promotores, managers, hacedores de imagen, vestuaristas, todo el que "te hará una estrella, te hará tan famoso / que lo único que desearás será no tener nombre". De nuevo el topos de la identidad, pero aquí la alienación de la celebridad sobreabunda tanto que vuelve deseable perder el DNI. Y por supuesto, hasta la prensa cae bajo la guillotina: "Tu puedes hablar del estado de la música, / ellos escribirán sobre tu ropa. / Tócales el nuevo álbum, dirán que es fantástico (o no) / cuando salgan los artículos, todos hablarán de cuántos perros tienes". Si el texto segrega resentimiento, no se excede en apostrofar a quienes frivolizan un trabajo personal y serio, los que dejarán de prestarle atención cuando carezcan de anécdotas amarillistas. "Según los valores con los que este mundo hace a sus héroes, / el mejor violinista sería entonces Nerón, porque fue el que más Prensa tuvo", se burla. El tema, largo y minucioso, no deja títere con cabeza; ni siquiera pierde de vista a los seguidores, confundidos como una manada neutra y evidentemente dirigible -no olvidemos que Hammill aborrece los megaconciertos: "el Zoo Humano: / Diez mil brazos alzados, igual que las Juventudes Hitlerianas!." Nada queda en el tintero, excepto la voluntad terrible de no traicionarse jamás. De lo contrario, "En el culto al Superhombre la música juega un papel de comparsa".

'Mediaevil', uno de sus temas más cáusticos (de The Future Now, 1978), reúne los dos objetivos de su crítica mencionados al principio, ya que advierte sobre un nuevo medioevo posmoderno controlado desde la tele por los pastores electrónicos. "Toda la lealtad para la Iglesia, / Todo el poder para el Estado", dice, y suena a consigna fascista. "Podemos guardarla en los libros de historia / pero la Edad Media no se ha ido, / y la respuesta a nuestras plegarias es un Valium en la mesilla de noche". Claro que hay distintas religiones contemporáneas, o nuevas supersticiones igualmente falaces que pretenden soluciones totales (o totalitarias): "Ahora ponemos nuestra fe en la Ciencia y en el Progreso / y sólo tenemos sexo de rodillas". Hammill se escucha profético en la inminencia de la década del SIDA y la nueva moral conservadora. Como otras veces, acude a las paradojas para explicitar el nuevo credo: "un Papa estéril prohíbe la Píldora / y aquellos que son ricos siguen enriqueciéndose / y aquellos que son pobres siguen pagando la cuenta.".

Hammill en las costas de Mar del Plata, Argentina (Foto de Mauro Rizzi)

Hammill en las costas de Mar del Plata, Argentina
(Foto de Mauro Rizzi)

La desesperanza arraiga no únicamente en las limitaciones de la condición humana, sino además en las muy terrenas malversaciones políticas que hipotecan vida y futuro. 'Porton Down' (pH7, 1979) es el nombre de los silos secretos en que se acumulan armas químicas y bacteriológicas. "Tienen bacterias para tirarnos encima / tienen enfermedades que el hombre aún no conoce... Un simple tubo de ensayo hecho añicos para barrer el mundo". Otra vez, Hammill es un adelantado, puesto que no se acomodó a la globalizada condena de la star-war neutrónica y misilística, de la era Reagan/Thatcher, hurgando en los arsenales que muchos ignoran o desdeñan, aquellos que las Naciones Unidas vetaron expresamente y sin embargo todos los países desarrollados atesoran. "La cultura avanza, ahora es bacteriana", ironizaba en los ochentas. Lo peor es el silencio: "Ningún ruido en, desde, tras Porton Down.".

'Hemlock (Cicuta, del disco In A Foreign Town, 1988) estigmatiza al poder militar, resultante de la corrupción del poder civil y a su vez su nefasto reemplazo. Su estrategia se plasma en la televisión, la gran persuasora y niveladora de conciencias: "Aquí aparece en pantalla, / la propaganda de la máquina industrial-militar. / Vemos que hay poco que elegir: / cuando nuestros amos nos dicen 'Sonrían', nos alegramos. / Con el escudo nuclear en sitio seguro / se nos asegura la supervivencia de la raza humana". El humor sarcástico de Hammill despunta

314

en esta zona sobrevolada de amenazas: "La tierra es plana y los cerdos vuelan / traga con fuerza y créete las mentiras" y "si los estantes de la despensa están vacíos, que coman pasteles / y den gracias a los Gobiernos por el aire. / ¡Mientras tanto en las celdas la policía secreta / defiende la libertad, otorga justicia, mantiene la paz!". Conste que este tema fue compuesto -reitero- en 1988, muchos años antes de la Cruzada de Bush Jr. o Guantánamo.

Justamente el tema de apertura del disco de regreso de Van Der Graaf Generator (Present, 2005), 'Every Bloody Emperor ('Cada Maldito –o Sangriento- Emperador') se emparenta directamente con la temática de 'Hemlock', actualizándolo (por el momento la amenaza de guerra nuclear se ha canjeado por el terrorismo internacional) en una tristemente lúcida puesta al día: "…y cada maldito emperador tiene sus manos bajo la camisa de la historia / mientras posa para la posteridad sobre la basura recién removida. / Sí, y cada maldito emperador con su forzado rictus y mueca / habla a su manera de casi todo pero mintiendo / porque cada maldito emperador piensa que su derecho a gobernar es divino / de manera que irá girando y girando como un trompo hacia su propio declive.".

En sus últimos trabajos Hammill no ha dejado de dar su personal visión de temas cotidianos y "caseros" como la violencia doméstica en 'Like Veronica' (de None Of The Above, 2000), el endémico abuso de menores por parte de sacerdotes de la iglesia católica en 'Fed To The Wolves' ('Alimentar a los Lobos', de What, Now?, 2001), la anorexia provocada por la moda en 'Skinny' o la pedofilia encubierta en 'Just A Child', (ambos temas de Clutch, 2002). Sus áreas de interés pueden haber crecido con el tiempo, pero lo que no cambia es su pasión y honestidad para volcarlas en una canción.

A Hammill le queda mucho que decir. Imprevisible, individualista sin egoísmos ni falsas modestias, un intelectual en el escenario del rock que enarbola hasta cimas de alta jerarquía un estilo musical que sólo parecía catarsis bailable, enmudece a sus detractores cada vez que la guitarra o el piano secundan su voz profundísima, toda la voz del alma desgarrada en la virtualidad de su garganta.

Las canciones de Hammill están pobladas de muchas preguntas y muy pocas -casi ninguna- respuestas. Sin embargo, más allá de lo negra que pueda parecer su visión global de nuestra existencia, jamás ha perdido su fe en la naturaleza humana. Así lo expresa en un tema de uno de sus discos más emblemáticos, 'Forsaken Gardens' ('Jardines Olvidados', de The Silent Corner And The Empty Stage, 1973):

"(…) Ahora observo que el jardín que cultivé es igual

a aquellos de afuera;

las vallas, erigidas para proteger, simplemente dividen…

Hay ruina por todos lados, el tiempo

ha hecho estragos con la hierba

¿Alguien pensó realmente que su jardín iba a perdurar?

¿En el tiempo que se nos ha asignado, puede mezquinamente algún hombre conservar el suyo?

Ven y observa mi jardín si gustas…

Quiero que alguien lo vea antes de que cada raíz sea asesinada.

Sin duda este es el tiempo de abrir nuestra vida a todo…

¡Derriben las paredes, aún no es demasiado tarde!

Hay tanto pesar en el mundo;

Tanto vacío, congoja y sufrimiento;

En algún lugar del camino dimos el giro equivocado…

¿Cómo podremos construir el sendero correcto otra vez?

A través del dolor, a través de la pena,

nuestras flores necesitan la lluvia del otro…"

Robert Fripp - David Bowie - Peter Hammill

PH y Peter Gabriel, Montreal Abril 20 1974

Phil Collins & Peter Hammill

Robert Fripp & Peter Hammill

Van Der Graaf Generator rehearsals junio 2020

Peter Hammill 2023

Capítulo VI: Antología de Letras (bilingüe)
(Traducciones al español del autor)

Running Back
(from "The Aerosol Grey Machine", 1969)

I thought I'd give it up for good,
'cause none of my actions are understood.
I thought I'd really leave,
and me coming back's something you'd never perceive.
I thought I'd make it;
Yes, I really thought I'd make it,
but then you smiled, you didn't rile me,
now I'm running back
running, running back.

I saw a vision of a love long deceased
and a chilly wind coming from East.
I know I can say I did my best,
but there were no more warm winds from the West.
Still I thought I'd make it;
Yes, I really thought I'd make it,
but then you smiled, you didn't rile me,
now I'm running back
running, running back.

I thought you'd never be missed,
and I really believed we'd never share another kiss.
And I thought for the last time I'd touched your hand,
but your love draws me back like quicksand.
Still I thought I'd make it;
Yes, I really thought I'd make it,
but then you smiled, you didn't rile me,
now I'm running back
running, running back.

I'm coming home.

Volviendo Atrás
(de "The Aerosol Grey Machine", 1969)

Pensé que había desistido para bien,
porque ninguna de mis acciones habían sido entendidas.
Pensé que realmente había partido,
y mi regreso fue algo que nunca percibiste.
Pensé que lo había hecho;
realmente pensé que lo había hecho,
pero entonces sonreíste,
y no me encolerizó,
ahora estoy volviendo atrás,
volviendo, volviendo atrás.

Tuve una visión de un amor largamente fallecido,
y un frío viento viniendo del Este.
Sé que puedo decir que hice lo mejor de mí,
pero no hubo mas vientos cálidos del Oeste.
Pensé que lo había hecho;
realmente pensé que lo había hecho,
pero entonces sonreíste,
y no me encolerizó,
ahora estoy volviendo atrás,
volviendo, volviendo atrás.

Pensé que nunca serías echada de menos,
y realmente creí que nunca compartiríamos otro beso.
Pensé por la última vez que toqué tu mano,
pero tu amor me arrastra como arenas movedizas.
Pensé que lo había hecho;
realmente pensé que lo había hecho,
pero entonces sonreíste,
y no me encolerizó,
ahora estoy volviendo atrás,
volviendo, volviendo atrás.

Ahora estoy regresando a casa.

Pioneers Over C
(from "H to He Who Am The Only One", 1970)

Left the earth in 1983, fingers groping for the galaxies,
reddened eyes stared up into the void,
a thousand stars to be exploited.
Somebody help me, I'm falling,
somebody help me, I'm falling down
into sky, into earth, into sky, into earth.
It is so dark around, no life, no hope, no sound,
no chance of seeing home again.
The universe is on fire, exploding without flame.
We are the lost ones; we are the pioneers; we are the lost ones
We are the ones they are going to build a statue for
ten centuries ago or were going to fifteen forward .....
One last brief whisper in our loved ones' ears
to reassure them and to pierce the fear
standing at controls then still unknown
we told the world we were about to go
Somebody help me I'm missing,
somebody help me I'm missing now
touch with my mind, I have no frame,
touch with my mind, I have no frame.
Well now where is the time and who the hell am I,
here floating in an aimless way?
No-one knows where we are,
they can't feel us precisely ..
There is no fear here.
How can such a thing exist
in a place where living and knowing
and being have never been heard of?

Doomed to vanish in the flickering light,
disappearing to a darker night,
doomed to vanish in a living death, living anti-matter, anti-breath
Somebody help me I'm losing,
somebody help me, I'm losing now
people around, there's no-one to touch,
no people around, no-one to touch.

I am now quite alone, part of a vacant time-zone,
here floating in the void,
only dimly aware of existence,
a dimly existing awareness,
I am the lost one, I am the one you fear, I am the lost one,
I am the one who crossed through space,
or stayed where I was,
or didn't exist in the first place ...

Pioneros Por Encima De La Velocidad De La Luz
(de "H to He Who Am The Only One", 1970)

Dejamos la tierra en 1983, los dedos tanteando las galaxias;
ojos enrojecidos alzados para contemplar el vacío,
un millar de estrellas para ser explotadas...
Alguien que me ayude, estoy cayendo
hacia el cielo, hacia la tierra....
Está tan oscuro alrededor: sin vida, sin esperanza, sin sonido,
no hay chance de volver a ver nuestro hogar otra vez.
El universo se está incendiando, explotando sin llama.
Somos los Errantes; somos los Pioneros; somos los Errantes.
Somos aquellos a quienes van a erigir una estatua
hace diez siglos, o iban a hacerlo dentro de quince...
Un último breve susurro en el oído de nuestros seres queridos,
para reanimarlos y perforar el miedo...
Parados ante los controles hasta ese entonces desconocidos
le dijimos al mundo que estábamos listos para partir...
alguien que me ayude, estoy perdiendo
contacto con mi mente/no tengo marco.
Bien, ahora, ¿Dónde está el Tiempo? ¿Y quién diablos soy yo, flotando aquí a la Deriva?
Nadie sabe dónde estamos:
no pueden localizarnos precisamente....
No hay miedo aquí.
¿Cómo podría existir una cosa así
en este lugar donde vivir y saber y ser nunca han sido 'escuchados'?

Condenados a esfumarnos en la luz vacilante,
desapareciendo en la noche más oscura;
condenados a esfumarnos en una muerte viva,
anti-materia viva, anti-aliento....
alguien que me ayude, me estoy perdiendo:
no hay gente alrededor, nadie a quien tocar.
Ahora estoy completamente solo: parte de una zona
de tiempo vacante, aquí, flotando en el vacío;
apenas consciente de la existencia,
conciencia apenas existente...

Soy el Errante;
Soy Ese al que tú temes;
Soy el Errante.
Soy aquel que cruzó a través del espacio,
o quedó donde estaba, o ni siquiera existió en primer lugar...

Lemmings (1)
(from "Pawn Hearts", 1971)

I stood alone upon the highest cliff-top,
looked down, around, and all that I could see
were those that I would dearly love to share with
crashing on quite blindly to the sea....
I tried to ask what game this was
but knew I would not play it:
the voice, as one, as no-one, came to me....

"We have looked upon the heroes and they are found wanting;
we have looked hard across the land but we can see no dawn;
we have now dared to sear the sky but we are still bleeding;
we are drawing near to the cliffs,
now we can hear the call.

The clouds are piled in mountain-shapes,
there is no escape except to go forward.
Don't ask us for an answer now,
it's far too late to bow to that convention.
What course is there left but to die?

Lemmings (1)
(de "Pawn Hearts", 1971)

Me paré solo sobre la más alta cumbre del acantilado,
miré para abajo, a mi alrededor, y todo lo que podía ver
eran aquellos que quisiera amar tan cariñosamente
para compartir estrellarse tan ciegamente en el mar....
Traté de preguntar que clase de juego era ese,
pero supe que no querría jugarlo:
la voz, como una, como ninguna, vino a mí....

Hemos contemplado a los héroes
y ellos están manifestando no ser capaces;
hemos mirado mucho a través de la tierra,
pero no hemos podido ver el alba;
ahora nos hemos atrevido a incendiar el cielo,
pero aún estamos sangrando;
nos estamos arrastrando cerca de los acantilados,
ahora podemos escuchar la llamada.
Las nubes están apiladas en forma de montañas,
no hay otra salida salvo ir hacia delante.
No nos pidan una respuesta ahora,
es demasiado tarde para someterse a esa convención.
¿Qué otro camino hay salvo morir?

Vision
(from "Fool's Mate", 1971)

I have a vision of you, locked inside my head;
it creeps upon my mind, and warms me in my bed.
A vision shimering, shifting
moving in false firelight;
a vision of a vision,
protecting me from fear at night,
as the seasons roll on, and my love stays strong.

I don't know where you end, and where it is that I begin.
I simply open my mind and the memories flood on in.
I remember waking up with your arms around me;
I remember losing myself
and finding that you'd found me,
as the seasons rolled on, and my love stayed strong.

Be my child, be my lover,
swallow me up in your fire-glow.
Take my tongue, take my torment,
take my hand and don't let go.
Let me live in your life,
for you make it all seem to matter.
Let me die in your arms,
so the vision may never shatter.
The seasons roll on;
my love stays strong.

Visión
(de Fool's Mate, 1971)

Tengo una visión de ti encerrada dentro de mi cabeza;
trepa por mi mente y me da calor en la cama...
una visión trémula, cambiante
moviéndose como una falsa luz de hogar;
una visión de una visión,
protegiéndome del miedo a la noche,
mientras las estaciones pasan, y mi amor permanece fuerte.

No sé donde tu terminas,
y donde es que yo comienzo,
simplemente abro mi mente y las memorias fluyen....
recuerdo despertando con tus brazos alrededor mío;
recuerdo perdiéndome
y descubriendo que tú me habías encontrado,
mientras las estaciones pasaban, y mi amor permanecía fuerte.

Sé mi chica, sé mi amante, trágame en tu fuego sin llama;
toma mi lengua, toma mi tormento, toma mi mano y no la dejes ir.

Déjame vivir en tu vida,
porque tú haces que todo parezca tener sentido;
déjame morir en tus brazos,
así la visión nunca se romperá ....

Las estaciones pasan;
mi amor permanece fuerte.

Dropping The Torch
(from "Chameleon In The Shadow Of The Night", 1973)

We play games and every move
is noted down as a subsequent cause
and effectively chains our freedom and will to live;
we settle in to simple survival,
hanging on our pleasures grimly...
we must never let them go.

Our prison walls are slowly built,
stone by stone and day by day;
no provision for escape,
entombed alive in safety and decay.

Time sets around us in killing frames,
black border round our names.
Our fingers lose their grip
and the torch slips.

The enemy for everyone
is everyone, inside.
I feel the hand of security
creep on me with ice-cold fingers
and crush my flower of freedom;
I've lost the course of my adventure,
all the things I'd meant to do are lost.

There is only one flame each
to keep alive in the wind.
But finally we snuff them out
all by ourselves.

We set traps and, in the end,
fall into our own snares
and have nowhere to go.

Time ever moves more slowly;
life gets more lonely
and less real.

Soltando La Antorcha
(de "Chameleon In The Shadow Of The Night", 1973)

Jugamos juegos y cada movimiento
es anotado como una causa subsiguiente
y eficazmente encadena nuestra libertad y deseo de vivir:
nos asentamos en la simple supervivencia,
colgando en nuestros placeres inflexiblemente....
no debemos nunca dejarlos ir....

Los muros de nuestra prisión son lentamente construidos,
piedra por piedra y día por día:
sin posibilidad de escape,
enterrados vivos en la seguridad
y decadencia.

El tiempo nos rodea en marcos asesinos,
borde negro alrededor de nuestros nombres.
Nuestros dedos pierden su asidero
y la antorcha se desliza.

El enemigo para cada uno
es cada uno, dentro.
Siento la mano de la seguridad
arrastrarse sobre mí con dedos helados
y aplastar mi flor de la libertad;
perdí el curso de mi aventura,
todas las cosas que quise hacer están perdidas.

Hay una sola llama que cada uno
debe mantener viva en el viento.
Pero finalmente la apagamos
nosotros mismos.

Tendemos trampas, y al final,
caemos en nuestros propios lazos
y no tenemos donde ir.

El tiempo pasa más lentamente;
la vida se hace más solitaria
y menos real.

Modern
(from "The Silent Corner And The Empty Stage", 1974)

Jericho's strange, throbbing with life at its heart -
people are drawn together, simultaneously torn apart....
Foundations are shattered in the city
inside the barricaded doors;
hiding behind their walls, lonely as night falls,
maybe the people are waiting for trumpets.

Babylon's strange, seventh wonder of the earth -
gardens ablaze in colour, slowly rotting in the dirt
and, with your head on fire, you can't really see.
The hanging gardens sing,
but with a hollow ring :
the life is false, it's killing me....

Don't look back or you'll turn to stone;
look around before your life is overgrown
with concrete slabs.
On your back the searching eyes that stab
between chintz curtains, glinting,
but never owning to a name...
like the inmates of asylums
all the citizens are contagiously insane....

Atlantis is strange, the explosion of an age -
no-one really knows what to do,
and the city is a cage.
It traps in ashen hours and concrete towers,
imprisons in the social order.
The city's lost its way,
madness takes hold today...
I can't live under water.

Moderno
(de "The Silent Corner And The Empty Stage", 1974)

Jericó es extraña, palpitando con vida en su corazón:
la gente se arrastra junta, desgarrándose simultáneamente ...
cimientos son destrozados en la ciudad dentro de las puertas barricadas.
Escondiéndose detrás de las paredes, solitaria mientras cae la noche,
tal vez la gente esté esperando por trompetas...

Babilonia es extraña, la séptima maravilla de la tierra:
jardines ardiendo en colores, pudriéndose lentamente en la mugre...
con tu cabeza en llamas realmente no puedes ver.
Los jardines colgantes cantan, pero con un sonido hueco:
la vida es falsa, me está matando...

No mires hacia atrás o te convertirás en piedra;
mira alrededor antes que tu vida se cubra
con planchas de concreto.
En tu espalda los ojos penetrantes
que apuñalan entre cortinas de chintz,
brillando, pero nunca perteneciendo a un nombre.
Como internos de asilos,
todos los ciudadanos están contagiosamente locos...

Atlántida es extraña, la explosión de una época:
nadie realmente sabe qué hacer, y la ciudad es una caja...
atrapa con horas cenicientas y torres de concreto,
encarcela en el orden social:
no puedo vivir bajo el agua...

Wilhelmina
(from "The Silent Corner And The Empty Stage", 1974)

Willie, what can I say to you to hold true in your changing life?
You've come into a cruel world;
little girls can lose their way in the growing night...
I hope you'll be alright.

Willie, try to stay a child sometime,
for as long as you feel you can learn.
Babies all turn to people and people can really be strange;
they change and, changing, bring pain.

Try to treat your parents well because they care,
and what more can you do?
When you find your lovers, be good to them
as you hope they'll be to you -
be honest, be true.

Willie, you are the future; all our lives, in the end are in your hands.
Life's hard now; you know it gets harder
and hope is but a single strand:
we pass it on and hope you'll understand....

We know that we do it wrong,
we're not so strong and not so sure at all;
groping in our blindness,
we may seem big now but, really, we're so
small and alone and searching for a home in the night.

Meanwhile you're still a baby; you'll be a lady soon enough
and then you will feel the burn.
So hold my words: people all turn to children,
spiteful children, and they're really so cruel, cruel fools!

Just follow your own rules...
don't think that I'm silly, Willie,
if I say I hope that there is hope for you.

Guillermina
(de "The Silent Corner And The Empty Stage", 1974)

Guille, ¿qué puedo decirte que sea válido en tu cambiante vida?
Has llegado a un mundo cruel,
las niñas pequeñas pueden perder su camino en la creciente noche.
Espero que estés bien.

Guille, trata de permanecer una niña algún tiempo,
hasta que sientas que puedes aprender.
Las bebitas se vuelven gente, y la gente realmente puede ser rara;
ellos cambian y, cambiando, dan pena.

Procura tratar bien a tus padres porque a ellos les importa,
¿y qué más puedes hacer?
Cuando encuentres a tus amantes, sé buena con ellos
como desearías que ellos lo sean contigo,
sé honesta, sé fiel.

Guille, tu eres el futuro; todas nuestras vidas, en definitiva,
están en tus manos.
La vida es dura ahora - sabes, se pone más duro
y la esperanza es un simple hilo;
nosotros te lo pasamos y espero que tú entiendas.

Sabemos que lo que hacemos está errado, no somos tan fuertes
ni tan seguros después de todo; a tientas en nuestra ceguera,
podemos parecer grandes ahora pero, realmente, somos tan pequeños
y solitarios y buscando un hogar en la noche.

Mientras tanto todavía eres una beba; serás una dama muy pronto
y entonces sentirás el ardor.
Entonces guarda mis palabras: la gente se convierte en niños,
malvados niños, y son realmente tan crueles ...tontos crueles!

Sólo sigue tus propias reglas,
no pienses que soy tonto, Guille,
si digo que deseo que haya esperanza para ti

No More (the Sub-Mariner)
(from "In Camera", 1974)

In my youth, I played at trains: now all steam is gone.
In my dreams, brief shelter from the rain,
I try to catch the fireglow....
With Dinky Toys, I thought that I was Stirling,
with cricket bat, I saw myself as Peter May;
now, with all these images returning,
I wonder who I am today?

As a child, I refought the war
with plastic planes and imagination:
I sank Tirpitz, blew up the Mohne dam, all these and more,
I was the saviour of the Nation!
Oh! To be the captain of a ship of war!
The pilot of a Tempest or a York!
To hold my trench against the Panzer Korps
instead of simply being one who talks
and reminisces of his fantasies,
as though life was nothing but to lose...
these only antecede the knowledge that, eventually,
he must choose.

It's a hallmark of adulthood
that our options diminish
as our faculties for choice increase,
till we choose everything and nothing,
too late, at the finish.

In my youth, I held belief: my faith and thought were strong.
But now I'm stripped of every leaf,
and it robs me of the sight of right and wrong.
Oh! To be the son of Che Guevara!
One unit in the serried ranks of black!
A Papist or an Orangeman, a eunuch...
then doubt would never cast the dagger in my back.
Oh! To be King John or Douglas Bader,
Humphrey Bogart or Victor Mature!
Which one is false and easy,
which one harder?
Of that,
of this,
of me
I'm really not too sure.

(No Más) El Submarinista
(de "In Camera", 1974)

En mi juventud, jugué con trenes: hoy todo vapor se ha ido.
En mis sueños, breve refugio de la lluvia,
traté de coger el resplandor del fuego...
Con Dinky Toys (2), pensé que era Stirling (3),
con un bate de cricket, me veía a mi mismo como Peter May (4),
ahora, con todas esas imágenes retornando,
me pregunto ¿quién soy yo hoy?

De niño volví a pelear la guerra,
con aviones de plástico e imaginación
hundí al Tirpitz (5), volé el Mohne Dam (6), todo eso y mucho más!
Fui el salvador de la Nación!
Oh! Ser el capitán de un barco de guerra!
El piloto de un Tempest (7) o un York!
Mantener mi trinchera contra los Panzer Korps (8),
en lugar de ser simplemente uno que habla
y recuerda sus fantasías,
como si la vida no fuera nada mas que perder...
esto sólo antecede el conocimiento de que, eventualmente,
él debería elegir.

Es un sello de la adultez
que nuestras opciones disminuyen
mientras nuestras facultades de elegir aumentan,
hasta que elegimos todo y nada,
demasiado tarde, en el final.

En mi juventud, me asía a mis creencias: mi fe y pensamiento eran fuertes.
Pero ahora estoy desnudo de toda hoja
y ello me priva de la vista de lo que está bien o mal.
Oh! Ser el hijo del Che Guevara (9)!
Una unidad en las apretadas filas del negro!
Un Papista (10) o un hombre de orange (11), un eunuco...
entonces la duda nunca podrá lanzarme su daga en mi espalda.
Oh! Ser el Rey Juan (12) o Douglas Bader (13),
Humphrey Bogart (14) o Victor Mature!
¿Cuál es falso y fácil,
cuál el más duro?
De ese,
de este,
de mí.
Realmente no estoy muy seguro.

The Comet, The Course, The Tail
(from "In Camera", 1974)

They say we are endowed with Free Will -
at least that justifies our need for indecision.
But between our insticts and the lust to kill
we bow our heads in submission.
They say that no man is an island but then they say our castles are our homes;
it's felt the choice is ours, between peace and violence...
oh, yes, we choose, alone?

While the comet spreads its tail across the sky
it nowhere near defines the course it flies,
nor does it find its own direction.
Though the path of the comet be sure,
its constitution is not
so its meaning is possibly more
than the tracing of a tail in one brief shot at glory.

Love and peace and individuality,
so order and society are man-made?
War and hate and dark depravity, or are we slaves?
Channeling aggressive energies,
the Death Wish and the Will to survive,
into finding and preserving enemies,
is that the only way we know that we're alive?

In the slaughterhouse all corpses smell the same,
whether queens or pawns or innocents at the game;
in the cemetery a uniform cloaks the graves
except for outward pomp and circumstance.

There is a time set in the calendar
when all reason seems barely enough
to sustain all the shooting stars:
times are rough.
I'm waiting for something to happen here,
it feels as though it's long overdue...
maybe a restatement of yesteryear
or something entirely new.

And the knowledge that we gain in part
always leads us closer to the very start,
and to the founding questions:
How can I tell that the road signed to hell
doesn't lead up to heaven?
What can I say when, in some obscure way,
I am my own direction?

El Cometa, El Curso, La Cola
(de "In Camera", 1974)

Dicen que estamos dotados de Libre Albedrío
- al menos eso justifica nuestra necesidad de indecisión.
Pero entre nuestros instintos y la lujuria de matar
inclinamos nuestra cabeza en sumisión.
Dicen que ningún hombre es una isla
pero luego dicen que nuestros hogares son nuestros castillos;
parece ser que la elección es nuestra, entre la paz y la violencia
...oh, sí, elegimos ¿solos?

Mientras el cometa extiende su cola a través del cielo
de ninguna manera define el curso que sigue,
ni encuentra su propia dirección.
Aunque el camino del cometa sea seguro,
su constitución no lo es,
por lo que su significado posiblemente sea más
que el trazado de una cola en un breve disparo a la gloria.

Amor y paz e individualidad -
entonces ¿el orden y la sociedad están hechos por el hombre?
Guerra y odio y oscura depravación - ¿o somos esclavos?
Canalizando agresivas energías,
el Deseo de Muerte y la Voluntad de sobrevivir
encontrando y preservando enemigos -
¿es esa la única manera de saber que estamos vivos?
En el matadero todos los cadáveres huelen igual,
sean reinas o peones o inocentes en el juego;
en el cementerio un uniforme cubre las tumbas
exceptuando la externa pompa y circunstancia.
Hay un tiempo fijado en el calendario
cuando toda razón parece apenas suficiente
para sostener todas las estrellas fugaces: los tiempos son duros.
Estoy esperando que algo suceda aquí,
parece como si llevara un gran atraso:
tal vez una repetición del año pasado
o algo enteramente nuevo.

Y el conocimiento que ganamos en parte
siempre nos lleva más cerca del principio mismo,
y a las preguntas fundamentales:
¿Cómo puedo saber que la ruta marcada hacia el infierno no lleva hasta el cielo?
¿Qué puedo decir cuando, de alguna extraña manera,
yo soy mi propia dirección?

Still Life
(from "Still Life", 1976)

Citadel reverberates to a thousand voices, now dumb:
what have we become? What have we chosen to be?
Now, all history is reduced to the syllables of our name -
nothing can ever be the same now the Immortals are here.
At the time, it seemed a reasonable course
to harness all the force of life without the threat of death, but soon we found
that boredom and inertia are not negative, but all the law we know
and dead are Will and words like survival.

Arrival at immunity from all age, all fear and all end....
Why do I pretend? Our essence is distilled
and all familiar taste is now drained
and though purity is maintained it leaves us sterile,
living through the millions of years,
a laugh as close as any tear....
Living, if you claim that all that entails is breathing, eating, defecating, screwing, drinking,
spewing, sleeping, sinking ever down and down
and ultimately passing away time which no longer has any meaning.

Take away the threat of death and all you're left with is a round of make-believe;
marshal every sullen breath and though you're ultimately bored by endless ecstasy
that's still the ring by which you hope to be engaged
to marry the girl who will give you forever -
that's crazy, and plainly it simply is not enough.

What is the dullest and bluntest of pains,
such that my eyes never close without feeling it there?
What abject despair demands an end to all things of infinity?
If we have gained, how do we now meet the cost?
What have we bargained, and what have we lost?
What have we relinquished, never even knowing it was there?

What chance now of holding fast the line,
defying death and time, when everything we had is gone?
Everything we laboured for and favoured more
than earthly things reveals the hollow ring
of false hope and of false deliverance.

But now the nuptial bed is made,
the dowry has been paid;
the toothless, haggard features of Eternity
now welcome me between the sheets
to couple with her withered body - my wife.

Hers forever, hers forever, hers forever in still life.

Naturaleza Muerta
(de "Still Life", 1976)

La ciudadela retumba ante un millar de voces, ahora mudas:
¿En qué nos hemos transformado? ¿Qué hemos elegido ser?
Ahora, toda la historia se ve reducida a las sílabas de nuestro nombre -
nada volverá a ser igual: ahora los inmortales están aquí.
En su momento pareció un camino razonable
arreando con toda la fuerza de la vida
sin la amenaza de la muerte, pero pronto descubrimos
que el aburrimiento y la inercia no son negativos, sino toda la ley que conocemos,
y muertas están la Voluntad y palabras como supervivencia.
Llegar a la inmunidad ante toda edad, todo miedo y todo fin...
¿Por qué finjo? Nuestra esencia es destilada y todo sabor familiar es ahora drenado,
y aunque la pureza es mantenida, nos deja estériles,
viviendo a través de los millones de años,
una risa tan cerca como cualquier lágrima...
Viviendo, si sostienes que todo lo que eso implica es
respirar, comer, defecar, copular, beber,
vomitar, dormir, hundirnos cada vez más y más
y últimamente pasar el tiempo que ya no tiene ningún significado.
Deja a un lado la amenaza de la muerte
y todo lo que te queda es una serie de creencias;
controla cada brote de malhumor
y aunque al final te aburras por el éxtasis sin fin
se trata aún del anillo con el cual esperas comprometerte
para desposar a la chica que será tuya para siempre
es una locura, y está claro, eso simplemente no basta.
¿Cuál es el más aburrido y directo de los dolores,
ese que mis ojos no pueden cerrarse sin sentirlo allí?
¿Qué abyecta desesperación reclama un fin para todas las cosas infinitas?
Si hemos ganado, ¿Cómo saber si llegamos a cubrir el costo?
¿Qué hemos negociado y qué hemos perdido?
¿A qué hemos renunciado sin nunca saber que estaba allí?
¿Qué chance tenemos ahora de mantenernos firmes,
desafiando a la muerte y al tiempo cuando todo lo que teníamos se ha ido?
Todo por lo que trabajábamos y apreciábamos más
que las cosas terrenales revela el hueco anillo
de falsa esperanza y de falsa entrega.
Pero ahora la cama nupcial está hecha, la dote ha sido pagada,
las desdentadas, macilentas facciones de la Eternidad
me dan ahora la bienvenida entre las sábanas
para acoplarme con su cuerpo maldito -mi esposa.
Suyo para siempre, suyo para siempre,
suyo para siempre, en una naturaleza muerta.

My Room (Waiting for Wonderland)
(from "Still Life", 1976)

Searching for diamonds in the sulphur mine,
leaning on props that are rotten,
hoping for anything, looking for a sign
that I am not forgotten;
lost in a labyrinth of future mystery,
tracing my steps, all mistaken,
trusting to everything, praying it can be
that I am not forsaken,
I wait by the door,
wondering when you will come and keep me warm.
I pray for the end of the night,
hoping the light will still the storm
which presently entraps me:
helpless sea-monster stranded on the shore,
marooned in an ecstasy of waiting,
I yearn, although knowing that I shall dive no more
in the tide already racing.

My lungs burst to cry:
"Finally how could you leave me here to die?"
I freeze in the chill of this place
with no friendly face to smile goodbye...
how could you let it happen?

How could you let it happen?
Dreams, hopes and promises, fragments out of time,
all of these things have been spoken.
Still you don't understand how it feels when I'm
waiting for them to be broken.

Mi Cuarto
(de "Still Life", 1976)

Buscando diamantes en la mina de azufre,
inclinado en apoyos que están podridos,
deseando cualquier cosa, buscando una señal
de que no fui olvidado.
Perdido en un laberinto de futuro misterio,
trazando mis pasos, todos errados,
creyendo a todo, rezando que pudiera ser
que yo no sea abandonado.

Espero junto a la puerta, preguntándome
cuándo vendrás y me mantendrás tibio;
rezo por el fin de la noche,
deseando que la luz detenga la tormenta
que ya me entrampó:
desvalido monstruo marino varado en la costa,
abandonado en un éxtasis de espera,
suspiro, aunque sepa que no me sumergiré más
en la marea ya desbocada.

Mis pulmones revientan: "Finalmente
¿Cómo pudiste dejarme aquí para morir?
Me congelo en el frío de este lugar
sin ninguna cara amiga a la cual decir adiós con una sonrisa -
¿Cómo pudiste dejar que esto suceda?"

¿Cómo pudiste dejar que esto suceda?
Sueños, esperanzas y promesas, fragmentos fuera de tiempo,
todas estas cosas han sido habladas...
sin embargo tu no entiendes cómo se siente cuando
estoy esperando que ellos sean destruidos.

Crying Wolf
(from "Over", 1977)

You turn out the lights and sit alone,
trying to pretend that it's anguish,
start at the ring of a telephone,
throw down all your food at the banquet, keep a close eye on all you own,
while leaving it all to languish....
Is this what makes you happy?
Is this what brings you joy?
Your excuses are so crappy...
silly boy.
You take all the love and throw it aside to wallow in your sorrow,
expect everyone to know how you feel inside,
to forgive and forget come tomorrow;
repaying all your debts with uncommon pride
but denying that you ever borrowed....
Is this what makes you perfect? Is this what makes you free?
Just how long did you rehearse it, or does it just come naturally?
Crying wolf from the depth of your sheep's heart,
crying fire from the depth of the well
in an endless parade of repeat starts, just how long will it last - can you tell?
Until all your friends and lovers are simply bored with the pretence?
It'll be too late then to discover just exactly what you meant
and what was true
and what was false...
the wolf turned into human, the killer with remorse.
Crying pain as though that should be pleasure,
crying anger as though that should be revenge,
crying sorrow as though that were a treasure -
your treasure will find you in the end.
When all of your friends have gone away,
unwilling to put up with the danger
that lies in each spiteful word you say,
you'll be left, a greying wolf in a manger
and when you've raised your last howl
and destroyed all that you can
with rotting teeth an slack jowls
you'll be left a lonely man.
And when it's nearly finished
and you know the end is near
with true sorrow undiminished
there'll be no-one left to hear....
Your desperate cries,
they all come out as bleats:
you thought you were a wolf-man,
but you're really
just a sheep.

Lobo Llorón
(de "Over", 1977)

Apagas las luces y te sientas solo,
tratando de fingir que es angustia,
te sobresaltas al llamado de un teléfono,
arrojas toda tu comida en el banquete,
mantienes una atenta mirada a todo lo que te pertenece,
mientras dejas que todo se desvanezca...
¿Es esto lo que te hace feliz? ¿Es esto lo que te brinda alegría?
Tus excusas son tan malas... muchacho tonto.
Tomas todo el amor y lo arrojas a un lado para revolcarte en tu pena,
esperas que cada uno sepa cómo te sientes por dentro,
perdonar y olvidar viene mañana -
pagando todas tus deudas con orgullo fuera de lo común,
pero negando alguna vez haber pedido prestado.
¿Es esto lo que te hace perfecto? ¿Es esto lo que te hace libre?
¿Cuánto tiempo lo has ensayado, o te viene naturalmente?
Lobo llorando desde el fondo de tu corazón de oveja,
llorando fuego desde el fondo de la fuente
en un interminable desfile de comienzos repetidos;
¿Cuánto tiempo puede durar - puedes decirlo?
¿Hasta que todos tus amigos y amantes
estén simplemente aburridos por la simulación?
Será muy tarde, entonces, para descubrir exactamente
qué quisiste decir, y qué fue verdad, y qué fue falso...
el lobo se transformó en humano, el asesino con remordimientos.
Llorando pena como si eso debiera ser placer,
llorando rabia como si eso pudiera ser venganza,
llorando pesar como si eso fuera un tesoro...
tu tesoro te encontrará en el final.
Cuando todos tus amigos se hayan ido,
renuentes a tolerar el peligro que yace en cada maliciosa palabra que dices,
tú habrás hecho de ti mismo un perfecto extraño;
aullando a la luna noche y día,
serás dejado de lado como un lobo canoso en un pesebre.
Y cuando hayas hecho brotar tu último aullido
y destruido todo lo que hayas podido,
con dientes podridos y débiles quijadas, serás dejado de lado como un hombre solitario.
Y cuando esto esté cerca de ser finalizado
y sepas que el fin está cerca con verdadero pesar sin disminución,
no habrá ninguno cerca para escuchar
tus desesperados gritos - todos ellos saldrán como balidos:
pensaste que eras un hombre-lobo
pero realmente eres tan sólo una oveja.

Urban
(from "Vital", 1978)

Sometimes living for the moment,
sometimes going with the flow,
sometimes professing to be an exponent
of the quiet life
while night life surrounds me
I sit and go crazy alone.

Too many people and too little action
too much exterior acting, too little inside...
yet I still feel that manic attraction.
I've lived in the city for most of my life
and suppose I'll be there when I die,
still going through the same old motions
still qualifying everything I say,
responding urbanely to every emotion.

The city life freaks me,
the city life feeds me,
the city life blows me away.

Urbano
(de "Vital", 1978)

Algunas veces viviendo al día
algunas veces yendo con la corriente
algunas veces profesando ser un exponente
de la vida tranquila
mientras la vida nocturna
me rodea yo estoy sentado
y me vuelvo loco solo.

Demasiada gente y demasiada poca acción
demasiadas poses superficiales y poca interioridad
no obstante aún siento esa maníaca atracción
viví en la ciudad la mayor parte de mi vida
y supongo
allí estaré cuando muera
aún moviéndome maquinalmente
aún cualificando todo lo que digo
respondiendo urbanamente a cada emoción

la vida en la ciudad me enrarece
la vida en la ciudad me alimenta
la vida en la ciudad me vuelve loco.

The Future Now
(from "The Future Now", 1978)

Here we are, static in the latter half
of the twentieth century
but it might as well be the Middle Ages,
there'll have to be some changes
but how they'll come about foxes me.
I want the future now, I want to hold it in my hands;
all men equal and unbowed, I want the promised land.

But that doesn't seem to get any closer, and Moses has had his day...
the tablets of law are an advertising poster, civilisation here to stay
and this is progress?
You must be joking!
Me, I'm looking for any kind of hope.
I want the future now,
I want to see it on the screen,
I want to break the bounds
that make our lives so mean.

Oh, blind, blinded, blinding hatred
of race, sex, religion, colour, country and creed,
these scream from the pages of everything I read.
You just bring me oppression and torture,
apartheid, corruption and plague;
you just bring me the rape of the planet
and joke world rights at the Hague.
Oh, someday the Millennium!
But how far is someday away?
I want the future now
I'm young, and it's my right.
I want a reason to be proud.
I want to see the light.
I want the future now,
I want to see it on the screen,
I want to break the bounds:
make life worth more than dreams.

El Futuro Ahora
(de "The Future Now", 1978)

Aquí estamos, estáticos en la última mitad del Siglo Veinte,
pero esto bien podría ser como la Edad Media;
tiene que haber algunos cambios,
pero cómo se producirán éstos me confunde.
Quiero el futuro ahora,
quiero tenerlo en mis manos;
todos los hombres iguales y sin oprimir.
Quiero la Tierra Prometida.

Pero eso no parece estar muy cerca,
y Moisés ha tenido su día...
las tablas de la ley son un cartel de anuncios;
La civilización está aquí para quedarse!
¿Y esto es el progreso?
Debes estar bromeando!
Yo, yo estoy buscando cualquier clase de esperanza.
Quiero el futuro ahora,
quiero verlo en la pantalla,
quiero romper las ligaduras
que hacen nuestras vidas tan malas.

Oh, ciego, cegado, cegador odio
de raza, sexo, religión, color, país y credo,
aúllan desde las páginas de todo lo que leo.
Sólo me brindáis la violación del planeta
y bromeas con los derechos del mundo en La Haya...
¡Algún día el Milenio!
¿Pero cuán lejos está 'algún día'?
Quiero el futuro ahora; soy joven, y es mi derecho.
Quiero una razón para estar orgulloso,
quiero ver la luz.
Quiero el futuro ahora,
quiero verlo en la pantalla,
quiero romper nuestras ligaduras
y hacer que la vida valga más que sueños.

Mediaevil (15)
(from "The Future Now", 1978)

God lives in the cathedral,
or so the archbishop states,
all fealty to the Church,
all power to the state!

Gold keys to the cathedral,
they go with the bishop's cowl;
he lives a spiritual life of material wealth.
Are things so very different now?

Oh yeah
oh now:
save your prayers for the future.
Say your prayers for the future.

Oh, God's gone from the cathedral,
a different power now holds sway,
we can pack them up in the history books
but the Middle Ages won't go away.
And the answer to our prayers is a Valium by the bedside,
now we follow the pundits on TV,
now we put our faith in Science and progress
and only have sex upon our knees.

And those who are strange are still locked in asylums
and a sterile Pope proscribes the Pill
and those who are rich are still getting richer
and those who are poor still foot the bill.
And God lives in underground silos,
hanging on for Judgement day;
if we don't open our eyes pretty soon
then the Dark Ages'll be here to stay.

Mediamal (15)
(de "The Future Now", 1978)

Dios vive en la catedral,
o al menos eso declara el arzobispo...
toda la lealtad para la Iglesia,
todo el poder para el Estado!

Llaves de oro para la catedral,
combinan con el hábito del obispo;
él lleva una vida espiritual de bienestar material...
¿Son las cosas tan diferentes ahora?
Oh sí
oh ahora:
guarden sus plegarias para el futuro,
digan sus plegarias para el futuro.

Dios abandonó la catedral,
un poder diferente nos domina ahora;
podemos guardarla en los libros de historia
pero la Edad Media no se ha ido.
Y la respuesta a nuestras plegarias
es un Valium en la mesilla de noche;
ahora seguimos a los predicadores en la TV;
ahora ponemos nuestra fe en la Ciencia y en el Progreso
y sólo tenemos sexo de rodillas.
Y aquellos que son raros son
todavía encerrados en manicomios
y un Papa estéril prohíbe la Píldora;
y aquellos que son ricos siguen enriqueciéndose
y aquellos que son pobres siguen pagando la cuenta.
Y Dios vive en silos subterráneos,
esperando el Día del Juicio Final...
si no abrimos los ojos pronto
entonces las Edades Oscuras estarán aquí para quedarse.

My Favourite
(from "pH7", 1979)

In my time I've told a lie or two,
I've been a deceiver, but believe me
what I now say is true.
There's no other way
I can express what I'm thinking of:
You're my favourite, you're the one that I love.

It's a one-horse race,
still I'm ready to place my bet.
I'm a pretty slow starter,
and I haven't quite caught up with it yet.
It seems so extraordinary
that you should care for me.
You're my favourite - how lucky can any man be?

You're my favourite -
will you stay the course with me?

You're my favourite of all time.
You're my favourite, can't you see?
You're my favourite of all time.
Say you'll stay the course with me.

Mi Favorita
(de "pH7", 1979)

En mis tiempos dije una mentira o dos;
he sido un embustero, pero créeme
lo que ahora digo es verdad...
No hay otra manera
por la cual yo pueda expresar lo que estoy pensando:
eres mi favorita, eres aquella que amo.

Es una carrera de un solo caballo,
sin embargo estoy listo para hacer mi apuesta.
Soy un poco lento para empezar,
y aún no he podido alcanzarlo del todo...
parece tan extraordinario que tú te preocupes por mí.
Eres mi favorita -¿Cuán afortunado puede ser un hombre?

Eres mi favorita -
¿Permanecerás todo el camino conmigo?

Eres mi favorita de siempre,
eres mi favorita, ¿No lo ves?
Eres mi favorita de siempre -
di que permanecerás todo el camino conmigo.

Losing Faith In Words
(from "A Black Box", 1980)

I just can't see why you can't see what I mean,
but I can't make things any plainer,
the words get in the way -
is that quite what I mean?
If not now, then certainly sooner or later
we've got a problem with communication -
look, I scrabble with my hands
I try to get some head-room from the elevation
but you just don't understand

Most of the things we say mean we most of the time
treat our speech with derision,
flap our hands in body-telegram - I know that gets through
so much better than anything said with precision.
We've got a problem with communication
and it's getting quite absurd...
well, I think I'm going to flip out from the sheer frustration,
yes, I'm losing faith in words.

We've got a problem with communication,
only getting through in anagrams -
I try to get some linkage from articulation,
I try to get some head-room from the elevation,
I try to pull back something from my education...
Yes, I try to, try to, try to but I just don't understand,
I try, I just don't understand,
I talk, you just don't understand.

Sometimes I don't know why I bother,
but I'm bothered.

Perdiendo Fe En Las Palabras
(de "A Black Box", 1980)

No puedo ver por qué tú no puedes ver
lo que quiero decir, pero no puedo hacer las cosas más sencillas,
las palabras estorban.
¿Es eso justamente lo que quiero decir?
Si no ahora, entonces ciertamente tarde o temprano
tendremos un problema con la comunicación;
mira, garabateo con mis manos.
Trato de obtener alguna claridad desde la elevación
pero tu no entiendes.

Muchas de las cosas que decimos significan que nosotros
tratamos la mayor parte del tiempo nuestro discurso con mofa,
batimos nuestras manos en telegramas corporales.
Sé que eso penetra mucho mejor
que cualquier cosa dicha con precisión.
Tenemos un problema con la comunicación
y se está tomando precisamente absurdo...
bien, creo que voy a salirme rápido de esta clara frustración.
Sí, estoy perdiendo fe en las palabras,
perdiendo fe en las palabras.

Tenemos un problema con la comunicación,
tenemos un problema con la comunicación,
sólo penetrando en anagramas;
trato de obtener algún encadenamiento desde la articulación,
trato de obtener alguna claridad desde la elevación,
trato de tirar hacia atrás algo de mi educación,
si, trato de tratar de tratar
pero no entiendo,
trato, aún no entiendo,
hablo, tú no entiendes,
tú no entiendes.

Algunas veces no se por qué me molesto,
pero estoy desconcertado.

353

Don't Tell Me
(from "Enter K", 1982)

You don't have to say a thing,
the silence is sweet;
we've been together today
in a way we might never repeat.
Oh, your head on the pillow,
the distance in your eyes -
already you might be
rehearsing the word "Goodbye".

When the evening comes of this perfect day,
when the shadows run will you look away,
will you slip away?
Don't tell me anything.

You don't have to say a word,
all too well I understand: there's a nervous tension
in the touch of your gentle hand.
That makes me afraid -
I've seen you like this before...
the moment you find somebody new you find yourself bored.
Oh, I don't want to lose you.

When the evening comes of this perfect day,
when the shadows run will you look away,
will you slip away?
Don't tell me anything.

Now the evening's come,
now I'm left alone;
now the passion's done
and you're going home...
oh, when will you telephone?
You don't tell me anything.
No, you don't even tell me
the bell won't ring.

No Me Digas
(de "Enter K", 1982)

No tienes que decir nada,
el silencio es dulce;
hoy hemos estado juntos
de una manera que nunca podremos repetir.
Oh, tu cabeza sobre la almohada,
la distancia en tus ojos
ya podrías haber estado ensayando
la palabra "Adiós".
Cuando llegue la tarde de este perfecto día,
cuando las sombras corran
¿Mirarás hacia otro lado, te escabullirás?
No me digas nada.

No tienes que decir una palabra,
entiendo todo demasiado bien:
hay una tensión nerviosa
en el toque de tu gentil mano que me asusta...
Te he visto así antes...
El momento que encuentras alguien nuevo
te encuentras aburrida.
Oh, no quiero perderte.
Cuando llegue la tarde
de este perfecto día,
cuando las sombras corran
¿Mirarás hacia otro lado, te escabullirás?
No me digas nada.

Ahora la tarde ha llegado,
ahora he sido dejado solo;
ahora la pasión terminó
y estás yendo a casa...
oh, ¿Cúando telefonearás?
No me digas nada.
No, ni siquiera me digas
que la campana no sonará.

Too Many Of My Yesterdays
(from "And Close As This", 1986)

So many years ago, I thought you were the one -
who knows when people change, surrender into strangeness,
adrift upon their lives, encompassed by the past?
Who knows which one becomes the last goodbye?
Don't try to tell me nothing dies.
Don't try to tell me nothing's changed,
don't try to tell me nothing's new,
too many of my yesterdays belong to you.

I shelved my broken heart, I put you from my mind,
I got up from my knees, I picked up all my pieces,
but seeing you again puts shakes into my soul.
Just when I think I'm finally over you,
don't come and show me that's not true.

Tell me about it, talk to me - I hear it coming, I feel it coming,
the way you want this thing to be.
You're only trading on our memories
don't go and say you still love me.

You're trading on my memories, you're trading in a rosy past;
you know I'm lost on stormy seas...but I still stand before the mast,
beneath the stars and under sail towards horizons out of true....
Behind the dance of seven veils I still see you....

Tell me about it, have your way;
I see it coming, I hear it coming,
I know what you're about to say.
You've had too many of my yesterdays,
and I don't want to fall again.

Don't try to tell me nothing's changed,
don't try to tell me nothing's new,
too many of my yesterdays are lost in you.

Demasiados De Mis Ayeres
(de "And Close As This", 1986)

Hace muchos años atrás yo pensaba que tu eras la única...
quién sabe cuándo la gente cambia, sucumbe a la extrañeza,
a la deriva en sus vidas, cercada por el pasado;
¿Quién sabe cuál resultaría ser el último adiós?
No trates de decirme que nada muere.

No trates de decirme que nada ha cambiado, no trates de decirme que
nada es nuevo, demasiados de mis ayeres te pertenecen.

Háblame de ello, háblame -lo siento cerca, lo presiento,
la forma que tú quieres que esto sea.
Sólo estás comerciando con nuestros recuerdos,
no me sueltes que aún me amas.

Arrinconé mi corazón roto, te saqué de mi mente,
me levanté de mis rodillas, junté todos mis pedazos,
pero volver a verte sacudió mi alma.
Justo cuando creo que te he superado,
no vengas y me demuestres que no es verdad.

Oh, háblame de ello, hazlo como quieras; lo veo venir,
lo escucho venir, sé lo que estás a punto de decir. Tuviste demasiados de mis ayeres,
y no quiero caer otra vez.

Estás pisando mis recuerdos,
estás comerciando con un pasado color de rosa;
sabes que estoy perdido en mares tempestuosos,
pero sigo parado frente al mástil,
bajo las estrellas y la vela hacia horizontes increíbles...
Tras la danza de los siete velos aún te veo...

Háblame de ello, hazlo como quieras;
lo veo venir, lo escucho venir,
sé lo que estás a punto de decir. Tuviste demasiados de mis ayeres,
y no quiero caer otra vez.
No trates de decirme que nada cambió,
no trates de decirme que nada es nuevo,
demasiados de mis ayeres se perdieron en ti.

Gone Ahead
(from "Incoherence", 2004)

We bite off our tongues
while chewing the fat;
though the fire in our lungs is celestial
our delivery falls flat.
Would a time come to be silent?
Oh, we never spoke of that.

We talked out of turn
in the school of hard knocks;
although willing to learn from experience
it still comes as a shock
when the time comes to be silent...
one by one the jaws all drop.

The voice is still clear in my head;
it's the last word in monologue....
close-up, interior, night.

mmm...

The voices alive in my head
are all tongue-tied to silence now.

It's the darkest of moods,
it's the cruellest of jokes
that this facility I used, once so fluent,
is cut out at a stroke.
And the time came to be silent
as the core connection broke....
absurd ineloquence,
my own words on which I choke.

Swallowing deep on the thread,
so much I'm losing now,
so many things left unsaid
and the voice I've been using is
gone ahead.

Seguido Adelante
(de "Incoherence", 2004)

Nos mordemos la lengua mientras charlamos;
aunque el fuego en nuestros pulmones es celestial nuestra presentación cae de bruces.
¿Puede una época transformarse en muda? Oh, nunca hablamos de aquello.

Hablamos fuera de turno en la escuela de los duros golpes de la vida;
aunque estemos deseosos de aprender de la experiencia
aún nos afecta mucho cuando la época se transforma en muda...
una por una las mandíbulas caen.

La voz aún suena clara en mi cabeza;
es la última palabra del monólogo...
acercamiento, interior, noche.

mmm...

Las voces que viven dentro de mi cabeza
ahora están con la lengua trabada por el silencio.

Es el más oscuro de los humores,
es la más cruel de las bromas que esta capacidad que usé,
alguna vez tan fluida, sea cortada de un golpe.

Y la época se transforma en muda mientras
el núcleo de la conexión se rompe...
absurda inelocuencia, mientras me asfixio
en mis propias palabras.

Tragando profundamente sobre el hilo,
es tanto lo que estoy perdiendo ahora,
tantas cosas que quedaron sin decir
y la voz que he estado usando ha seguido adelante.

Every Bloody Emperor
(from "Present", 2005)

By this we are all sustained: a belief in human nature
and in justice and parity...all we have is the faith to carry on.

Imperceptible the change as our votes become mere gestures
and our lords and masters determine to cast us
in the roles of serfs and slaves
in the new empire's name.

Yes and every bloody emperor claims that freedom is his cause
as he buffs up on his common touch as a get-out clause.

Unto nations nations speak in the language of the gutter;
trading primetime insults the imperial impulse
extends across the screen.
Truth's been beaten to its knees; the lies embed ad infinitum
till their repetition becomes a dictum
we're traitors to disbelieve.
With what impotence we grieve for the democratic process
as our glorious leaders conspire to feed us
the last dregs of imperious disdain
in the new empire's name.

Yes and every bloody emperor's got his hands up history's skirt
as he poses for posterity over the fresh-dug dirt.
Yes and every bloody emperor with his sickly rictus grin
talks his way out of nearly anything but the lie within
because every bloody emperor thinks his right to rule divine
so he'll go spinning and spinning and spinning into his own decline.

Imperceptible the change as one by one our voices falter
and the double standards of propaganda
still all our righteous rage.

By this we are all sustained: our belief in human nature.
But our faith diminishes - close to the finish,
we're only serfs and slaves
as the empire decays.

Cada Maldito Emperador
(de "Present", 2005)

Por esto estamos todos sostenidos: una confianza en la naturaleza humana
y en la justicia y en la paridad...todo lo que tenemos es la fe para seguir adelante.
El cambio es imperceptible, mientras nuestros votos se transforman en meros gestos
y nuestros amos y señores determinan amoldarnos
en los roles de siervos y esclavos
en el nombre del nuevo imperio.

Si, y cada maldito emperador afirma que la libertad es su causa
mientras pule su sintonía con el pueblo como una cláusula de fuga.
Entre naciones las naciones hablan en el idioma del hampa
intercambiando insultos en horarios de máxima audiencia que el impulso imperial
extiende a través de la pantalla.

La verdad ha sido doblegada de rodillas; las mentiras enclavadas hasta el infinito
hasta que su repetición se transforma en una sentencia
somos traidores por no creer.

Con qué impotencia nos apenamos por el proceso democrático
mientras nuestros gloriosos líderes conspiran para hacernos comer
las últimas heces de imperioso desdén
en el nombre del nuevo imperio.

Sí, y cada maldito emperador tiene sus manos bajo la camisa de la historia
mientras posa para la posteridad sobre la basura recién removida.
Sí, y cada maldito emperador con su forzado rictus y mueca
habla a su manera de casi todo pero mintiendo
porque cada maldito emperador piensa que su derecho a gobernar es divino
de manera que irá girando y girando como un trompo hacia su propio declive.

El cambio es imperceptible mientras una por una nuestras voces se quiebran
y el doble nivel de propaganda
acalla toda nuestra justificada ira.

Por esto estamos todos sostenidos: una confianza en la naturaleza humana.
Pero nuestra fe disminuye - cerca del final,
somos sólo siervos y esclavos
mientras el imperio decae.

NOTAS

"Lemmings": roedores que viven en las zonas norte y árticas de Europa, Asia y Norteamérica. Popularmente se supone que cometen suicidios en masa, arrojándose desde barrancos, aunque no está científicamente probado.

"Dinky Toys": popular marca de autos de juguete a escala fabricados por la compañía inglesa Meccano.

"Stirling": Stirling Moss fue uno de los más legendarios corredores de autos de carrera británicos.

"Peter May": uno de los más grandes bateadores de Cricket de la Inglaterra de post guerra.

"Tirpitz": barco de guerra alemán hundido por la Royal Air Force en 1944.

"Mohne Dam": dique de la región alemana de Möhne, altamente industrializada, volado por la aviación inglesa en mayo de 1943.

"Tempest y York": aviones de guerra británicos de la segunda guerra mundial.

"Panzer Korps": brigadas de tanques alemanas.

"Che Guevara": líder revolucionario argentino, famoso en la década del sesenta por su actuación en la Revolución Cubana y su postura anti-imperialista.

(10) "Papista": designación de tono peyorativo aplicada a los católicos Romanos más radicales por sus oponentes.

(11) "hombre de Orange": sociedad secreta protestante nacida en Irlanda en el siglo XVII en homenaje a William de Orange.

(12) "Rey Juan": llamado "Juan Sin Tierra", monarca de Inglaterra en el siglo XIII, quien firmara la Carta magna.

(13) "Douglas Bader": héroe de la Fuerza Aerea inglesa durante la segunda guerra mundial. Pilotaba aviones de guerra a pesar de tener las dos piernas amputadas.

(14) "Humphrey Bogart y Victor Mature": actores de la época dorada de Hollywood, arquetipos del hombre "duro".

(15) "Mediaevil": juego de palabras entre "Medieval" (que en inglés se escribe igual que en castellano) y "Mal de los Medios de Comunicación" (los Media).

Apéndice 1: Peter Hammill en Argentina

Junio 5 1992 - Teatro Alfil, Buenos Aires, Argentina

Junio 6 1992 - Teatro Alfil, Buenos Aires, Argentina

Junio 9 1992 - Centro Cultural General Paz, Córdoba, Argentina

Junio 11 1993 - Auditorium de Belgrano, Buenos Aires, Argentina *

Junio 12 1993 - Auditorium de Belgrano, Buenos Aires, Argentina *

   (* Peter Hammill con Nic Potter, Stuart Gordon y Manny Elias)

Junio 14 1993 - Teatro Real, Córdoba, Argentina

Junio 15 1993 - Rosario, Argentina

Junio 17 1993 - Prix d' Ami, Buenos Aires, Argentina

   (Junio 18 1993 - Press Conference, Sunset, Mar del Plata, Argentina)

Junio 19 1993 - Teatro Lido, Mar Del Plata, Argentina

Julio 30 1994 - Teatro Auditorium, Mar del Plata, Argentina

Agosto 1 1994 - Teatro Español, Santa Rosa, Argentina

Agosto 4 1994 - Teatro Municipal, Rosario, Argentina

Agosto 6 1994 - Auditorium del Belgrano, Buenos Aires, Argentina

Agosto 7 1994 - Sala de las Américas, Córdoba, Argentina

Julio 11 1997 - Teatro del Centro Médico, Mar del Plata, Argentina

Julio 12 1997 - Teatro del Globo, Buenos Aires, Argentina

Julio 13 1997 - Teatro del Globo, Buenos Aires, Argentina

Julio 15 1997 - Centro Cultural General Paz, Córdoba, Argentina

Agosto 14 1999 - Teatro El Globo, Buenos Aires, Argentina

Agosto 15 1999 - Teatro El Globo, Buenos Aires, Argentina

Agosto 16 1999 - Centro Cultural General Paz, Córdoba, Argentina

Agosto 18 1999 - Teatro Quintanilla, Mendoza, Argentina

Agosto 19 1999 - Auditorio de San Isidro, San Isidro, Argentina

Agosto 20 1999 - Teatro Labardén, Rosario, Argentina

Agosto 21 1999 - Sala Roberto J. Payró, Mar del Plata, Argentina

Agosto 22 1999 - Auditorio de San Isidro, Argentina

Apéndice 2: Hammill & Piazzolla

El siguiente fragmento forma parte de un capítulo del libro "Astor Piazzolla, Su Ciudad y Su Mundo", Marcelo Gobello, Ed. Corregidor, Bs As, 2015.

Fuego e ímpetu

El 30 de julio de 1994 el mítico músico inglés Peter Hammill se presentó por segunda vez en la ciudad de Mar del Plata, en dicha oportunidad en la recientemente bautizada sala Astor Piazzolla del Teatro Auditorium, algo que el propio músico había solicitado con afán y que lo transformó en el responsable de estrenarla internacionalmente. El gran cantante y compositor británico -ex lider del grupo Van Der Graaf Generator, uno de los más prestigiosos de la movida del rock progresivo-sinfónico de la década del setenta, en este caso particular con tintes jazzeros y operísticos que lo diferenciaban de los demás- nunca había ocultado su gran admiración por la música de Piazzolla. Tanto es así que en su primera visita a la ciudad de Mar del Plata confesó que uno de los hechos determinantes para tocar allí fue el de poder visitar la ciudad natal de Astor. Quien esto escribe tuvo el gran privilegio de hacerle de guía y acompañar a Peter Hammill por los distintos puntos de la ciudad que tuvieron que ver con la historia de vida de Piazzolla, Como broche de oro a su visita le regalé uno de mis más grandes tesoros: una foto autografiada por el propio Astor, que Hammill recibió con mucho entusiasmo a pesar de su emblemática flema británica.

En el año 1999 el diario El Clarín publica como nota de tapa de su suplemento "Espectáculos" un largo reportaje a Hammill realizado en su propio estudio de grabación en Bath, Inglaterra. Realizado por María Quevedo, en el comienzo del mismo se puede leer lo siguiente:

"Hammill parece tener una paciencia inextinguible. Quizá sea capaz de tomarse un día entero para asegurarse de que lo que dice se entienda. Hace ya doce años que todas las mañanas conduce desde su casa, en un pueblo de unos 2.000 habitantes llamado Frashford, hasta su estudio, Terra Incognita, que queda a unos pocos minutos del centro de la ciudad de Bath. El estudio tiene dos salas, una para Hammill y otra para el músico con quien lo comparte, David Lord, una cocina ínfima y una recepción.

En una de las paredes de la sala de entrada hay colgada una foto autografiada de Astor Piazzolla: "Es el único músico, además de mí mismo, que tengo en la pared", explica mientras prepara café. "Y juro que no lo colgué porque venían ustedes", sonríe. En las otras paredes tiene fotos de su larga carrera, postales de diferentes lugares del mundo por los que ha pasado y una buena cantidad de imágenes tangueras."

Ni bien se enteró de la creación de este libro, Hammill (quien terminó siendo el artista de rock internacional que más veces tocó en Mar del Plata, ciudad por la cual confiesa un especial cariño) quiso estar presente con unas breves líneas: "La música de Piazzolla ha sido una fuente de inspiración para mí desde el primer momento que la escuché. De hecho "Milonga Del Angel" es una de mis tres piezas musicales preferidas de todos los tiempos y estilos. Y estoy contento de decir que pude verlo tocar hace algunos años en Bristol. ¡Qué fuego y que ímpetu!".

Sobre el Autor

Marcelo Gobello es uno de los periodistas especializados en rock más importantes de lengua castellana, con una larga trayectoria internacional, autor de más de dos docenas de libros sobre la materia. Trabajó para varios medios gráficos de España, Inglaterra y Argentina además de conducir desde hace más de tres décadas un legendario programa de radio titulado **RockShow** junto a Evelyn Marzoa y Randal Irwin.

Gobello es reconocido internacionalmente por haber escrito el primer libro sobre Peter Hammill en la década del 90 ("Los Trabajos y los Días de Peter Hammill", Ed Nam, Argentina, 1995) y otro volumen en el año 2006 en Europa sobre el mismo tema ("Peter Hammill & Van Der Graaf Generator − 1967-2006", Ed Lenoir, España, 2006). Estudioso durante casi cuatro décadas de la obra y la vida de Peter Hammill, a quien ha entrevistado varias veces a través de los años (habiendo sido además su interprete en conferencias de prensa en la Argentina o habiéndolo presentado en conciertos (España 2004), "**Nigromantes, Fareros y Jardines Abandonados − Una introducción a Peter Hammill y Van Der Graaf Generator**" es su tercer y definitivo trabajo sobre la vida y obra del genial músico británico.

www.ingramcontent.com/pod-product-compliance
Lightning Source LLC
LaVergne TN
LVHW081800050725
815282LV00003B/39